Außerschulische Jugendbildung

Eine Einführung

von

Dr. Inka Wischmeier
Prof. Dr. Hildegard Macha
Universität Augsburg

Unter Mitarbeit von
Susanne Gruber, Maximilian Sailer,
Myriam Nicolaus-Pannke und Christian Boeser

Oldenbourg Verlag München

Bibliografische Information der Deutschen Nationalbibliothek

Die Deutsche Nationalbibliothek verzeichnet diese Publikation in der Deutschen Nationalbibliografie; detaillierte bibliografische Daten sind im Internet über http://dnb.d-nb.de abrufbar.

© 2012 Oldenbourg Wissenschaftsverlag GmbH
Rosenheimer Straße 145, D-81671 München
Telefon: (089) 45051-0
www.oldenbourg-verlag.de

Lektorat: Christiane Engel-Haas, M.A.
Herstellung: Constanze Müller
Titelbild: thinkstockphotos.de
Einbandgestaltung: hauser lacour
Gesamtherstellung: Beltz Bad Langensalza GmbH, Bad Langensalza

Dieses Papier ist alterungsbeständig nach DIN/ISO 9706.

ISBN   978-3-486-59197-2
eISBN   978-3-486-71629-0

Inhalt

1   Einleitung

Einen Einführungsband über Außerschulische Jugendbildung zu schreiben, stellt eine große Herausforderung dar. Sowohl die Theoriedebatten als auch die Handlungsfelder sind von kaum überschaubarer Heterogenität gekennzeichnet, sodass eine Systematisierung des Feldes als eine fast unmögliche Aufgabe erscheint. In der Konsequenz liegt bis heute keine einheitliche Theorie der Außerschulischen Jugendbildung vor. Der letzte Versuch von Müller, Kentler, Giesecke und Mollenhauer (1964) liegt mittlerweile knapp 50 Jahre zurück. Aktuelle Darstellungen zu theoretischen Ansätzen wie beispielsweise im Handbuch *Offene Kinder- und Jugendarbeit* (Deinet/Sturzenhecker 2005), spiegeln die Vielfalt und Uneinigkeit in der Theoriebildung wider, eine Systematik ist zurzeit nicht erkennbar.

Auseinandersetzungen werden auch über die Frage geführt, auf welche Handlungsfelder Außerschulische Jugendbildung sich bezieht. Kann sie auf den Bereich der Kinder- und Jugendarbeit innerhalb der Kinder- und Jugendhilfe festgelegt werden, so wie dies in diesem Buch geschieht, oder sind nicht *alle* institutionell gerahmten pädagogische Settings mit der Zielgruppe *Jugend*, also beispielsweise auch die Jugendberufshilfe oder die Animationen in einer Hotelanlage am Pazifik als der Außerschulischen Jugendbildung zugehörig zu verstehen?

Eine der Schwierigkeiten, Klarheit über diese Fragen zu erlangen, liegt in den Begriffen, durch die sich Außerschulische Jugendbildung konstituiert. An erster Stelle ist hier der Bildungsbegriff zu nennen. Er wird sowohl als Ziel- bzw. Leitkategorie pädagogischen Denkens und Handelns als auch zur Legitimation pädagogischer Interventionen herangezogen und unterliegt je nach Handlungsfeld und wissenschaftlicher Positionierung unterschiedlichen Auslegungen, Assoziationen und Bedeutungen (vgl. Kap. 5.1). In den Theoriediskussionen der Außerschulischen Jugendbildung besteht keine Einigkeit über seine Auslegung, auch wenn die Tendenz überwiegt, einen emanzipatorischen, subjektorientierten Bildungsbegriff zu unterlegen.

Auch der Begriff ‚Jugend‘ sowie Kennzeichen der Lebensphase Jugend werden in der Jugendforschung vielschichtig und kontrovers diskutiert. Sowohl in Bezug auf Altersgrenzen als auch hinsichtlich der Beschreibung und Bewertung aktueller Bedingungen des Aufwachsens und Möglichkeiten ihrer sozialen Positionierung variieren die Positionen in Abhängigkeit von den beteiligten Wissenschaften und dem eingenommenen theoretischen Standort. Heterogenität ist auch das kennzeichnende Merkmal der Jugendlichen selbst. Dies betrifft jugendliche Lebensstile, Ziele, Freizeitaktivitäten, Wertorientierungen und Einstellungen zur Zukunft. Bei aller Heterogenität wird jedoch deutlich, dass jugendliche Lebensentwürfe stark durch ihre soziale Herkunft beeinflusst sind.

Eine Einführung in die Außerschulische Jugendbildung ist daher mit der immensen Themenbreite des Feldes konfrontiert und muss notwendigerweise eine Auswahl für die Darstellung relevanter Themenbereiche treffen, auch wenn das bedeutet, nicht das gesamte Feld angemessen beschreiben zu können. Verkürzungen ausgewählter Themen sind dabei unvermeidbar. Durch die Angabe weiterführender Literatur am Ende eines jeden Kapitels soll den Leserinnen und Lesern hier die Möglichkeit gegeben werden, vertiefende Orientierungen selbst vorzunehmen.

Im zweiten Kapitel werden grundlegende Begriffe und Dimensionen der Außerschulischen Jugendbildung sowie ihre Rahmenbedingungen – also die Jugendgesetzgebung, Träger und Finanzierung – dargestellt. Zunächst ist der Begriff selbst klärungsbedürftig, was in Kapitel 2.1 ausgeführt wird. Damit werden andere Bereiche der Kinder- und Jugendhilfe in diesem Band nicht als Bereiche der Außerschulischen Jugendbildung abgehandelt, obwohl die gesamte Kinder- und Jugendhilfe zurzeit unter Bildungsaspekten diskutiert wird.

Die Adressaten Außerschulischer Jugendbildung sind Jugendliche und zwar nicht etwa eine bestimmte Gruppe wie besonders intelligente oder Jugendliche mit abweichendem Verhalten, sondern *alle* Jugendlichen. Professionelles Handeln in der Außerschulischen Jugendbildung ist daher nicht möglich, ohne theoretisches Wissen über ihre Zielgruppe zu besitzen: Wer oder was ist Jugend? Dies ist die Frage, der im Kapitel 2.2 nachgegangen wird. Dabei ist zentral, dass es nicht *die* Jugend geben kann, sondern Jugendliche vor dem Hintergrund vielfältiger und differenter Lebenskontexte sowie unterschiedlicher persönlicher Dispositionen und Biografien sich keineswegs unter *einem* Jugendbild subsumieren lassen. Dies zeigt sich auch in einer großen Heterogenität theoretischer Ansätze der Jugendforschung zur Beschreibung von Bedingungen der Entwicklung in der Lebensphase Jugend. Einige als besonders relevant erachtete werden in diesem Kapitel heraus gegriffen und vorgestellt.

Identitätsbildung ist über die Lebensspanne ein nie abgeschlossener Prozess, erhält aber in der Jugendphase eine besondere Bedeutung, da die Ablösung vom Elternhaus, die Zuwendung zur Gleichaltrigengruppe und die Anforderungen der Gesellschaft im Hinblick auf Berufsfindung als Aufgaben in dieser Lebensphase erstmals und beschleunigt auftreten und besondere Anforderungen an die Identitätsbildung der Jugendlichen stellen. Aus diesem Grunde wurde der Identitätsentwicklung im Jugendalter ein eigenes Unterkapitel (2.3) gewidmet, in dem aktuelle Identitätstheorien vorgestellt werden.

Den Abschluss dieses Kapitels bilden die Ausführungen zu den Rahmenbedingungen (Kapitel 2.4). Hier wird die Außerschulische Jugendbildung als Arbeitsfeld innerhalb der Kinder- und Jugendhilfe behandelt und zentrale Begriffe wie Trägerschaft und Jugendgesetz erklärt.

Im dritten Kapitel werden kurz und knapp empirische Zugänge der Jugendforschung dargestellt. Unter dem Aspekt relevanter Fragestellungen für die Außerschulische Jugendbildung werden ausgewählte quantitative und qualitative Methoden sowie einige wenige Ergebnisse einschlägiger Studien vorgestellt.

Das vierte Kapitel beschreibt den fachwissenschaftlichen Zugang zur Außerschulischen Jugendbildung und dementsprechend werden theoretische Ansätze der Außerschulischen Jugendbildung besprochen. Es stellt sich die Frage, ob dies angesichts der Vielfalt von Handlungsfeldern und empirischer Sachverhalte überhaupt möglich und nötig ist oder ob sie nicht als kategorialer Oberbegriff verwendet werden kann, „um Ordnung in eine Reihe empirischer Sachverhalte zu bringen und zu deren Integration beizutragen" wie Hurrelmann (2008, S. 14) dies für den Begriff der Sozialisation formuliert.

Wir gehen in diesem Buch jedoch von der Möglichkeit einer einheitlichen Theoriebildung aus. Wir haben mit der Auswahl der vier in Kapitel 4 besprochenen theoretischen Ansätze – Außerschulische Jugendbildung als emanzipatorische Bildungsarbeit (Kap. 4.1), Sozialraumorientierung (Kap. 4.2), akzeptierende Ansätze und Cliquenorientierung (Kap. 4.3), kulturelle (Jugend-)Bildung (Kap. 3.4) – eine bewusste Eingrenzung vorgenommen und sehen in ihrer Integration und weiteren Ausformulierung die Grundlage zu einer Theorie der Außerschulischen Jugendbildung.

Kapitel 5 stellt eine Auswahl an aktuellen Kontroversen dar, die in den anderen Kapiteln immer wieder durchscheinen, ohne explizit behandelt zu werden. Das betrifft zuallererst die hier vorgenommene Akzentuierung des Bildungsbegriffs. Wir haben in diesem Buch eine Auslegung desselben vorgenommen, die durchaus nicht auf einen generellen Konsens in der Diskussion um den Bildungsbegriff sowohl innerhalb als auch außerhalb der Außerschulischen Jugendbildung treffen wird. Gerade seine Verankerung in den idealistischen Vorstellungen des Neu-Humanismus von einer ganzheitlichen Persönlichkeitsbildung und in der Vorstellung von Bildung als Befreiung von zuvorderst gesellschaftlich bedingten Beschränkungen selbstbestimmten Handelns könnte in einem zunehmend nach ökonomischen Prinzipien ausgerichteten Bildungssystem auf Kritik stoßen. Insbesondere hinsichtlich einer geforderten Überprüfung der Leistungen professionellen pädagogischen Handelns wird hier häufig dem Kompetenzbegriff Vorzug gegeben. Diese Diskussion wird in Kapitel 5.1

aufgenommen und zudem die Begriffe formale, non-formale und informelle Bildung voneinander abgegrenzt.

In diesem Zusammenhang ist eine weitere Entwicklung zu beobachten, die auch die Diskussion um den Bildungsbegriff bestärkt hat. Im Zuge des Ganztagsschulansatzes entwickelt sich gegenwärtig eine stärkere Zusammenarbeit zwischen Schule und Außerschulischer Jugendbildung. Diese wird aufgrund unterschiedlicher Funktionen und unterstellter differenter Bildungsverständnisse auf beiden Seiten als nicht unproblematisch betrachtet. Welche Chancen und Probleme in einer verstärkten Zusammenarbeit von Schule und Außerschulischer Jugendbildung liegen können, wird in Kapitel 5.2 diskutiert.

In den aktuellen Diskussionen um Jugend taucht immer wieder eine Zielgruppe auf, die in den vorgestellten Kapiteln bislang keine besondere Aufmerksamkeit erfahren hat: Jugendliche mit Migrationshintergrund. Auch in der Außerschulischen Jugendbildung stellt diese Gruppe eine eigene Zielgruppe dar, der verschiedene theoretische Ansätze gewidmet werden. Das dritte Unterkapitel *Heterogenität und Differenz* stellt daher eine kritische Auseinandersetzung mit der Kategorie ‚Kultur' dar.

Ein weiteres Thema, das in Bezug auf Jugend immer wieder kontrovers diskutiert wird sind Werte und bürgerschaftliches Engagement. Das Unterkapitel 5.4 nimmt dieses Thema auf und untersucht, ob ein Werteverfall in ‚der Jugend' diagnostiziert werden kann und Jugendliche sich nicht mehr in gemeinnützigen gesellschaftlichen Institutionen engagieren, wie oftmals unterstellt wird. Was könnte hier der Beitrag der Außerschulischen Jugendbildung zur Werteentwicklung Jugendlicher sein? In diesem Zusammenhang wird auch kurz die Wertebildung der Werteerziehung gegenüber gestellt.

Die Frage nach der Professionalisierung von Mitarbeiterinnen und Mitarbeitern in der Außerschulischen Jugendbildung (Kapitel 5.5) stellt schließlich die Frage, wie unter theoretischer Perspektive professionelles pädagogisches Handeln in der Außerschulischen Jugendbildung gekennzeichnet werden kann.

Die demografische Entwicklung in der Gesellschaft hat auch Konsequenzen für die Außerschulische Jugendbildung, der in der Zukunft möglicherweise ihr Klientel abhandenkommt. Die Folgen dieser Entwicklung werden im letzen Unterkapitel (5.6) diskutiert.

Das 6. Kapitel beschreibt den dritten hier gewählten Zugang: die Praxis. Es werden exemplarisch einzelne Handlungsfelder der Außerschulischen Jugendbildung vorgestellt.

Die letzten beiden Kapitel des Buches sind als Serviceangebot für die Leserinnen und Leser zu verstehen. Genannt wird, wo man Außerschulische Jugendbildung studieren kann und was wichtige (Internet-)Adressen sind, um sich über die angesprochenen Themen weiter zu informieren.

In diesem Buch konzentrieren wir uns auf aktuelle Entwicklungen in der Außerschulischen Jugendbildung. Wichtige Hinweise zur ihren geschichtlichen Entwicklungen können in dem Buch von Benno Hafeneger (1992): Jugendarbeit als Beruf. Geschichte einer Profession in Deutschland (Opladen: Leske + Budrich) nachgelesen werden.

Wir danken Frau Dipl.Päd. Susanne Gruber für ihre sorgfältige Gestaltung des Layouts und allen Autorinnen und Autoren für ihre Texte. Die Autorinnen und Autoren einzelner Kapitel werden, falls sie von den beiden Autorinnen des Bandes abweichen, jeweils in Fußnoten genannt.

2 Dimensionen und Rahmenbedingungen

2.1 Zum Begriffskomplex „Außerschulische Jugendbildung"

Die Außerschulische Jugendbildung ist ein umstrittener, viel diskutierter sowie schwer zu fassender Begriff. Eine Definition, die von allen geteilt wird, liegt bis heute nicht vor und weitere, wenig präzise geklärte Begriffe wie beispielsweise (Kinder-) und Jugendarbeit oder Jugendpädagogik stehen ungeklärt neben ihm, ja werden teilweise sogar synonym verwendet.

Außerschulische Jugendbildung ist zunächst nur durch ihre Abgrenzung zur schulischen Bildung gekennzeichnet, dass heißt sie hat ihren Platz außerhalb der Institution Schule, es passiert „etwas" außerhalb der Schule in der *freien* Zeit. Jugendliche treffen sich in ihrer Freizeit zu den unterschiedlichsten Aktivitäten. Sie gehen ins Kino, zum Sport, „hängen ab", treffen sich mit Freunden bei Freunden oder im Park oder an der Bushaltestelle, chatten, bloggen oder spielen am PC. Sie besuchen verschiedene Einrichtungen, die extra für sie von der Stadt oder Kommune oder den sogenannten „freien Trägern"[1] zur kostenlosen Freizeitgestaltung, aber auch zur Auseinandersetzung mit bestimmten Inhalten (beispielsweise Umweltschutz) bereit gestellt werden. Zu klären ist im Folgenden, ob alle diese Tätigkeiten dem Bereich der Außerschulischen Jugendbildung zuzuordnen sind.

Verschiedene Zugänge

Außerschulische Jugendbildung ist als Pflichtaufgabe der öffentlichen Träger der Jugendhilfe definiert und entsprechenden *gesetzlichen Vorgaben* unterworfen. (*Fach-*)*Wissenschaftlich* bezeichnet sie sowohl den pädagogischen Handlungsbereich der Lebenswelten von Jugendlichen in unterschiedlichen Lebensbereichen wie beispielsweise Familie und Freizeit, als auch den der Bildung innerhalb pädagogisch organisierter und gerahmter Außerschulischer Institutionen und Organisationen. Auch die Auseinandersetzung mit Jugendkultur-

---

[1] Zur Bedeutung öffentlicher und freier Träger siehe Kapitel 2.4

formen gehört dazu. Besonderes Augenmerk in allen Bereichen erhält die Reflexion der Bildungsdimension.

In der *Praxis* der Außerschulischen Jugendbildung wird ebenfalls diskutiert, wie und ob eine Bildungsdimension Bedeutung hat. Die beiden Diskussionsstränge (Fachdiskussion und Diskussion in der Praxis) sind nicht immer miteinander verbunden. In der Praxis wird die Bildungsdimension selbstverständlich auch umgesetzt (oder eben auch nicht).

Damit zeichnen sich drei Zugänge ab, die eine Erhellung des Begriffs ermöglichen: (1) Ein gesetzlich vorgegebener Bildungsauftrag (2) (fach-)wissenschaftliche Zugänge und (3) Beschreibung der Praxis.

In diesem Buch wird diesen drei Zugängen gefolgt. Zunächst wird der erste Zugang, Außerschulische Jugendbildung in Bezug auf ihre gesetzlich vorgegebenen Rahmungen, vorgestellt. Außerschulische Jugendbildung wird auf den Bereich der Kinder- und Jugendhilfe und hier auf die *Kinder- und Jugendarbeit* festgelegt. Die Lebenswelten Familie und Freizeit außerhalb von pädagogisch gerahmten und organisierten (außerschulischen) Institutionen und die darin enthaltene Bildungsdimension werden hier in den Begriffskomplex der *informelle(n) Bildungsprozesse* eingeordnet (vgl. Kap. 5.1).

Das Hauptaugenmerk liegt auf der Jugendphase, der die Altersgruppe der 12- bis 27-jährigen Jugendlichen zugeordnet wird. Die Übergänge zwischen Kindheit und Jugend sowie von der Jugendphase zum jungen Erwachsenen und schließlich Erwachsenen sind fließend und an Altersgrenzen nur schwer festzumachen (vgl. Kap. 2.2). Festlegungen bergen zwar das Risiko, nicht alle und alles zu erfassen, enthalten aber die von uns präferierte Möglichkeit, genau zu sagen, worüber man redet. Bildungsprozesse und Bildungsmöglichkeiten von Kindertageseinrichtungen sind somit ebenfalls nicht Inhalt dieses Buches.

Der Bildungsbegriff des Kinder- und Jugendhilfegesetzes

Die gesetzliche Grundlage der Außerschulischen Jugendbildung ist das Achte Sozialgesetzbuch (SGB VIII). Es enthält die Ausführungen des vormaligen Kinder- und Jugendhilferechts (KJHG). Das SGB VIII „umfasst die Gesamtheit der Rechtsvorschriften des Bundes- und Landesrechts außerhalb Familie, Schule und Hochschule, Berufsausbildung und Arbeitswelt, die die Förderung der Entwicklung und Erziehung junger Menschen zu eigenverantwortlichen und gemeinschaftsfähigen Persönlichkeiten zum Gegenstand haben" (Wabnitz, 2007, S. 17). Zentral ist der erste Absatz des ersten Paragrafen (§ 1 SGB VIII), denn aus diesem wird ein Bildungsauftrag für die gesamte Kinder- und Jugendhilfe abgeleitet (vgl. Thole 2000, Ringler 2007, Scherr 2008, Lüders/Behr 2009):

SGB VIII § 1 Recht auf Erziehung, Elternverantwortung, Jugendhilfe

Jeder junge Mensch hat ein Recht auf Förderung seiner Entwicklung und auf Erziehung zu einer eigenverantwortlichen und gemeinschaftsfähigen Persönlichkeit.

Pflege und Erziehung der Kinder sind das natürliche Recht der Eltern und die zuvorderst ihnen obliegende Pflicht. Über ihre Betätigung wacht die staatliche Gemeinschaft.

Jugendhilfe soll zur Verwirklichung des Rechts nach Absatz 1 insbesondere

- *junge Menschen in ihrer individuellen und sozialen Entwicklung fördern und dazu beitragen, Benachteiligungen zu vermeiden oder abzubauen.*

- *Eltern und andere Erziehungsberechtigte bei der Erziehung beraten und unterstützen*

- *Kinder und Jugendliche vor Gefahren für ihr Wohl schützen,*

- *dazu beitragen, positive Lebensbedingungen für junge Menschen und ihre Familien sowie eine kinder- und familienfreundliche Umwelt zu erhalten oder zu schaffen.*

Die Ableitung des Bildungsauftrages bezieht sich auf die Formulierung „Recht auf Förderung der Entwicklung". Mit dieser Formulierung, so die Interpretation von Rechtsexperten des Jugendrechts, wird im Gesetz „der Tatsache Rechnung getragen, dass die Sozialisation des Kindes und Jugendlichen über Erziehung i.e.S. hinausreicht und auch andere Aspekte wie etwa **Beratung, Bildung** etc. umfasst (...)" (Wiesner 2011, S. 21). Im SGB VIII scheint ein Bildungsbegriff durch, der einerseits auf die wachsende Selbstgestaltung und Selbstverfügung des Menschen (Pongratz 2008) abzielt („Erziehung zu einer eigenverantwortlichen Persönlichkeit") und andererseits den Vergesellschaftungsaspekt hervorhebt (Erziehung zu einer „gemeinschaftsfähigen Persönlichkeit") und damit der Außerschulischen Jugendbildung die Aufgabe zuweist, Jugendliche darin zu unterstützen, selbstbestimmte und gemeinschafts- sowie demokratiefähige Mitglieder der Gesellschaft zu werden. In diesen zwei Polaritäten Individuum und Gesellschaft, deutet sich ein Spannungsverhältnis an, dass dem Begriff der Bildung immanent ist und von Klassikern der Pädagogik wie Humboldt und Schleiermacher entfaltet wurde.

(1) Bildungsbegriff des Gesetzes: § 1 SGB VIII

Auch Scherr (2008) interpretiert den Erziehungsbegriff im Gesetzestext als Hinweis auf ein „Verständnis von Bildung als Befähigung zur Mündigkeit und Selbstbestimmung" (Scherr 2008, S. 477). Diese zwei Dimensionen sind Ziel und Leitfaden des gesamten Gesetzes. Sie beinhalten den Auftrag, Kinder und

Jugendliche sowohl darin zu unterstützen, ihre Individuation selbsttätig zu betreiben, als auch ihre Fähigkeit als Mitglieder einer Gesellschaft, in der sowohl Anpassung an Bestehendes als auch seine Weiterentwicklung gefordert ist, zu fördern und es ist der Kern eines Bildungsbegriffs, wie er im Gesetzestext vorgegeben ist. Das Spannungsverhältnis zwischen Individuum und Gesellschaft, das hier anklingt sowie die Widersprüchlichkeit, die sich darin andeutet, selbsttätige Aneignung von Welt könne durch die Pädagogik „gemacht" werden, wird in Kapitel 4 noch genauer besprochen.

Im gesetzlichen Sinne wären unter Außerschulischer Jugendbildung also alle Maßnahmen, Projekte, Kurse, Angebote, Seminare zu verstehen, die diesen Zielen förderlich sind bzw. die sich diesen Zielen verschrieben haben. Das könnte eine Maßnahme aus dem Bereich der Hilfen zur Erziehung genauso sein wie ein Kurs in einer Jugendbildungsstätte über das politische System Deutschlands oder berufsqualifizierende Maßnahmen der Jugendberufshilfe. Der Bildungsbegriff ist hier sehr weit gefasst.

Ausdrücklich erwähnt wird der Begriff Außerschulische Jugendbildung im Gesetzestext nur in § 11, der sich auf den Bereich der Jugend*arbeit* bezieht:

§ 11 Jugendarbeit:

... Zu den Schwerpunkten der Jugendarbeit gehören:

- *außerschulische Jugendbildung mit allgemeiner, politischer, sozialer, gesundheitlicher, kultureller, naturkundlicher und technischer Bildung,*

- *Jugendarbeit in Sport, Spiel und Geselligkeit,*

- *arbeitswelt-, schul- und familienbezogene Jugendarbeit,*

- *internationale Jugendarbeit,*

- *Kinder- und Jugenderholung,*

- *Jugendberatung. ....*

(2) Bildungsbegriff des Gesetzes: § 11 SGB VIII

Diese einmalige Erwähnung im Gesetzestext führte dazu, dass bis Ende der 1990er Jahre in der wissenschaftlichen Fachdiskussion sowie in der Praxis lediglich die Jugendarbeit einen Bildungsanspruch formulierte (der aber auch in diesem Bereich nicht unstrittig blieb: vgl. Scherr 2008, S. 477). In der Auslegung des Gesetzes, dem sog. „Kommentar" zum SGB VIII von Wiesner et al. (2011, S. 205) wird der Kinder- und Jugendarbeit eine familienergänzende Funktion zugeschrieben. Damit wird sie als eigenständige, dritte Sozialisationsinstanz neben Familie und Schule anerkannt. Gleichzeitig wird ihr das Feld des „sozialen Lernens" zugeordnet. Bildung wird hier in den Mittelpunkt gerückt und einer emanzipatorischen und kompensatorischen Begründung unterstellt. „Jugendarbeit vermittelt (als Erziehung) gesellschaftliche Werte und eröffnet, begleitet, unterstützt und qualifiziert Bildungsprozesse, die als Selbstentwicklungsprozesse zu verstehen sind" (Wiesner 2006, S. 205). Damit scheint auch hier ein Bildungsbegriff durch, der Bildung als Selbstentwicklungsprozess hervorhebt und damit Parallelen zur wissenschaftlichen Fachdiskussion aufweist. Eine Beeinflussung der Gesetzgeber durch die Wissenschaft wird an dieser Stelle deutlich.

Die Kinder- und Jugendarbeit als pädagogischer Handlungsbereich ist sehr vielfältig und auch hier existiert keine einheitliche Definition oder ein einheitliches Theoriegebäude. Thole (2000) hat eine Arbeitsdefinition vorgeschlagen, die hier übernommen wird:

Kinder- und Jugendarbeit umfasst alle

- *außerschulischen und nicht ausschließlich berufsbildenden,*

- *vornehmlich pädagogisch gerahmten und organisierten,*

- *öffentlichen,*

- *nicht kommerziellen bildungs-, erlebnis- und erfahrungsbezogenen Sozialisationsfelder*

- *von freien und öffentlichen Trägern, Initiativen und Arbeitsgemeinschaften.*

- *Kinder ab dem Schulalter und Jugendliche können hier selbstständig, mit Unterstützung oder in Begleitung von ehrenamtlichen und/oder beruflichen Mitarbeiter/innen,*

- *individuell oder in Gleichaltrigengruppen,*

- *zum Zweck der Freizeit, Bildung und Erholung,*

- *einmalig, sporadisch, über einen turnusmäßigen Zeitraum oder für eine längere, zusammenhängende Dauer zusammenkommen und sich engagieren (Thole 2000, S. 23).*

In Anbetracht der Tatsache, dass Außerschulische Jugendbildung im Gesetz explizit der Jugendarbeit zugeordnet wird und der Bereich der Außerschulischen Jugendbildung seit Jahren das zentrale inhaltliche Thema der Jugendarbeit ist (vgl. Wabnitz 2007, S. 58; Hornstein 2004, S. 16), legt dieses Buch seinen Schwerpunkt ebenfalls auf die Außerschulische Jugendbildung als Bildungsarbeit innerhalb der Kinder- und Jugendarbeit. Dies bedeutet aber nicht, dass nicht auch in den anderen Bereichen der Kinder- und Jugendhilfe wie beispielsweise den erzieherischen Hilfen Bildungsprozesse möglich sind. Diese Diskussionen sind in zahlreichen Veröffentlichungen zu Bildungsmöglichkeiten der Kinder- und Jugendhilfe nachzulesen und werden in Kapitel 5.1 aufgenommen.

Zusammenfassung

Die Kinder- und Jugend*arbeit* ist nicht durchgängig als Bildungspraxis zu verstehen (vgl. auch Kap. 4.1), somit werden die Begriffe hier nicht synonym verwendet. Außerschulische Jugend*bildung* ist in der Kinder- und Jugendarbeit aufgehoben, ihr aber nicht identisch. Jugend*bildung* findet immer dort statt, wo Jugendliche ohne vorgegebene Inhalte Selbst- und Weltthematisierungen vornehmen, diese von Pädagogen oder von Peers oder von ihnen selbst aufgenommen und einer Reflexion zugeführt werden, mit dem Ziel, über Selbstentwicklung den eigenen Lebensentwurf bewusst zu setzen, zu erweitern oder zu verändern. Anlässe hierzu können Themen wie Interkulturalität, Geschlecht oder Benachteiligung sein, sie sind aber nicht Mittel zum Zweck, sondern bildend, wenn sie von den Jugendlichen als Frage des Verhältnisses zu sich und zur Welt selbst aufgeworfen werden.

Außerschulische *Pädagogik* umfasst die gesamten Maßnahmen der Kinder- und Jugendhilfe, einschließlich der sich stark ausweitenden Zusammenarbeit zwischen Schule und Außerschulischer Jugendarbeit durch den Ausbau von Ganztagsschulen sowie alle berufsqualifizierenden Maßnahmen der Bundesagentur für Arbeit. Sie ist der umfassendere, weitere, der Jugend*bildung* und der Jugend*arbeit* übergeordnete Begriff.

Übungen:

1. Kennzeichnen Sie Merkmale eines Bildungsbegriffs, wie er im § 11 SGB VIII festgelegt ist!
2. Welche Implikationen ergeben sich für die Jugendbildung aus dem §1 Abs. 1 SGB III?
3. Grenzen Sie die Begriffe Außerschulische Jugendbildung - Jugendarbeit - außerschulische Pädagogik voneinander ab!

Weiterführende Literatur:

Lüders, C., & Behr-Heintze, A. (2009): Außerschulische Jugendbildung. In R. Tippelt & B. Schmidt (Hrsg.): Handbuch Bildungsforschung, Wiesbaden: VS Verlag für Sozialwissenschaften, S. 445-466.

Scherr, A. (2008): Kinder- und Jugendbildung. In H. Faulstich-Wieland & P. Faulstich (Hrsg.): Erziehungswissenschaft. Ein Grundkurs (S. 470-488). Reinbek bei Hamburg: Rowohlt.

Wabnitz, Reinhard J. (2007): Grundkurs Kinder- und Jugendhilferecht für die Soziale Arbeit. München Basel: Ernst Reinhardt Verlag.

Wiesner, R. (2011): SGB VIII - Kinder- und Jugendhilfe. Kommentar (Vol. 4). München: C. H. Beck.

Wollenweber, H. (Hrsg.) (1981): Außerschulische Jugendbildung und Jugendarbeit. Paderborn: Ferdinand Schönigh.

2.2   Zum Begriffskomplex „Jugend"

Der Titel dieses Kapitels, wie auch vieler Veröffentlichungen (beispielsweise   <small>Jugend kein einheitliches</small>
Lebensphase Jugend; Hurrelmann 2010) suggeriert, dass man Jugend zwar   <small>Phänomen</small>
unter verschiedenen theoretischen Blickwinkeln, aber dennoch umfassend um-
schreiben und auf einen Begriff bringen könne. Dem ist mitnichten so. Die
Jugend als einheitliches Phänomen existiert nicht. Nicht nur dass mit dem Begriff Jugend eine Alterskohorte, eine Entwicklungsphase oder eine soziale
Gruppe gemeint sein kann, selbst wenn man sich auf einen dieser drei Blick-
winkel einigt, sticht die Heterogenität in Entwicklung oder Beschreibungs-
merkmalen innerhalb dieser Einteilungen sofort ins Auge. Ein Blick auf zurzeit
existierende Jugendkulturen verdeutlicht dies sehr schön (vgl. Ferchhoff
2007). Die Erforschung der Jugend muss also Spezifika im Auge behalten
(Schicht, Milieu, Region, Geschlecht etc.) und beachten, dass die Lebensphase
Jugend „gesellschaftlich bedingt und historisch wandelbar" (Dudek 2002,
S. 335) ist. „Wir wissen heute: Das gesellschaftliche Sozialsystem begrenzt

historisch jeweils auch die
Lebenshorizonte Heranwachsen, bestimmt ihre soziale
Lage, das Spannungsfeld verschiedener Sozialisationsinstanzen (Familie, Schule, Arbeitswelt, peer-groups) und
variiert die zeitliche Dauer,
den Verlauf, die Struktur, die
Autonomie und selbst die
biologischen Determinanten
(Geschlechtsreife, Körper-
wachstum) jener Lebens-
phase, die wir Jugend oder
Adoleszenz nennen" (ebd.,
S. 334).

> Die Begriffe Jugend, Adoleszenz, Pubertät:
> Jugend als Begriff wird eher von Soziologen
> benutzt und zielt auf die Beschreibung von
> Jugend in ihrer historischen Bedingtheit und
> als soziales Guppenphänomen. Adoleszenz
> wird als Begriff eher von Psychologen be-
> nutzt: Hier liegt der Blick auf physische und
> psychische Veränderungen in der Person. In
> diesem Buch werden die Begriffe Jugend
> und Adoleszenz synonym verwendet. Der
> Begriff Pubertät wird nur zur Beschreibung
> biologischer Veränderungen in der Jugend-
> phase angewendet (vgl. Fend 2003).

Dennoch scheint es eine Lebensphase zu geben, in der die Betreffenden weder   <small>Versuche einer Einteilung</small>
eindeutig den Kindern, noch den Erwachsenen zugeordnet werden (können).
Sowohl im Alltagswissen als auch in der wissenschaftlichen Auseinandersetzung, wird diese Lebensphase meist durch Altersgrenzen und sogenannte
Entwicklungsaufgaben (Havighurst 1972) beschrieben. Unterschiedliche Einteilungen von Lebensphasen, die auch das heutige Jugendalter umfassen, gab
es nachweisbar schon seit der Antike (vgl. Ferchhoff 2007, S. 85; Dudek 2002,

S. 334). Eine eigenständige Entwicklungsphase, die mit bestimmten Entwicklungsaufgaben korrespondierte, wurde aber mit diesen Einteilungen noch nicht
verbunden. Bis heute existiert keine genaue Altersspanne, die einheitlich für
die Jugendphase festgelegt wird. Die Altersangaben schwanken, die Spanne
reicht von 10 bis 27 Jahren. Das Ende der Jugendzeit wird häufig mit dem
Eintritt ins Berufsleben und/oder Familiengründung bzw. Ehe oder eheähnli-
chen Partnerschaft festgelegt. Juristische Festlegungen unterscheiden sich von
wissenschaftlichen und diese wiederum von Fachstandpunkt zu Fachstandpunkt. Hurrelmann (2004) unterscheidet in seiner Einführung zur Lebensphase
Jugend drei Altersspannen (13 bis 17 Jahre: Pubertät, 18 bis 21 Jahre: Nachpu-
bertät bzw. Heranwachsende, 21 bis 25 Jahre: junge Erwachsene), Fend (2003)
benennt in seiner ebenfalls einführenden Entwicklungspsychologie des Jugendalters ebenfalls drei Phasen, aber mit anderen Alterseinteilungen (11 bis
14 Jahre: frühe Adoleszenz, 15 bis 17 Jahre: mittlere Adoleszenz, 18 bis 21
Jahre: späte Adoleszenz). Das Strafgesetzbuch dagegen unterscheidet: 14 bis
17 Jahre: Jugendliche, 18 bis 20: Heranwachsende, ab 21 Erwachsene. Je nach
Altersgruppe wird ein unterschiedliches Strafrecht angewendet.

Festgehalten werden kann, dass sich die Lebensphase Jugend an ihren Rändern
stark ausdifferenziert hat. Dementsprechend kann sie heute ca. mit zehn Jahren
beginnen (Pubertät) und sich bis Ende 20 hinaus „verzögern", wenn bestimmte
Entwicklungsaufgaben wie beispielsweise eine finanzielle Unabhängigkeit
oder Eigenständigkeit sich durch lange Bildungswege oder Verzögerungen bei
der Integration in den Arbeitsmarkt hinausschieben (vgl. Hurrelmann 2004).
Zentral an dieser Ausdifferenzierung ist, dass die Jugendzeit nicht mehr als
Übergangsphase vom Kind zum Erwachsenen anzusehen ist, sondern sich als
eigenständige Lebensphase etabliert hat.

Die Schwierigkeit, das ‚Phänomen Jugend' wissenschaftlich präzise zu erfassen zeigt sich auch an den stark variierenden Systematisierungen der theoretischen Ansätze über Jugend in einschlägigen Einführungsbänden. So werden
beispielsweise im Handbuch Kindheits- und Jugendforschung (Krüger/Grunert
2002) sieben Ansätze unterschieden (psychologische Entwicklungstheorien,
psychoanalytische Erklärungsansätze, sozialisationstheoretische Ansätze, Sozialökologische Ansätze, gesellschaftstheoretische Ansätze, geschlechterthe-
oretische Ansätze, kulturtheoretische und kulturvergleichende Ansätze). Fend
(2003) beschreibt dagegen drei zentrale Paradigmen (das Paradigma des Ent-
wicklungsgedankens, das sozialisationstheoretische Paradigma, das handlungs-
theoretische Paradigma), Hurrelmann (2004) benennt drei große Linien theoretischer Ansätze (soziologische Theorien und Konzepte, psychologische Theorien und Konzepte, der integrierende Ansatz der Sozialisationstheorie), während Ecarius et al. (2011) von sechs Ansätzen ausgehen (pädagogische Ansät-
ze, generationstheoretische Ansätze, entwicklungstheoretische Ansätze, indi-
vidualisierungstheoretische Ansätze, aktuelle interdisziplinäre Ansätze, cultural Studies). Diese unterschiedlichen Systematisierungsversuche zeigen, wie

schwierig es ist, die Lebensphase Jugend unter einem einheitlichen Theoriegebäude zu beschreiben.

Eine wissenschaftliche Beschäftigung mit dem Phänomen Jugend entstand an   Theoretische Ansätze
der Wende vom 19. zum 20. Jahrhundert (vgl. Fend 2003, S. 33; Dudek 2002,
S. 333). Hierzu beigetragen haben ökonomische Aspekte wie z.B. die Indus-
trialisierung (etwa ab 1850), die durch Spezialisierungstendenzen neue Quali-
fikationsanforderungen hervorbrachte sowie gleichzeitig eine ansteigende
Jugendarbeitslosigkeit aufwies. Die Jugendlichen waren vermehrt im Straßen-
bild sichtbar, sie ,hingen herum'. Politik und Gesellschaft fühlten sich zum
Handeln herausgefordert. Es erfolgten Maßnahmen, die Jugendlichen von der
Straße zu holen. Ein pädagogisches Bemühen, dass man auch heute noch beobachten kann (siehe Kapitel 4.2). Im Zusammenhang mit Strafprozessen
taucht zum ersten Mal der juristische Begriff des Jugendlichen auf und in Ge-
richtsakten kommt es zur ersten Definition einer Altersklasse Jugend (Fend
2003, S. 33f.; Dudek 2002, S. 336). Aber auch die Protestbewegung der Jugendlichen, die eine höhere Schule besuchten und sich gegen die streng autori-
täre, jegliche Eigenentwicklung und Selbstbestimmung verneinende Erzie-
hungs- und Unterrichtsform der Schule wehrten und die Selbstmorde bürgerli-
cher Jugendlicher, die ein Gymnasium besuchten, führten zu einer wissenschaftlichen Beschäftigung mit der Lebensphase Jugend (vgl. Fend 2003).

In den Anfängen der Jugendforschung dominierten psychologische Ansätze.
Im Vordergrund stand die Auffassung, menschliche Entwicklung folge einem
inneren Entwicklungsplan. Die Entwicklungen in der Jugendphase, so die Annahme, resultierten also aus einer Art „innerem Bauplan" sowohl in Bezug auf
biologische, körperliche Veränderungen (beispielsweise Pubertät) als auch hinsichtlich der psychischen Entwicklung, die der Jugendphase einen bestimmten
„Sinn" gebe. Hier ist sowohl die Jugendpsychologie Charlotte Bühlers (1922)
einzuordnen als auch die Psychologie des Jugendalters Eduard Sprangers
(1924). Diesem Ansatz ist auch Eriksons deutlich später entstandene Vorstellung einer Identitätsentwicklung als Durchlaufen bestimmter Phasen und dem
Lösen oder Nichtlösen damit verbundener Aufgaben zuzuordnen. Erikson
(1973) beschreibt die Entwicklung einer gesunden Persönlichkeit als eine Abfolge von inneren und äußeren Konflikten, die jeder Mensch während seiner
Kindheit und im Erwachsenenalter bestehen muss. Er beschreibt acht solcher
Stadien oder Phasen, die von speziellen kritischen psychologischen Krisen gekennzeichnet sind. Erikson folgt dabei einem *epigenetischen Prinzip*: alles was
wächst hat einen Grundplan, „dem die einzelnen Teile folgen, wobei jeder Teil
eine Zeit des Übergewichts durchmacht, bis alle Teile zu einem funktionieren-
den Ganzen herangewachsen sind" (Erikson 1973, S. 57). In seiner Definition
einer gesunden Persönlichkeit folgt er Marie Jahoda, „wonach eine gesunde
Persönlichkeit ihre Umwelt aktiv meistert, eine gewisse Einheitlichkeit zeigt
und imstande ist, die Welt und sich selbst richtig zu erkennen" (Jahoda, nach
ebd., S. 57). Krisen werden von ihm nicht als etwas negatives, durch Erzie-

hung zu vermeidendes betrachtet, sondern gehören zur natürlichen Entwicklung einer Persönlichkeit. Wichtig ist nur die richtige Begleitung und Reaktion während des krisenhaften Erlebens. Die während einer Phase erworbenen Defizite durch „falsche" oder fehlgeleitete Begleitung können in der nächsten Phase oder in einer späteren bis hin zum Erwachsenenleben kompensiert werden.

In Psychoanalytischen Ansätzen wird Entwicklung ebenfalls als von innen gesteuerter Prozess beschrieben. Ausgehend von einer endogen vorstrukturierten Triebdynamik wird diese als Motor (oder auch Bremse) für Entwicklung interpretiert. Herausragender Begründer dieses Ansatzes war Sigmund Freud. Das Unterbewusstsein ist zentraler Baustein der theoretischen Grundannahmen und beeinflusst auch die pädagogische Beziehung sowie Alltagssituationen. Insbesondere in Bezug auf die Entwicklung einer Geschlechtsidentität spielen unbewusste Prozesse, so die Annahme von Vertreterinnen wie Katrin Flaake (2001), eine entscheidende Rolle dadurch, dass (unbewusste) Annahmen über das eigene Geschlechtsselbst das Verhalten und die Emotionen gegenüber der eigenen Person auch in der Interaktion bestimmenden Einfluss haben.

Modelle der Kognitionspsychologie begreifen Entwicklung als kontinuierliche Funktionsreifung. Zu nennen sind hier beispielsweise die Intelligenzentwicklung, von der angenommen wird, dass ihr Höhepunkt im Jugendalter (etwa 25 Jahre) liege oder struktur-genetische Theorie(n), in denen Entwicklung als ein Prozess des Aufbaus von Fähigkeiten angesehen wird (vgl. Hurrelmann 2004, S. 60).

Heute wird Modellen, die Entwicklung ausschließlich als chronologischen inneren Prozess definieren, keine Bedeutung mehr zugesprochen. Schon bei der Frage der Pubertät lässt sich zeigen, wie stark selbst dieser biologische Vorgang vom Kontext des Aufwachsens abhängig ist. Der Zeitpunkt der Geschlechtsreife hat sich stark verfrüht und Erklärungsansätze hierfür sind die veränderte Zusammensetzung der Nahrungsmittel und eine Zunahme von Medikamenten, die auf den Stoffwechsel wirken (vgl. Hurrelmann 2004, S. 59) einerseits und andererseits im psychischen Bereich das Ausmaß von anregenden Umweltimpulsen „mit ihrer Kombination von positivem und negativen Stress" (ebd.). Auch Intelligenz wird heute nicht als etwas statisches, sondern als in ihrer Entwicklung von Umwelteinflüssen abhängig betrachtet.

Nach dem Zweiten Weltkrieg gewannen soziologische Ansätze für die Jugendforschung größere Bedeutung. Entwicklungsprozesse der Jugendlichen werden nicht als etwas Innerliches, von innen heraus angetriebenes betrachtet, sondern in Abhängigkeit von äußeren, externen Faktoren untersucht. Das heißt gesellschaftliche und ökonomische sowie maßgebliche Sozialisationsinstanzen wie Familie, Schule, Peers und Medien auf die Entwicklung werden stärker akzentuiert als innerlich ablaufende Prozesse (vgl. Fend 2003; Hurrelmann 2004). Zu nennen wäre beispielsweise die strukturell-funktionale Systemtheorie (Hurrelmann 2004, S. 50). Jugendphase wird hier als eine Übergangzeit mit bestimmtem gesellschaftlichen Funktionen beschrieben (Ferchhoff 2007, S. 91). Die Jugendphase wäre dann als eine Phase der Transition in den Erwachsenenstatus anzusehen. Das Verhältnis zwischen den Generationen, also zwischen Erwachsenen und der durch sie repräsentierten Werte und Normen auf der einen Seite und den Jugendlichen auf der anderen Seite, wird als spannungsgeladen angesehen. Jugendliche grenzen sich von der Welt der Erwachsenen ab, besondere Bedeutung in diesem Ansatz bekommen die Peers als Entwicklungsunterstützer (oder auch Hemmer), da die soziale Abgrenzung der Jugendlichen von der Welt der Erwachsenen mit einer hohen Dichte an Kontakt zwischen Gleichaltrigen einhergeht (vgl. Hurrelmann 2004, S. 50). Es bilden sich in der Konsequenz eigene Jugend(sub-)kulturen heraus, in denen eigene Werte, eigene Zielsetzungen sowie eigene Verhaltensmuster heraus gebildet werden (ebd.). Jugendphase ist dann nicht nur Transition, sondern auch Moratorium mit eigenen Funktionen, die nicht lediglich als Vorbereitung oder Vorstufe zum Erwachsenenstatus angesehen werden können.

Ein weiterer soziologischer Ansatz, der bis heute Relevanz für die Jugendforschung hat, ist der generationstheoretische Ansatz. Jugend wird hier unter dem Aspekt historisch bedingter unterschiedlicher Jugendbilder betrachtet. In der Beschreibung von Jugendbildern wird von der Annahme ausgegangen, das ähnliche gesellschaftliche Lebensverhältnisse, sich mit ähnlichen Haltungen der Jugendlichen decken und sozialgeschichtliche Änderungen der Bedingungen des Aufwachsens mit unterschiedlichen Gestalten der Jugend korrespondieren (Fend 2003, S. 182). Es wird also von der Annahme ausgegangen, dass eine (Jugend-)Generation bestimmte historische Ereignisse in ähnlicher Weise erlebt und verarbeitet. Dieses Erleben und Verarbeiten, lässt sich dann in bestimmten Jugendbildern, wie beispielsweise die „unbefangene" oder die „politische" Generation, beschreiben. Die Verarbeitung dieser Generationserfahrungen, so eine weitere Annahme dieses Ansatzes, ist Antrieb für sozialen Wandel. Karl Mannheim ist einer der wichtigsten Vertreter des generationstheoretischen Ansatzes innerhalb der Soziologie (Mannheim 1927/28). Auch in der Pädagogik ist ein Generationenbegriff virulent. Dieser fokussiert in der Hauptsache das Erziehungsverhältnis zwischen der älteren und der jüngeren Generation (vgl. Reinders 2003, S. 42) und hat innerhalb der Jugendforschung, die stark soziologisch ausgerichtet ist, nur marginale Bedeutung.

Zu diesem Ansatz lässt sich festhalten, dass historisch bedeutsame Ereignisse (beispielsweise der Mauerfall 1990) oder auch gesellschaftlich bedeutsame Themen/Bewegungen (beispielsweise Frauen- oder Friedensbewegung) unbestreitbar Einfluss auf die jeweilige (Jugend-)Generation haben. Die Verarbeitungsmuster der einzelnen Jugendlichen werden aber in Jugendgenerationsbildern zu sehr verallgemeinert und sie gehen zu wenig auf die oben erwähnten Spezifika ein. In der Erforschung von Jugendbildern wird dies an zunehmend wirren und sich zeitlich überschneidenden, je nach Studie unterschiedlich benannten Bildern besonders deutlich (vgl. Ferchhoff 2007).

Insgesamt wurde in den Anfängen der Jugendforschung, und teilweise gilt das auch heute noch, zu wenig auf die subjektive Aneignung als Eigenleistung bzw. die Beteiligung der Individuen am eigenen Entwicklungsprozess eingegangen. Der Jugendliche als Subjekt, das Umwelteinflüssen nicht einfach nur passiv ausgesetzt ist, sondern diese aktiv (mit-)gestaltet, kommt bis in die 90er Jahre in der Jugendforschung kaum vor (vgl. Reinders 2003, S. 53). Neuere Ansätze versuchen dieses Defizit zu vermeiden. Entwicklung, so die Annahme in integrierenden Ansätzen der Sozialisationstheorie, vollzieht sich im Wechselspiel von endogenen, in der Person liegenden Prozessen, wie beispielsweise Temperament, körperliche Veränderungen oder kognitive Funktionsreifung, und Umwelteinflüssen wie beispielsweise Wohnort, gesellschaftlich vorgegebene (Handlungs-)Erwartungen oder Anregungspotential innerhalb der Familie. Das Individuum verarbeitet diese Einflüsse nicht passiv oder reaktiv, sondern produktiv und gestaltend. Jugendliche sind Konstrukteure ihrer eigenen Entwicklung (Hurrelmann 2004, S. 66).

Ein Ansatz, der aus der Entwicklungspsychologie kommt, aber dennoch psychologische mit soziologischen Erkenntnissen verbindet sowie das Individuum als Akteur einbezieht, ist das Konzept der Entwicklungsaufgaben. Es wurde in den 40er Jahren von dem Pädagogen Havighurst entwickelt und in Deutschland durch Oerter (1978) und Dreher/Dreher (1985) aufgegriffen. „Entwicklungsaufgaben sind für Oerter Scharnierstellen zwischen Individuum und Umwelt, zwischen der subjektiven (individualpsychischen) Struktur und der sog. objektiven Struktur" (Flammer 1993, S. 120). Sie stellen Lernanforderungen dar, „die Jugendliche zu bearbeiten haben, wenn sie eine zufrieden stellende und konstruktive Bewältigung des Lebens und eine Vorbereitung auf den Erwachsenenstatus schaffen wollen" (Hurrelmann 2004, S. 60f.). Entwicklungsaufgaben werden über Tätigkeiten bewältigt. Der Begriff impliziert, dass es Aufgaben gibt, die jemand gestellt haben muss, die durch jemanden zu lösen sind und dass die Lösungen von jemandem bewertet werden. Drei Typen von „Aufgabensteller" können unterschieden werden, die auch die Annahmen sowohl einer Wechselwirkung zwischen Anlage und Umwelt als auch des Jugendlichen als Akteur seiner Entwicklung Rechnung tragen: (1) die physische Reifung des Individuums; (2) soziale (gesellschaftliche) Erwartungen; (3) persönliche Anliegen und Ziele (vgl. Fend 2003). Das Bewältigen von Entwicklungsaufgaben erfordert großen Aufwand. Jugendliche entwickeln dazu individuelle Bewältigungsstrategien (Coping). Diese sind abhängig von den in der Kindheit erlernten Kompetenzen und vorhandenen Ressourcen. Welche Entwicklungsaufgaben Jugendliche heute zu bewältigen haben, wird unterschiedlich beurteilt. Hurrelmann (2004, S. 27f.) nennt vier zentrale Entwicklungsaufgaben:

Das Konzept der
Entwicklungsaufgaben

1. Entwicklung einer intellektuellen und sozialen Kompetenz;
2. Entwicklung des inneren Bildes von der Geschlechtszugehörigkeit;
3. Entwicklung selbstständiger Handlungsmuster für die Nutzung des Konsumwarenmarktes;
4. Entwicklung eines Werte- und Normsystems und eines ethischen und politischen Bewusstseins.

Fend (2003, S. 222ff.) unterscheidet sieben, von Havighurst modifizierte Entwicklungsaufgaben (1) den Körper bewohnen lernen, (2) Umgang mit Sexualität lernen, (3) Umbau der sozialen Beziehungen, (4) Umgang mit Schule, (5) Berufswahl, (6) Bildung, (7) Identitätsarbeit.

Das Herausbilden einer eigenen Identität ist als einer der zentralen Prozesse innerhalb der Lebensspanne Jugend anzusehen. In diesem Buch wird diesem Prozess aus diesem Grund ein gesondertes Kapitel gewidmet (siehe Kap. 2.3).

Die erfolgreiche Bewältigung der Entwicklung erfordert die Unterstützung Erwachsener, der Peergruppe und der Schule. Im Bewältigen der Entwicklungsaufgaben eignen sich Jugendliche neue Kompetenzen an. Deshalb führt auch das Nichtlösen zu Schwierigkeiten, die letztendlich in einem Negativkreislauf münden: Gering vorhandene personale und soziale Ressourcen der Familie führen dazu, dass Jugendliche Entwicklungsaufgaben nicht bewältigen. Dieses Scheitern verhindert, dass neue Kompetenzen erworben werden und es wird immer schwieriger, die nächste Entwicklungsaufgabe zu lösen usw.. In der Folge kann es zu tief greifenden Störungen im Sozialisationsprozess kommen (vgl. Fend 2003; siehe auch Büchner/Brake 2006).

Ferchhoff bewertet das Konzept der Entwicklungsaufgaben trotz der integrierenden Anteil immer noch als zu einseitig zur Beschreibung der vielfältigen kontingenten Entwicklungen innerhalb der Lebensphase Jugend: „Obwohl das erörterte Modell der Entwicklungsaufgaben soziologische und sozialisationstheoretische Züge aufweist im Zusammenspiel zwischen sozialisierten subjektbezogenen Bedürfnissen und sozialen Erwartungshaltungen, sind diese entwicklungs- und sozialpsychologischen Überlegungen zur Jugendphase bei aller Relevanz für das heutige Aufwachsen von Jugendlichen immer noch zu enggeführt. Soziale Strukturen, materielle Lebensbedingungen und auch lebenswelt- und zeitbezogene Dimensionen werden nicht genügend berücksichtigt" (Ferchhoff 2007, S. 105).

Ein weiterer Ansatz, der bis heute diskutiert wird und großen Einfluss auf Vorstellungen über Entwicklung in der Jugendphase hat, ist das Individualisierungstheorem. „Mit Individualisierung ist der Abbau von traditionellen Rollenvorschriften in den ‚modernen' und ‚emanzipierten' Wohlstandsgesellschaften des Westens gemeint, mit der die Biografie eines Menschen aus vorgegebenen Festlegungen nach Herkunft, Geschlecht, Region, Nationalität und Ethnie herausgelöst wird" (Hurrelmann 2004, S. 55). Auch in diesem Ansatz wird

Das Individualisierungstheorem

Entwicklung sowohl als Ergebnis eines Zusammenspiels von Umweltfaktoren und in der Person liegenden Faktoren zurückgeführt. Dem Subjekt wird dabei die Aufgabe zugesprochen, seine Entwicklung selbst steuern zu können, aber auch zu müssen. Das Auflösen traditioneller Werte- und Milieubindungen, das Vertreter dieses Ansatzes beschreiben, führt dazu, dass Jugendliche zum einen mehr Möglichkeiten haben, ihr Leben ihren Bedürfnissen und Wünschen gemäß auszurichten, andererseits aber auch eigene Entscheidungen treffen müssen und sich Orientierung fern der Gewissheiten traditionaler Sozialmilieus suchen müssen. Viele Jugendliche sind durch die Zunahme an Wahlmöglichkeiten und das Herauslösen aus alten Bindungen verunsichert. Diese Jugendlichen sind in der Konsequenz eher moratoriumsorientiert, das heißt, sie versuchen, den Übergang in die Erwachsenenwelt so lange wie möglich hinaus zu schieben (vgl. Reinders 2003).

Insgesamt muss bezüglich dieses Ansatzes festgestellt werden, dass es zwar richtig ist, dass Jugendliche theoretisch mehr Wahlmöglichkeiten haben, ihr Leben zu gestalten, praktisch bzw. auf empirischer Basis aber deutlich wird, dass sowohl Bildungs- und Berufswege, als auch Freizeitverhalten immer noch stark von der sozialen Herkunft und damit von ökonomischem, kulturellem und sozialem Kapital (Bourdieu 1983) und auch von Geschlecht und Nationalität/Ethnie abhängig sind. Jugend heute ist nicht nur stark ausdifferenziert, hoch heterogen, sondern in allen (jugendkulturellen) Lebensbereichen vor allem durch soziale Ungleichheit charakterisiert (vgl. auch Kap. 2.3).

Hinter die Annahmen der integrierenden Ansätze, also solcher, die psychologische mit soziologischen verbinden und dabei Jugendliche als Konstrukteure ihrer eigenen Entwicklung verstehen, kann niemand, der etwas über Jugend heute sagen möchte, zurück gehen.

Transition und
Moratorium

Wichtig zur Kennzeichnung der Lebensphase Jugend sind die Begriffe Transition und Moratorium. Sie werden in den unterschiedlichen Ansätzen nicht immer explizit genannt aber mitgedacht. Wird die Jugendphase als Transitionsphase betrachtet, wird sie als Übergangsphase zum und als Einstiegsphase in das Erwachsenenleben angesehen (Zinnecker 1991). Entwicklung wird von Werten und Normen der Erwachsenen aus gedacht, die ältere Generation gibt die Ziele und die Beurteilungskriterien für eine gelungene Entwicklung vor, der Lernprozess ist linear: Die Jugendgeneration lernt in der Hauptsache von der Erwachsenengeneration, wie das Leben zu meistern ist bzw. wodurch Lebensbewältigung scheitern kann. Das Konzept der Entwicklungsaufgaben kann als eines vorgestellt werden, in dem die Jugendphase als Transitionsphase betrachtet wird, denn hier werden von den Jugendlichen zu bewältigende Entwicklungsaufgaben formuliert, die sich stark an gesellschaftlichen Normen als Zielpunkt orientieren (vgl. Reinders 2003, S. 24). Normabweichungen werden als krisenhafte Entwicklungen aufgrund nicht bewältigter Entwicklungsaufgaben verstanden. Sie verhindern die ‚reibungslose' Eingliederung von

Jugendlichen in die Erwachsenenwelt. Auf solche krisenhafte Entwicklungen wird mit Präventions- und Interventionsstrategien reagiert. Der Autonomiegedanke, das heißt, Jugendliche als selbstbestimmt handelnde Individuen auch in der Abweichung zu betrachten, tritt hier in den Hintergrund. In der Außerschulischen Jugendbildung führt dies zu einer kritischen Haltung einiger Autoren gegenüber dem Konzept der Entwicklungsaufgaben und dem Präventionsgedanken, wie in Kapitel 4 noch zu zeigen sein wird.

Wird die Jugendphase unter dem Aspekt des Moratoriums betrachtet, wird sie als eigenständiger Lebensabschnitt gesehen und nicht lediglich als Statuspassage von der Kinderwelt in die Erwachsenenwelt. Die Jugendphase ermöglicht dann eine „nicht auf Zukunft gerichtete subjektive Zeitperspektive. Diese Gegenwartsorientierung vollzieht sich in der Differenz zur älteren Generation im Kontext der Gleichaltrigen und ermöglicht die Ausbildung eines eigenen Lebensstils" (Reinders 2003, S. 51). Wichtig ist auch hier eine Verknüpfung beider Ansätze. Selbstverständlich ist die Jugendphase insbesondere unter Qualifikationsaspekten eine Übergangsphase. Von zentraler Bedeutung ist die Vorbereitung auf die Erwerbstätigkeit, teilweise wird diese sogar schon in der Jugendphase begonnen. Sie ist so zentral, da zukünftige Entwicklungsmöglichkeiten im Sinne von Teilhabe an Gesellschaft (Beteiligung am Arbeitsmarkt, am Konsumwarenmarkt, am Kulturwarenmarkt etc.) von einer gelungenen Qualifikationsphase in der Jugendzeit abhängig sind. Andererseits ist die Jugendphase eine Zeit des Ausprobierens verschiedener jugendkultureller Lebensstile, Experimentierzeit für die eigene Identitätsausbildung und infolgedessen sehr wohl auch Moratorium. Somit lässt sich also zusammenfassend sagen, dass beide Orientierungen für biografische Entscheidungen eine Rolle spielen (Reinders 2003). Auch hier zeigt sich wieder, dass eine einheitliche übergreifende Beschreibung der Jugendphase sich schwierig gestaltet. „Die Jugendphase besitzt in der Regel keinen einheitlichen Abschluss, zeichnet sich durch viele Ungleichzeitigkeiten und asynchrone Entwicklungen aus, wird als Phase vielfacher Teilübergänge, unterschiedlicher rechtlicher, politischer und kultureller Mündigkeitstermine sowie verschiedener Teilreifen in sexueller, politischer und sozialer Hinsicht aufgefasst und dehnt sich zudem nach Ansicht der meisten Jugendsoziologen immer weiter aus. (…) Und als Lebensstil oder als Placebo ist Jugend quasi altersübergreifend, fast so etwas wie ein Markenzeichen von moderner Identität geworden" (Abels 1993, S. 37 in: Ferchoff 2007, S. 87).

Zusammenfassung

Die Lebensphase Jugend kann nicht als einheitliches Phänomen beschrieben werden. Forschungsfragen und -befunde sind von gesellschaftlichen und historischen Kontexten genauso abhängig wie die Lebensbedingungen, von denen Jugendliche umgeben sind.

Es werden unterschiedliche Einteilungen der Alterspanne der Jugendphase vorgenommen. Einigkeit herrscht darüber, dass sich die Jugendphase an den Rändern sowohl nach oben als auch nach unten ausdifferenziert hat.

Je nach wissenschaftstheoretischem Standort, unterscheiden sich theoretische Annahmen über Entwicklungsbedingungen von Jugend. Zentral erscheint das Konzept der Entwicklungsaufgaben, dass davon ausgeht, dass Individuen in verschiedenen Lebensphasen unterschiedliche Entwicklungsaufgaben bewältigen müssen. Diese Entwicklungsaufgaben werden als Scharnierstelle zwischen Individuen als der individualpsychischen Struktur und der umgebenden Umwelt als der objektiven Strukturen angesehen.

Transition und Moratorium sind Begriffe, die der Jugendphase einen je unterschiedlichen Status zuweisen. In der Auffassung der Lebensphase Jugend als Transition wird Entwicklung linear gedacht und die Jugendphase als Vorbereitung auf das Erwachsenenalter verstanden. Wird sie dagegen als Moratorium gedacht, ist sie eigenständiger Lebensabschnitt, mit einer nicht auf Zukunft gerichteten Zeitperspektive. Jugendphase muss heute sowohl als Transition wie auch als Moratorium gedacht werden.

Übungen:
1. Begründen Sie, warum Jugend nicht als einheitliches Phänomen beschrieben werden kann.
2. Nennen Sie zentrale theoretische Ansätze der Jugendforschung und charakterisieren sie einige Grundannahmen!
3. Was ist unter den Begriffen Transition und Moratorium zu verstehen?

Weiterführende Literatur:
Dudek, P. (1990): Jugend als Objekt der Wissenschaften. Geschichte der Jugendforschung in Deutschland und Österreich. Opladen: Westdeutscher Verlag.

Göppel, J. (2005): Das Jugendalter. Entwicklungsaufgaben, Entwicklungskrisen, Bewältigungsformen. Stuttgart: Kohlhammer.

Hafeneger, B. (1995): Jugendbilder. Zwischen Hoffnung, Kontrolle, Erziehung und Dialog. Opladen: Leske + Budrich.

Lindner, W. (2008): Kinder- und Jugendarbeit wirkt: aktuelle und ausgewählte Evaluationsergebnisse der Kinder- und Jugendarbeit (1. Aufl. ed.). Wiesbaden: VS Verlag für Sozialwissenschaften.

Reinders, H. (2003): Jugendtypen. Ansätze zu einer differentiellen Theorie der Adoleszenz. Opladen: Leske + Budrich.

2.3   Identitätsentwicklung im Jugendalter – aktuelle Diskurse

Das Thema Entwicklung der Identität von Jugendlichen fragt zum einen nach den aktuellen gesellschaftlichen Bedingungen der Entwicklung im Jugendalter und zum anderen nach den Entwicklungsaufgaben in dieser Phase. Erstmals werden in der Phase der Jugend differenzierte soziale Positionen eingenommen und eine Identität im Rahmen der Bedingungen der Umwelt entworfen, die zum Aufbau einer Biografie führt. Das heißt, es werden von den Jugendlichen die Fragen beantwortet „Wer bin ich?" und „Wer will ich sein?" (Habermas 2008, S. 363; Keupp 2009, S. 53).

Identität kann definiert werden als „Herstellung einer Passung zwischen dem subjektiven „Innen" und dem gesellschaftlichen „Außen", also der „Produktion einer individuellen sozialen Verortung" (Keupp 2009, S. 54). Nach dem „Modell des produktiv realitätsverarbeitenden Subjekts" von Hurrelmann (1983), auf dem die neueren Theorien aufbauen, geht es um die Aneignung der inneren und äußeren Realität in der Identitätsentwicklung (Hurrelmann 1983; Erikson 1964; Fend 1990; Fend et al. 2009; Herwartz-Emden et al. 2010; Macha 2010a, b).

Identität als Passung zwischen dem subjektiven Innen und dem gesellschaftlichen Außen

Übergreifende Fragestellungen sind dabei unter anderem die sozialen Bedingungen der Entwicklung von Identität im Jugendalter mit den je spezifischen Lebenslagen und den gesellschaftlichen Einflüssen, die durch die Heterogenität der sozialen Gruppen bestimmt sind. Außerdem die endogene biologische Reifung mit ihren körperlichen und psychischen Veränderungen, die wiederum zu Anpassungsleistungen herausfordern (Herwartz-Emden et al. 2010). Schließlich ist die Geschlechtsidentität, die durch Normen und Erwartungen aus der Umwelt beeinflusst wird, sehr wichtig für die Identitätsentwicklung.

2.3.1   Theoretische Zugänge zur Konstruktion von Identität im Jugendalter

Im ersten Hauptteil dieses Beitrags wird das Thema der Entstehung der Identität im Jugendalter vor dem Hintergrund dieser Bedingungen dargestellt. Eine Perspektivierung von Identität auf der Basis der Sozialisationsforschung wird in drei Aspekten vorgelegt: (1) Die gesellschaftlichen Rahmenbedingungen von Jugend heute, (2) Die Elemente der Konstruktion von Identität, nämlich der subjektive Aspekt und der gesellschaftliche Aspekt der Identität sowie (3)

Körper- und Identitätsentwicklung. In der Sozialisationstheorie wird Identität heute übereinstimmend als subjektive Konstruktion in Wechselwirkung zwischen Umwelt und Individuum definiert (Habermas 2008, S. S. 364ff.; Keupp 2003, 2009, S. 53; Macha/Witzke 2008, 2009; Macha 2009, 2010; Hurrelmann 2002; Tillmann 2004). Dabei sind auch die biografischen und lebensgeschichtlichen Aufgaben im Jugendalter hervorzuheben, sowie die Aneignung der inneren und äußeren Realität in der Identitätsentwicklung (Erikson 1964, 1966; Fend 1990, Fend et al. 2009; Herwartz-Emden et al. 2010; Macha 2010).

1.1   Die gesellschaftlichen Rahmenbedingungen von Jugend heute

Die Bedingungen der Identitätsentwicklung im Jugendalter werden maßgeblich von den aktuellen gesellschaftlichen Rahmenbedingungen bestimmt, die durch folgende Elemente zu charakterisieren sind:

In den 60er Jahren des 20. Jahrhunderts wurden Traditionen und Grenzen, die das Leben strukturierten, erschüttert und Emanzipation fand statt. Das Individuum ist seither stärker für sich selbst verantwortlich und der Anspruch, ein autonomer Bürger zu sein, hat sich auf alle Bereiche der Existenz ausgedehnt. Die Person wird nicht länger von äußeren Ordnungen gestützt, sie muss sich auf ihren inneren Antrieb und ihre geistigen Urteile verlassen. So wird Identität zu einer lebenslangen Aufgabe, bei der Jugendliche sehr stark auf sich selbst zurückgeworfen und zugleich oft überfordert sind.

Das erschöpfte Selbst

- In der subjekttheoretischen Perspektive werden Jugendliche heute durch die Biografisierung von Identität genötigt, weitgehend selbst über die Gestaltung der Biografie zu entscheiden. Ehrenberg spricht in diesem Zusammenhang vom „erschöpften Selbst" oder der „Fatigue d`être" und beschreibt sie als die „Krankheit der Verantwortlichkeit" im 21. Jahrhundert, bewirkt durch die Veränderungen der Individualität (Ehrenberg 2004, S. 15). Das Individuum sei der Souverän seines eigenen Lebens, müsse sich ohne Halt durch die normative gesellschaftliche Orientierung entwickeln und stelle dabei fest, das „nichts wirklich verboten ist, nichts wirklich möglich" (Ehrenberg 2004, S. 17).

Begrenzung autonomer Gestaltungsräume

- Im Widerspruch zu der geforderten scheinbaren Autonomie bei der Konstruktion von Identität steht die reale gesellschaftliche Lage, in der durch Neoliberalismus und globale Finanzkrisen Ungleichheit verstärkt und insbesondere für Jugendliche das Übergangsmanagement in den Beruf erschwert wird (DJI 2010). Hier werden autonome Gestaltungsräume begrenzt. Strukturelle Herrschaftsverhältnisse haben sich in den neokapitalistisch strukturierten Gesellschaften verschärft, mit der grundlegenden Problematik ökonomischer Profitmaximierung (Winker/Degele 2009, S. 25). Sie führen vor allem zu vier voneinander abhängigen Phänomenen, deren Folgen auch Jugendliche verarbeiten müssen:

   1. Die Reproduktion der Arbeitskraft ist die Struktur, innerhalb derer sich Jugendliche ihre Berufsbiografie aufbauen. Zur Realisierung hoher Pro-

fite werden am Arbeitsmarkt die Löhne niedrig gehalten, Lehrstellen sind lange Zeit knapp gewesen und Flexibilisierung sowie Mobilität der Arbeitskräfte werden gefordert. Konkurrenz und Verdrängung der segmentierten Arbeitsgesellschaft prägen auch schon die Außerschulische Jugendbildung (Böhnisch 2009, S. 29).

2. Die symbolische Reproduktion der sozio-ökonomischen Verhältnisse beschneidet die Eigentums- und Verfügungsrechte der Arbeitenden an den Produkten der Arbeit (siehe hierzu auch Kap. 3.2). „Normen, Ideologien und symbolische Repräsentationen (erhalten) den Status hegemonial abgesicherter Begründungen", um Ungerechtigkeit durch naturalisierende Bewertungen zu legitimieren (Winker/Degele 2009, S. 26). Nur in wenigen Firmen können Arbeitskräfte ein Produkt vom Design bis zur Produktion begleiten und ganzheitlich den Produktionsprozess gestalten. Der neue Kapitalismus überschreite alle Grenzen und demontiere institutionelle Strukturen, in denen sich für die Beschäftigten Berechenbarkeit, Arbeitsplatzsicherheit und Berufserfahrung sedimentieren konnten, so argumentiert Sennett (1998, S. 26, in Keupp 2009, S. 61). An ihre Stelle sei die Erfahrung einer „Drift" getreten, von einer „langfristigen Ordnung" zu einem „neuen Regime kurzfristiger Zeit" sowie einer Deregulierung in netzwerkartige Strukturen, die schnell veränderbar sind, aber statt fester institutioneller Muster auch wenig Sicherheit und Struktur bieten.

3. Der Verkauf der Arbeitskraft oder Transferzahlungen in Familienarbeit sind durch Verunsicherung gekennzeichnet. Die Bezeichnung von Jugend als eines „Moratoriums" oder Schonraums ist insofern irreführend, als schon Berufseinsteiger mit der gesellschaftlichen Realität konfrontiert sind und für Hauptschüler der Einstieg in den Beruf ebenso erschwert ist wie für Akademiker, eine feste Stelle zu finden (Böhnisch 2009, S. 29, vgl. auch Kap. 2.2). Prekäre und befristete Arbeitsverhältnisse sind beim Berufseinstieg die Regel (DJI 2010). Der Begriff „Laboratorium Jugend" bezeichnet neben dem Experimentierstatus der Jugendphase heute auch die Verwertbarkeit der Jugendlichen im kapitalistisch- patriarchalischen Staat (Böhnisch 2009). In jedem Fall ist Jugend eine Transitionsphase, die heute mit zum Teil schmerzlichen Anpassungsprozessen an neue Gegebenheiten und Aufgaben verbunden ist.

4. Entgrenzung von Beruf und Familie tritt ein: Der private Raum der Familie, in dem die Reproduktion der Arbeitskraft geleistet werden kann und wo emotionale enge Bindungen gelten, wird ebenso entgrenzt wie die Arbeit selbst (Gottschalch/Voß 2005; Jurczik et al. 2009). Ständige Verfügbarkeit auch in der Freizeit über digitale Medien bricht die Privatheit ebenso auf, wie die Mobilität die Familie in ihrem Bestand bedroht. Kinder zu erziehen ist angesichts von Mobilität, Schichtarbeit und Verfügbarkeit immer schwieriger geworden.

2.3.2   Aspekte der Konstruktion von Identität

Die Perspektivierung von Identität enthält zunächst stets zwei grundlegende Aspekte, die Keupp den „Doppelcharakter der Identität" nennt (Keupp 2009, S. 54):

Doppelcharakter der
Identität

1. die subjektive Seite der Konstruktion von Identität, das unverwechselbar Individuelle und das handelnde Ich und
2. die Aneignung der sozialen Welt durch die Subjekte, das sozial Akzeptable, die interaktive und gesellschaftliche Seite des Ichs.

Damit werden zugleich zwei unterschiedliche Entwicklungsaufgaben der Jugendphase benannt, nämlich die Konstruktion der individuellen sowie der sozialen Identität in Auseinandersetzung mit der Umwelt. In der Dialektik von Autonomie und Anpassung an die sozialen Normen entfaltet sich das handelnde Ich mit seiner biografisch kontinuierlichen Identität. Unter dem Begriff „Ich" versteht man das Subjekt als Akteur. Es vereint wechselnde Facetten der Identität in sich und steuert sie nach innen wie außen (Macha 1989, S. 284ff). Dabei balanciert es zwischen subjektiven Wünschen und Bedürfnissen und dem Wunsch nach Anerkennung durch die soziale Umwelt. Gleichheit in der Verschiedenheit des Ichs ist dabei ebenfalls dialektisch zu sehen: lebensgeschichtlich sind Menschen situationsübergreifend zu erkennen, auch wenn sie sich beständig durch neue Anforderungen und Wachstumsprozesse verändern. Der biografisch kontinuierliche, jedoch auch wandelbare Kern des Ichs wird dabei von den unbewussten Antrieben und verdrängten Erinnerungen und Traumata, den Emotionen und körperlichen Impulsen gebildet (Macha 1989, S. 233ff.; 1992). Er ist jedoch nicht statisch zu sehen, wie ihn Erikson definierte (1964, S. 107), sondern als ebenfalls durch innere Erfahrungen und äußere Einflüsse veränderliches Konstrukt. Als stabil und gesichert wird Identität heute nicht mehr konzipiert, sondern als flüchtig und wandelbar bei aller Kontinuität.

Der Begriff des Ichs

Bei der Konstruktion der Identität unterscheidet schon William James zwei Dimensionen: 1. das Ich als Subjekt des Erkennens, das „I" oder das „Self as a knower", das sich selbst von innen aus dem Erleben heraus wahrnimmt und seine Handlungen sich selbst zuschreibt (James 1890, S. 291ff.), quasi als „Beobachter meiner selbst" (Vogeley 2008, S. 70) und 2. das handelnde Ich, das sich selbst in der Reflexion über sich selbst zum Objekt des Erkennens machen kann oder das sich in der Interaktion mit anderen in einer Art sozialer Rückkoppelungsschleife in den Reaktionen der anderen spiegeln kann. Dies wird als das „Me" oder „Self as a known" bezeichnet (James 1890, S. 291 ff.; Saum-Aldehoff 2008, S. 68; Vogeley a.a.O.). Das Subjekt kann aber bei aller Wandlungsfähigkeit dennoch Kohärenz als Gefühl von Einheitlichkeit und biografischer Kontinuität aufrechterhalten (Keupp 2009, S. 55, S. 63ff; Macha 2009, S. 13).

Das der Identität zugrunde liegende Selbstkonzept ist derjenige Aspekt der Identität, der die gesammelten Vorstellungen, Überzeugungen und Erinnerungen zur eigenen Person umfasst. Das Selbstkonzept wird im Spiegel der anderen konstruiert (Macha/Witzke 2008, S. 265). Die Sozialphilosophie des Symbolischen Interaktionismus von George Herbert Mead baut auf der Theorie von James auf, indem sie darstellt, dass erst durch eine „primäre Intersubjektivität" und durch die Abgrenzung von anderen das Ich sich als ein Ich erfährt. „Das Selbst (kann) für das Individuum nur existieren (…), wenn es die Rollen der anderen einnimmt" (Mead 1969, S. 90).

Narrative Verfasstheit des Subjekts

Ein weiterer zentraler Baustein im Forschungsstand zur Identität der Jugendlichen ist die narrative Verfasstheit des Subjekts. Das Subjekt konstruiert sich von der Kindheit und Jugend an narrativ und ist nicht in sich abgeschlossen (Keupp et al. 2006). Es konstituiert sich in Interaktionen, zum Beispiel mit den Familienmitgliedern auf der Basis der Familienbiografie und der geteilten Werte, Normen und Rituale. Das Subjekt entwirft sich sprachlich in Geschichten. Narrationen bilden aktuell situative Facetten der Identität ab und heben sie heraus aus dem Fluss des Lebens. Narrationen sind flüchtig und auch Identität wird heute als flüchtig, veränderlich und offen konzipiert (Macha 2009, S. 13). Die Narrationsforschung hat mit Ricoeur (1990) und anderen herausgearbeitet, dass durch die Bewusstwerdung in erzählten Geschichten die Subjekte sich selbst gegenwärtig fassbar werden (Fiese/Samaroff 1999). Das ist jedoch nur scheinbar ein Verlust an Eindeutigkeit und Identifizierbarkeit des Subjekts in seinem eigenen Selbstbewusstsein und gegenüber anderen in der Kommunikation. Die Facetten und Bilder wechseln zwar und sind nicht beständig, aber dennoch ist das Ich für die anderen dauerhaft zu erkennen und besitzt Konsistenz. Denn andererseits konstituiert sich das Ich narrativ auch als ein „autobiografisches Selbst", das die Erinnerungen und die verarbeiteten Erfahrungen dauerhaft über die gesamte Lebensspanne hinweg speichert und sich selbst als Ganzes definiert (Macha 2009, S. 12f).

Keupp et al. (2006) geben ein schönes Beispiel für die narrative Struktur des Subjekts in der späten Jugend: In einer Langzeitstudie zur Identität wird eine junge Frau interviewt und beschreibt, dass sie einen jungen Mann kennengelernt hat, der sie aber nicht sonderlich beeindruckt hat, der nur ein „beziehungsmäßiger Notnagel" ist (Keupp et al. 2006, S. 211). Als sie zwei Jahre später erneut interviewt wird, steht sie kurz vor der Heirat mit eben diesem jungen Mann, den sie aus den Augen verloren und dann vor neun Monaten erneut getroffen hat. Sie beschreibt im Rückblick die Situation des Wiedertreffens wie folgt: Es war „Liebe auf den ersten Blick", „er ist wie vom Himmel gefallen" (ebd., S. 211). Dieses Zitat zeigt, dass die Identität und das Erinnern keine Wahrheit repräsentieren, die objektiv überprüfbar wäre, sondern eine subjektive Setzung darstellen, die sich auch wandelt, d.h., das Gedächtnis konstruiert immer wieder neu die „aktuelle Wahrheit".

Richard Powers zeigt in seinem Roman „Das Echo der Erinnerung" (2006), dass Identität die Geschichten sind, die vom Ich handeln und die für das Ich Bedeutung erlangen, nicht jedoch wahre Szenen. Es sind subjektive Interpretationen des Erlebten, die aber in der Erinnerung wieder neu interpretiert und in einen neuen subjektiven Zusammenhang eingebettet werden.

Man kann also zusammenfassend sagen, dass das Subjekt der Akteur, das Aktzentrum oder der Veranlasser der eigenen Handlungen ist, es erfindet sich selbst und sein handelndes Ich in Erzählungen. Insofern ist es eine „transtemporale Einheit", eine zeitlich überdauernde Ganzheit (Vogeley 2008, S. 70).

Aufbau der Geschlechtsidentität
Wir haben oben die doppelte Konstruktion der Identität als Entwicklungsaufgabe des Jugendalters bezeichnet, im Folgenden werden nun weitere Entwicklungsaufgaben thematisiert, nämlich der Aufbau der Geschlechtsidentität sowie untrennbar damit verbunden die Integration des Körpers und der Gefühle in die Identität. Auch die geschlechtliche Identität wird als interaktionistische Selbstkonstruktion verstanden, als „doing gender" (Micus-Loos 2004, S. 116): „Die Geschlechtszugehörigkeit ist zu keiner Zeit festgeschrieben, sondern wird in jeder alltäglichen Interaktion durch den Prozess der Geschlechtsdarstellung, -wahrnehmung und -zuschreibung hergestellt bzw. konstruiert. Diese auf individueller Ebene stattfindenden Prozesse werden durch strukturell verankerte Institutionen abgesichert". Die Sozialisation der geschlechtlichen Identität wird heute nicht mehr als schicksalhafte Festlegung verstanden, sondern als dynamischer Prozess der Aneignung von Einflüssen der Umwelt und der aktiven Auseinandersetzung des Individuums mit der Welt (Hagemann-White 2004, S. 153). Die Konstruktion der Identität verläuft jedoch nicht rational, wie oben ausgeführt, sondern entlang der erlebten und erzählten Geschichten mit subjektiver Bedeutung (Keupp 2009; Macha 2010).

Dies gilt auch für das geschlechtsbezogene oder geschlechtsgebundene Subjekt (Bilden/ Dausien 2006, Rendtorff 2003). Es gibt keine „neutrale" Identität, sie ist immer von Geschlechteraspekten durchsetzt und überformt. Wir nehmen uns stets als Junge oder Mädchen sowie als Mann oder Frau wahr.

Bei der Identität geht es immer auch um das Grundbedürfnis nach Anerkennung und Zugehörigkeit in den sozialen Gruppen. Es macht Selbstverortung und Sinnbestimmung möglich (Keupp 2009, S. 54). Identität ist insofern „ein selbstreflexives Scharnier zwischen der inneren und der äußeren Welt" (ebd.).

2.3.3   Körper und Identität

Integration des Körpers in die Identität
Ein weiterer zentraler Aspekt der Identität, die körperliche Dimension, ist bei der Entwicklung der Jugendlichen von großer Bedeutung, weil auf der Basis

der biologischen körperlichen Entwicklung und Reifung emotionale Verunsicherung hervorgerufen werden kann. Körperliche Entwicklung und die Übernahme der unbewussten (geschlechtsbezogenen) Normen der Gesellschaft gehen Hand in Hand. Die Normen werden inkarniert und inkorporiert und somit Teil der Identität (Bourdieu 1983; Gransee 1999). Mit Inkarnierung und Inkorporierung ist gemeint, dass Individuen in ihrem Körperschema verankert sind und die Welt aus der Perspektive des eigenen Körpers und seiner Wahrnehmungen und Empfindungen betrachten (Macha/Fahrenwald 2003, S. 19; Gransee 1999). Das sogenannte „Embodiment" bezeichnet die Tatsache, dass alle (geschlechtlich geprägten) Normen und Erfahrungen sowohl diskursiv durch die Sprache als auch direkt auf den Körper einwirken und Realität in den Körperpraxen erhalten (Micus-Loos 2004, S. 121, Vogeley 2008, S. 70). Das bedeutet, dass Körperpraxen und -haltungen entsprechend der Geschlechterrolle unbewusst körperlich nachgeahmt werden und dann zu habitualisierten Verhaltensweisen führen.

Körper als Vermittler einer räumlichen Perspektive
Die biologische Reifung und die Notwendigkeit der psychischen Verarbeitung der körperlichen Veränderungen, die in der Adoleszenz zu großer Verunsicherung führen kann, sind in dieser Form einmalig im Lebenslauf und stellen eine herausfordernde Entwicklungsaufgabe dar. Die Reifung vollzieht sich im Körper und hat Auswirkungen auf die Konstruktion von Identität und Geschlechtsidentität. Seit den 50er Jahren wird das Phänomen der Akzeleration, die historische Verschiebung des Eintritts der Geschlechtsreife, diskutiert. Im Vordergrund der körperlichen Veränderungsprozesse in der Pubertät stehen das Wachstum und die Funktionsreife der primären Geschlechtsorgane (Eierstöcke, Vagina, Schamlippen, Klitoris bei Mädchen, Hoden und Skrotum bei Jungen) (Rendtorff 2003, S. 195ff.; Flaake 2001, S. 224ff.; Fend 1990, S. 137ff.). Der Weg ins Erwachsenenalter ist jedoch auch durch die sogenannten sekundären Geschlechtsmerkmale bestimmt: die Körper- und Schambehaarung, Brüste, Stimmbruch und Bart. Jugendliche verlassen, bedingt durch den Beginn der Pubertät, schon sehr früh die Kindheit, Mädchen zwischen elf und 13 Jahren, Jungen etwas später. Die soziale Reife verläuft damit nicht mehr parallel, was zu einer Verunsicherung in Bezug auf die Geschlechterrolle führen kann.

In der Entwicklung des Kindes und Jugendlichen hat der Körper generell ein große Bedeutung: Das Körpergewahrsein führt zu einem ersten Kernselbst (Stern 2000), das durch die Sinnesempfindungen und Erfahrungen in der Jugend zu einem autobiografischen Selbst oder Ich ausgebaut wird, das alle Erinnerungen und Erfahrungen speichert und die Kontinuität des Ichs garantiert (Macha 2009, S. 13). Dem Jugendlichen vermittelt der Körper eine räumliche „Ich-als-Mittelpunkt-der-Welt-Perspektive" (Saum-Aldehoff 2008, S. 71): Der eigene Körper wird in Relation gesetzt zu all den anderen – beseelten und unbeseelten – Körpern um uns herum (ebd.). Der Körperzustand und die situative

Umwelt werden kontinuierlich im Selbst integriert. Auch in der Sprache nehmen wir auf den Körper als unser individuelles Zentrum Bezug.

Auch wenn die Peergruppe von sehr großer Bedeutung für die Entwicklung von Konzepten der Identität im Jugendalter in spezifischen „Szenen" ist (Pfadenhauer 2009, S. 36ff.), so wird doch der Einfluss der Familie bei aller Kritik an der sinkenden Fähigkeit, „stabile Weltsichten mit einem konkreten Kern an Werten" vermitteln zu können, immer wieder betont (Pfadenhauer ebd., S. 35f.; Shell 2010). Insofern wird die Entwicklung von Identität im Jugendalter stets auch vor dem Hintergrund der FamilienBiografie thematisiert werden müssen.

2.3.4   Identitätsentwicklung und Familienbiografie

Familie als Vermittlerin moralischer Werte
Die wichtigste Aufgabe von Sozialisation, Erziehung und Bildung der Jugendlichen in der Familie ist die Orientierung bei der Entwicklung der Identität durch moralische Werte und Normen, durch Regeln, Rituale und emotionale Unterstützung (Macha/Witzke 2009, Macha 2010, S. 218f.). Die Bedeutung der Familie für Jugendliche ist sehr hoch, wie die Shell-Jugendstudie 2010 ausweist (Shell 2010, S. 17, S. 57) Aber Identität verlangt auch von den Subjekten „eine hohe Eigenleistung bei diesem Prozess der eigenen Selbstverortung" (Keupp 2009, S. 58). Insbesondere die fehlende Orientierung an klar strukturierten gesellschaftlichen Lebensmodellen erschwert die Identitätsentwicklung (s.o.). Zwar werden in den Medien Modelle vorgeführt, wie die Rolle als Model, als Star in Fernseh-Soaps, aber realistische Berufsmodelle werden immer weniger transportiert, auch weil die Berufswelt sich immer stärker differenziert. Die Fähigkeit zur Selbstorganisation und die innere Selbstschöpfung eines Lebenssinns oder von Kohärenz sind wichtige Aspekte (Keupp ebd., S. 63). Kohärenz bedeutet die innere Übereinstimmung zwischen Identität und Fähigkeiten, Lebenssinn ist die Formulierung von Zielen und Werten für das eigene Leben. Der Maßstab ist von innen die Authentizität, also die bewusste Integration aller Erfahrungen ins Ich und nach außen die Anerkennung (vgl. auch ebd.). Keupp legt ein Modell der „Identität als Patchworking" vor (2009, S. 64), bei dem aus situativen Selbstthematisierungen auf der unteren Ebene Teilidentitäten auf der nächsten Ebene entstehen, die sich auf Facetten der Identität richten und diese definieren: Geschlecht, Arbeit, Unterhaltung/Freizeit, Politik und Körper. Auf der Ebene der Metaidentität werden daraus dominierende Teilidentitäten und ein Identitätsgefühl mit Authentizitäts- und Kohärenzgefühl. Darüber gelagert sind biografische Kernnarrationen und Wertorientierungen. Das Modell zeigt, wie die Erfahrungen aus der Umwelt in die Identität der Subjekte eingehen: Im ständigen Prozess der Interaktion werden aus subjektiven Erfahrungen Teilidentitäten, die wiederum im Kontakt mit Peers und der Familie gespiegelt und ausgebaut werden.

Die Identitätsentwicklung der Jugendlichen geschieht im Rahmen und vor dem Hintergrund der Familienbiografie. Eine Familienbiografie wird über die Zeit hinweg durch alle Familienmitglieder in Ko-Konstruktion erstellt und gewährt eine geteilte biografische Kontinuität sowie ein gemeinsames Kohärenzgefühl mit Werten, Normen und Ritualen (Macha 2010, S. 221). Es sind Geschichten über gemeinsame Erlebnisse und das daraus entstehende Wir-Gefühl, die die Familienbiografie ausmachen. Diese geben im Ideal den Jugendlichen Halt und Orientierung.

Geschlechtermodelle in Familie

Am Beispiel der Geschlechterrollen lässt sich das exemplarisch zeigen. Männliche und weibliche Vorbilder sind durch die Väter und Mütter oder durch männliche und weibliche Verwandte und Freunde der Eltern gegeben. Die Modelle beider Geschlechter sind dabei unter anderem deshalb wichtig, weil sie die spätere Geschlechterrolle der Jugendlichen aus der Sicht der Erwachsenen spiegeln und die Normen und Erwartungen in Bezug auf das eigene und das andere Geschlecht signalisieren (Macha/Witzke 2008, 2009; Macha 2010). Deshalb haben sowohl die Mütter wie auch die Väter eine ganz wichtige Bedeutung und Modellfunktion in der Erziehung. Familien bilden darüber hinaus ein lebenslanges Netzwerk miteinander, das durch Narrationen, Erzählungen und Geschichten über Erfahrungen der Familie eine gemeinsame Identität konstruiert, die Familienbiografie. Es kann auch zum Abbruch von Beziehungen unter den Familienmitgliedern kommen, dennoch bleibt sie sehr einflussreich.

Narrationen von Familienbiografien

Als Beispiel für die Entstehung von Identität einzelner Familienmitglieder vor dem Hintergrund der Narrationen der Familienbiografie kann aus einem Forschungsprojekt zu Familien berichtet werden (Macha/Witzke 2008, S. 269). Alle Mitglieder einer Familie (Vater, Mutter, Kinder) erzählen im Interview unabhängig voneinander als eine zentrale Narration zu ihrer Familie eine Geschichte von erlebter und konstruierter Kohärenz: Vater, Mutter und zwei Kinder im Alter von zehn und zwölf Jahren unternahmen gemeinsam eine Bergwanderung und gerieten überraschend in einen Schneesturm (Interview 10). Gemeinsam schafften sie es dennoch, eine Berghütte zu erreichen. Sie betonen, dass sie in dieser schwierigen Situation alle zusammengehalten haben, dass sie trotz Müdigkeit und Angst nicht miteinander gestritten oder einander Vorwürfe gemacht haben und dass sie hinterher froh, erleichtert und begeistert waren, weil sie es so gut vermocht haben, sich gegenseitig zu unterstützen und dann phasenweise noch viel Spaß dabei gehabt haben.

Das ist eine idealtypische und reale Familiennarration: Die Familienmitglieder vergewissern sich gegenseitig, dass sie gemeinsam stark sind, dass in der Not kein Konflikt untereinander aufgetreten ist, dass sie die Herausforderung angenommen und gut bewältigt haben, nämlich auch deshalb, weil sie sich aufeinander verlassen können. Und anschließend erfolgt die Bestätigung, dass sie sich miteinander wohlfühlen, weil sie gemeinsam lachen können und sich keine Vorwürfe machen. Sie sind eine starke Truppe, die sich in der Not bewährt hat.

Durch diese Familiennarration lernen die Kinder und Jugendlichen wesentliche Werte der moralischen Orientierung kennen, die sie für ihre eigene Identität nutzbar machen können:

1. Der Wert der gegenseitigen Unterstützung und Solidarität: In jeder Notlage ist es wichtig zusammenzuhalten. In jeder Notlage kann man versuchen, das Beste daraus zu machen, indem man sich nicht mit Schuldzuweisungen an andere aufhält, sondern aktive gemeinsame Problembewältigung betreibt. So wird der Wert der Solidarität erlebt.
2. Das Ziel ist, auch unter Stress und Angst die gute Laune und Zuversicht zu behalten und die Familie nicht durch Meckern, Beschweren, Ausklinken zu schwächen. Hier wird der Wert der Geduld und der Konsequenz gelebt („Da hilft jetzt nichts, wir müssen durchhalten").
3. Sich aufeinander verlassen können, wobei der/die Stärkere den Schwächeren hilft, betont den Wert der Akzeptanz des schwächeren Familienmitglieds.

Die individuelle Identität der Kinder und Jugendlichen wird durch die gemeinsam erzählte Erinnerung in die Familienbiografie direkt und indirekt beeinflusst: Die Kinder erleben am Vorbild des Vaters und der Mutter die geschlechtsspezifischen Rollen, aber auch die gemeinsame Kongruenz der Erziehungsziele. Die Mutter/der Vater trösten den kleinen Bruder, der nicht mehr laufen kann, und tragen ihn ein Stück. Das bedeutet, es wird auch von den Kindern nichts verlangt, was sie überfordern würde. Sie erhalten Unterstützung.

Bei der Sozialisation und Bildung treten selbstverständlich erhebliche Unterschiede zwischen Familien auf, die durch soziale Schichtung nur unzureichend beschrieben werden. Zwar werden gesellschaftliche Chancen durch Bildungsnähe und soziales sowie kulturelles Kapital ungleich verteilt, aber die erzieherischen Werte bestehen unabhängig von Schichten. Die Identität von Jugendlichen kann durch die elterliche Erziehung und Bildung gelingen oder auch erschwert werden. Die Heterogenität der Familien ist in jedem Fall eine wichtige Bedingung für die Identitätsentwicklung der Jugendlichen.

Zusammenfassung

Zusammenfassend kann betont werden, dass Identität von Jugendlichen stark von den aktuellen gesellschaftlichen Rahmenbedingungen beeinflusst und, je nach Sozialschicht und sozialer Gruppe, auch begrenzt wird. Die geschlechtstypische Identität ebenso wie die Zugehörigkeit zu einer sozialen Gruppe entscheiden in Deutschland immer noch wesentlich über die Bildungs- und Arbeitschancen von Jugendlichen.

Übungen:

1. Wie wird die Entwicklung der Identität bei Jugendlichen erläutert? Welche beiden Aspekte begründen den „Doppelcharakter der Identität"?
2. Welche gesellschaftlichen Rahmenbedingungen beeinflussen die Identität im Jugendalter?
3. Welche Bedeutung hat Familie heute für Jugendliche? Worin liegt die Hauptaufgabe der Familie?

Weiterführende Literatur:

Habermas, T. (2008): Identitätsentwicklung im Jugendalter. In: Enzyklopädie der Psychologie. Göttingen: Hogrefe., S. 363-387.

Herwartz-Emden, L./Schurt, V./Waburg, W. (2010): Aufwachsen in heterogenen Sozialisationskontexten. Zur Bedeutung einer geschlechtergerechten interkulturellen Pädagogik. Wiesbaden: VS-Verlag für Sozialwissenschaften.

Macha, H./Witzke, M. (2009) (Hrsg.): Handbuch Familie – Kindheit – Jugend – Gender. Bd. III des Handbuch der Erziehungswissenschaft, Hrsg. Von Mertens, G./Frost, U./Böhm, W./Ladenthin, V. Paderborn: Schöningh.

2.4 Rahmenbedingungen Außerschulischer Jugendbildung[2]

Außerschulische Kinder- und Jugendbildung muss in ihrer Theorie wie auch in ihrer praktischen Realität vor dem Hintergrund der sie bestimmenden und beeinflussenden Rahmenbedingungen betrachtet werden. Hierzu werden im Folgenden genauer beschrieben:

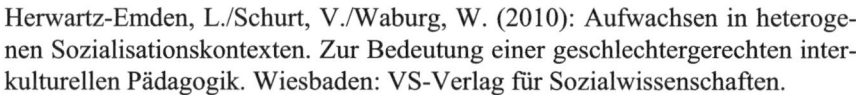

- gesetzliche Grundlagen
- Träger der Außerschulischen Jugendbildung
- finanzielle Bestimmungskontexte.

---

[2] Dieser Beitrag wurde von Susanne Gruber verfasst.

2.4.1   Gesetzliche Grundlagen

Außerschulische Jugendbildung wird gesetzlich als Teil der Jugendarbeit der Jugendhilfe zugeordnet. Als gesetzliche Bestimmungen sind neben entsprechend übergeordneten Gesetzen (z.B. Europäische Kinderrechtskonvention, Grundgesetz, Länderverfassungen) vor allem die Sozialgesetzbücher und hier das achte Buch von Relevanz. Letzteres soll bei den nachfolgenden Darstellungen im Vordergrund stehen.

Das SGB VIII umfasst insgesamt 105 Paragrafen, die die Leistungen gegenüber jungen Menschen sowie deren Familien bundeseinheitlich regeln. Das Leitmotiv des gesamten Gesetzestextes wird in §1 SGB VIII beschrieben (vgl. dazu auch die Ausführungen in Kap.2.1).

Im ersten Artikel des SGB VIII wird damit das Primat der familiären Verantwortung für die Pflege und Erziehung der Kinder, das im Grundgesetz Art. 6 formuliert wird, explizit betont. Die Jugendhilfe wird in einem Spannungsfeld zwischen der Unterstützung der Eltern und anderer Erziehungsberechtigter bei der Erziehung sowie dem Auftrag, Kinder und Jugendliche vor Gefahren für ihr Wohl zu schützen, verortet. Auch zum BGB, das elterlichen Rechte in Form der Personen- und Vermögenssorge für ihre Kinder regelt, hat die Kinder- und Jugendhilfe enge Anknüpfungspunkte. Sind nämlich das körperliche, geistige oder seelische Wohl des Kindes gefährdet und die Eltern nicht in der Lage oder gewillt, diese Gefahren abzuwehren, kann das Familiengericht die Maßnahmen treffen, die zur Abwendung der Gefahren nötig sind (§1666 BGB), z.B. die Unterbringung in einer Einrichtung der Jugendhilfe. Die Jugendhilfe nimmt also eine Zwischenstellung ein zwischen dem geschützten Recht der Eltern, ihre Kinder zu erziehen und dem Auftrag, Kinder und Jugendliche vor Gefahren für ihr Wohl zu beschützen sowie ihr Recht auf Förderung ihrer Entwicklung zu wahren.

Zum 01.01.1991 trat das Kinder- und Jugendhilfegesetz (KJHG) in Kraft. Es umfasst das achte Sozialgesetzbuch (SGB VIII) – Kinder- und Jugendhilfe, sowie in 23 weiteren Artikeln Änderungen weiterer gesetzlicher Grundlagen. Der erste Artikel des KJHG, das Achte Sozialgesetzbuch, beinhaltet alle neuen Regelungen zur Jugendhilfe und löste das bis zu diesem Zeitpunkt geltende Jugendwohlfahrtsgesetz von 1922 ab. Dem Beschluss ging eine jahrzehntelange Diskussion um die Reform des Jugendhilferechts voraus (vgl. dazu z.B. Münder/Wiesner 2007; AGJ 2009). Die Verabschiedung des KJHG wird als Paradigmenwechsel beschrieben, der sich in einer Neuorientierung von der Eingriffs- und Kontrollpolitik zu einem Angebots- und Leistungsgesetz für Heranwachsende und ihre Eltern konkretisiert. Dies zeigt sich vor allem auch darin, dass junge Menschen und ihre Eltern in diesem Gesetz als Subjekte mit Rechtsansprüchen und dem Recht auf Beteiligung begriffen werden.

Die Bedeutung der gesetzlichen Bestimmungen für die alltägliche Arbeit in der Außerschulischen Jugendbildung ist nicht zu unterschätzen. Vor allem wird mit den gesetzlichen Vorgaben das Gerüst beschrieben, für das die öffentlichen Träger der Jugendhilfe die Verantwortung tragen. Alle genannten Leistungen müssen in ausreichendem Maße jungen Menschen zur Verfügung stehen, das Sozialgesetzbuch hat damit den Charakter eines Leistungsgesetzes (wenn auch die Erfüllung oft nicht tatsächlich rechtlich einklagbar ist).

Die Kinder- und Jugendhilfe umfasst „Leistungen" und sogenannte „andere Aufgaben" der Jugendhilfe (§ 2 SGB VIII). Die Außerschulische Jugendbildung wird im Leistungskatalog des Gesetzes aufgeführt. Der wesentliche Unterschied zwischen den beiden Aufgabenbereichen liegt darin, dass Leistungen von Trägern der öffentlichen wie auch der freien Jugendhilfe erbracht werden können (vgl. Kap. 2.4.2), während die „anderen Aufgaben" nur von den öffentlichen Trägern erfüllt werden können.

Wesentliche Prinzipien für die Kinder- und Jugendhilfe werden in den nachfolgenden Paragrafen dargestellt. Hierzu gehört die Prämisse, junge Menschen an allen sie betreffenden Entscheidungen zu beteiligen. Ebenso legt der Gesetzgeber explizit fest, dass das wachsende Bedürfnis junger Menschen zu selbstständigem Handeln adäquat berücksichtigt werden muss. Das achte Sozialgesetzbuch betont hier also, dass junge Menschen als Subjekte zu würdigen und in allen Angelegenheiten zu beteiligen sind. Die unterschiedlichen Lebenslagen von Jungen und Mädchen sind in allen Bereichen der Kinder- und Jugendhilfe entsprechend zu berücksichtigen bzw. Benachteiligungen mit dem Ziel der Gleichberechtigung abzubauen.

Gleichzeitig zeigt der Gesetzgeber die Grenzen der öffentlichen Einwirkung deutlich auf: Die Grundrichtung der Erziehung, die von den Personensorgebe-

rechtigten vorgegeben wird, muss in der Kinder- und Jugendhilfe ebenso beachtet werden, wie die religiösen Vorgaben der Eltern.

Die Außerschulische Jugendbildung subsumiert der Gesetzgeber als Leistung
der Kinder- und Jugendhilfe unter die Jugendarbeit (§ 11 SGB VIII). Insgesamt werden sechs Schwerpunkte der Jugendarbeit genannt, von denen die

> *„außerschulische Jugendbildung mit allgemeiner, politischer, sozialer,*
> *gesundheitlicher, kultureller, naturkundlicher und technischer Bil-*
> *dung" (§ 11 Abs. 3 (1) SGB VIII)*

als erster beschrieben wird. Als charakteristische Kennzeichen von Jugendarbeit insgesamt formuliert der Gesetzgeber, dass Angebote der Jugendarbeit
an den Interessen der jungen Menschen ansetzen, von ihnen mitbestimmt werden und sie zu Selbstbestimmung befähigen bzw. zu gesellschaftlicher Mitver-
antwortung anregen sollen (§ 11 Art. 1 SGB VIII). Jugendarbeit kann auch
Personen, die das 27. Lebensjahr bereits vollendet haben, in angemessenem
Umfang einbeziehen. Ein wichtiges Element ist ihre Trägervielfalt, deren Bedeutung explizit betont wird. Jugendarbeit wird – zusätzlich zu den freien und
öffentlichen Trägern (vgl. hierzu das nachfolgende Kapitel) – von Gruppen,
Initiativen und Verbänden der Jugend angeboten. Insgesamt schreibt der Gesetzgeber damit gerade der Jugendarbeit einen grundsätzlichen Auftrag zur
Demokratieerziehung und Beteiligungsbefähigung für ihre Zielgruppe zu. Der
Gesetzgeber versteht dabei den Bildungsaspekt der Außerschulischen Jugendbildung als „Vermittlung der aufgeführten Inhalte auf der Grundlage eines
didaktisch/methodischen Konzepts" (Wiesner 2006, S. 209). Bildungseffekte
anderer Angebote, z.B. der Jugendarbeit, sind also im engeren gesetzlichen
Sinne in diesem Absatz zunächst nicht erfasst (vgl. dazu auch Lüders 2002, S.
448).

Der Bildungsbegriff wird im Gesetz auch für die Jugendsozialarbeit (§13
SGB VIII) und Kindertagesbetreuung (§20 SGB VIII) ausdrücklich genannt. Weiteren Handlungsfeldern der Jugendhilfe kann der Bildungsauftrag aufgrund der Lesart der gesetzlichen Grundlagen (z.B. im 12. Kinder-
und Jugendbericht) ebenso zugeschrieben werden (Lüders 2002, S. 449).

Neben dem achten Sozialgesetzbuch sind verschiedene andere Gesetze für den
Bereich der Jugendhilfe insgesamt relevant. Hierzu gehören z.B. das Bürgerliche Gesetzbuch, das Gesetz zur Förderung von Jugendfreiwilligendiensten,
das Jugendarbeitsschutzgesetz oder das Jugendschutzgesetz. Zudem sind hier
natürlich die Ausführungsgesetze der Länder zum achten Sozialgesetzbuch
von besonderer Relevanz. Hier werden nicht nur einzelne Zuständigkeiten
öffentlicher Träger, sondern auch einzelne Aufgabenbereiche detaillierter
geregelt bzw. die einzelnen Schwerpunkte besonders herausgearbeitet. Ein
besonderes Jugendbildungsgesetz wurde in Baden-Württemberg 1996 verab-

schiedet („Gesetz zur Förderung Außerschulischer Jugendbildung – Jugendbildungsgesetz"). In Rheinland-Pfalz sowie im Saarland gibt es gesetzliche Regelungen für die Jugendarbeit, die Jugendsozialarbeit und den erzieherischen Jugendschutz.

Da die Außerschulische Jugendbildung als Leistung der Jugendhilfe definiert und beschrieben wird, hat der öffentliche Träger der Jugendhilfe dafür Sorge zu tragen, dass

> *„die zur Erfüllung der Aufgaben nach diesem Buch erforderlichen und geeigneten Einrichtungen, Dienste und Veranstaltungen den verschiedenen Grundrichtungen der Erziehung entsprechend rechtzeitig und ausreichend zur Verfügung stehen;"* (§79 SGB VIII).

Als Mittel, um der unter dem Begriff der „Gesamtverantwortung" gefassten Pflicht nachzukommen, definiert der Gesetzgeber die Jugendhilfeplanung. Jugendhilfeplanung bedeutet:

1. *den Bestand an Einrichtungen und Diensten festzustellen,*

2. *den Bedarf unter Berücksichtigung der Wünsche, Bedürfnisse und Interessen der jungen Menschen und der Personensorgeberechtigten für einen mittelfristigen Zeitraum zu ermitteln und*

3. *die zur Befriedigung des Bedarfs notwendigen Vorhaben rechtzeitig und ausreichend zu planen; dabei ist Vorsorge zu treffen, daß auch ein unvorhergesehener Bedarf befriedigt werden kann (§80 Abs. 1 SGB VIII).*

Einen wichtigen Bestandteil der Jugendhilfeplanung stellt dabei die „Beteiligung der anerkannten Träger der freien Jugendhilfe in allen Phasen" (§80 Abs. 2 SGB VIII) dar. Damit wird die Jugendhilfeplanung auch für die Jugendlichen, Jugendverbände, Initiativen und alle weiteren Träger der Jugendarbeit zu einem zentralen und wirkungsvollen regionalen Beteiligungsinstrument. Die (Mit-)Gestaltung der örtlichen Politik der Jugendhilfe und die Vertretung der Interessen der jungen Menschen vor Ort ist auf der Basis dieser gesetzlichen Grundlage auch für die Träger der Jugendarbeit abgesichert.

Das Gesetzbuch beinhaltet noch viele weitere wichtige Vorschriften, z.B. zum Schutz von Sozialdaten. Um einen guten Überblick über die gesetzlichen Rahmenbedingungen zu erhalten, die die Praxis der Jugendarbeit stark beeinflussen, sollen als nächster und letzter Schwerpunkt der gesetzlichen Rahmenbedingungen die Aufgaben der Länder und des Bundes im Rahmen der Kinder- und Jugendhilfe expliziert werden. Den Ländern kommt durch den §82 SGB VIII sowohl die Aufgabe zu, über die Erfüllung der Aufgaben nach dem SGB VIII zu wachen und einem regionalen Leistungsgefälle im Sinne der Chancengleichheit für alle jungen Menschen entgegen zu wirken. Als weitere

Aufgabe wird formuliert, die Weiterentwicklung der Jugendhilfe anzuregen und zu fördern.

Die Förderung von Innovationen in der Jugendhilfe ist auch Aufgabe des Bundes, sofern „sie von überregionaler Bedeutung ist und ihrer Art nach nicht durch ein Land allein wirksam gefördert werden kann" (§ 83 SGB VIII). Diese beiden Vorschriften sichern die Innovationsfähigkeit und Weiterentwicklung der Kinder- und Jugendhilfe von gesetzlicher Seite her ab.

Auch die Einbettung der Beteiligung Jugendlicher bzw. die Vertretung der Anliegen junger Menschen in der deutschen Politik ist im Rahmen des SGB VIII geregelt. §83 Abs. 2 SGB VIII definiert ein Sachverständigengremium, das Bundesjugendkuratorium, das die Bundesregierung in grundlegenden Fragen der Jugendhilfe berät. Diesem Bundesjugendkuratorium gehören bis zu 15 Sachverständige aus Wissenschaft, Politik, Verwaltung und Verbänden an. Sie werden vom Bundesministerium für Familie, Senioren, Frauen und Jugend für die Dauer einer Legislaturperiode berufen.

Eine weitere zentrale Vorschrift findet sich in §84 SGB VIII. Er verpflichtet die Bundesregierung, „dem Deutschen Bundestag und dem Bundesrat in jeder Legislaturperiode einen Bericht über die Lage junger Menschen und die Bestrebungen und Leistungen der Jugendhilfe" vorzulegen. Die Jugendberichte stellen damit eine Art Monitoring und kontinuierliche Evaluation der Situation junger Menschen und der Entwicklungen der Jugendhilfe dar.

Nach diesem detaillierten Überblick über die gesetzlichen Grundlagen, die den Alltag und die Praxis der Außerschulischen Jugendbildung prägen, wird noch ein zentraler Aspekt intensiver diskutiert. Die Leistungen der Kinder- und Jugendhilfe werden von einer Vielzahl an Trägern erbracht. Diese Trägerlandschaft wird im Folgenden charakterisiert.

2.4.2   Träger Außerschulischer Jugendbildung

Die Pluralität, die Voraussetzung für das Wunsch- und Wahlrecht für junge Menschen und ihre Familien, ist ein wesentliches Gestaltungselement der gesamten Kinder- und Jugendhilfe. Zu unterscheiden ist in erster Linie zwischen öffentlichen und freien Trägern.

Die öffentlichen Träger sind in die überörtlichen und örtlichen Träger zu differenzieren. Wer überörtlicher Träger ist, ist durch Landesrecht geregelt (§ 69 Abs. 1 SGB VIII). In der Regel sind dies die Länder. Jeder überörtliche Träger ist verpflichtet, ein Landesjugendamt einzurichten (ebd.). Die Aufgabe von Landesjugendämtern konkretisiert sich in der Hauptsache in beratenden und unterstützenden Aufgaben.

Örtliche Träger sind in der Regel die Kreise und die kreisfreien Städte. Sie müssen die Jugendämter einrichten. Sie sind sachlich zuständig für alle anderen Aufgaben der Kinder- und Jugendhilfe, in Kooperation mit den freien Trägern für alle Leistungen der Kinder- und Jugendhilfe und tragen insofern die Gesamtverantwortung (§ 79). Die öffentlichen Träger finanzieren die freien Träger der Jugendhilfe und gewähren dadurch deren Angebote und Dienste. Sie errichten zur Wahrnehmung ihrer Aufgaben ein Jugendamt, die überörtlichen Träger ein Landesjugendamt (§69 SGB VIII). Das Jugendamt wird als sozialpädagogische Fachbehörde bezeichnet. Es besteht aus zwei Bereichen („Zweigliedrigkeit"): zum einen aus dem Verwaltungsbereich, dem die Mitarbeiter und Mitarbeiterinnen angehören, die die Arbeit des Jugendamtes ausführen.

Zum anderen besteht das Jugendamt aus dem Jugendhilfeausschuss, der die Leitlinien der örtlichen Jugendpolitik bestimmt. Er ist gegenüber der Verwaltung des Jugendamtes das übergeordnete Gremium. Im Jugendhilfeausschuss werden Problemlagen im Zusammenhang mit der Kinder- und Jugendhilfe beraten und konzeptionelle Weiterentwicklungen besprochen und vorgeschlagen. Er hat auch Beschlussrecht. Seine Sitzungen sind grundsätzlich öffentlich. Mitglieder des Jugendhilfeausschusses sind die delegierten Mitglieder des Kommunalparlaments, sachverständige Bürger und Bürgerinnen sowie Vertreter der Träger der freien Jugendhilfe.

Freie Träger der Kinder- und Jugendhilfe sind alle nichtöffentlichen Träger und Organisationen, die Aufgaben der Kinder- und Jugendhilfe im Sinne §§1 und 2 SGB VIII wahrnehmen (Wabnitz 2007, S. 23). Die Anzahl der freien Träger ist unüberschaubar und sie existieren teilweise schon länger als die Bundesrepublik Deutschland. „Ihre Tätigkeit ist trotz vielfältiger inhaltlicher Übereinstimmungen von der Arbeit der öffentlichen Jugendhilfe (von Städten, Gemeinden und Kreisen) grundsätzlich ‚wesensverschieden', da jene an die Vorschriften des Gesetzes gebunden sind, die Träger der freien Jugendhilfe hingegen autonome Betätigungsrechte entsprechend ihrer Überzeugungen entfalten können. Diese prinzipielle Freiheit der Träger der freien Jugendhilfe entbindet sie allerdings nicht von der Einhaltung aller Absprachen, die im Rahmen der öffentlichen Förderung, z.B. im Rahmen der Jugendhilfeplanung getroffen werden" (Stork 2005, S. 428).

Es überwiegen gemeinnützige, verbandliche, kirchliche oder gewerkschaftliche Organisationen und Institutionen, es existieren aber auch zahllose Initiativen und Gruppen vor Ort und in geringer Zahl auch privatgewerbliche freie Träger. Die freien Träger erbringen den überwiegenden Teil der Leistungen in der Kinder- und Jugendhilfe.

Die beschriebene Vielfalt ist vom Gesetzgeber so gewollt, denn dadurch soll eine Vielfalt an Wertorientierungen, Inhalten, Methoden und Arbeitsformen garantiert werden (§3 Abs. 1 SGB VIII). Sie wurde festgelegt, um der demokratischen Ausrichtung der Kinder- und Jugendhilfe Rechnung zu tragen und

eine größtmögliche Offenheit für neue Entwicklungen in der Jugendhilfe garantieren zu können.

Jeder, der sich für die Kinder- und Jugendarbeit engagieren möchte, kann zum
freien Träger werden, vorausgesetzt, es werden die gesetzlichen Vorgaben eingehalten. Im Einzelnen müssen

- die fachlichen Voraussetzungen für die geplante Maßnahme gegeben sein,
- die Gewähr für eine zweckentsprechende und wirtschaftliche Verwendung
  der Mittel geboten sein,
- gemeinnützige Ziele verfolgt werden,
- eine angemessene Eigenleistung erbracht werden,
- die Gewähr für eine den Zielen des Grundgesetzes förderliche Arbeit gegeben sein (§74 Abs. 1 SGB VIII).

Des Weiteren müssen auch die freien Träger ihre Arbeit so ausrichten, dass die
Beachtung der Entwicklung zu einer eigenverantwortlichen und gemein-
schaftsfähigen Persönlichkeit, der Grundrichtung der Erziehung sowie der
Strukturvorgaben, die im Gesetz festgelegt sind, garantiert werden kann (§74
Abs. 2 SGB VIII). Grundsätzlich sollen, wenn es möglich ist, bei der Leis-
tungserbringung die freien Träger Vorrang vor den öffentlichen Trägern haben
(Subsidiaritätsprinzip, §2 Abs. 2 SGB VIII).

Die nachfolgende Abbildung 1 verdeutlicht die große Bedeutung der freien
Träger für die Durchführung der Maßnahmen der Jugendarbeit. Während von
den öffentlichen Trägern knapp 20% aller Maßnahmen durchgeführt wurden,
entfallen entsprechend über 80% aller Maßnahmen auf die freien Träger. Der
Hauptteil hier – über 55% aller Maßnahmen – wird von Jugendinitiativen, -
gruppen, -verbänden oder Jugendringen veranstaltet. Dieser hohe Anteil zeigt
die tatsächlich hohe Beteiligung und Selbstbestimmung junger Menschen im
Kontext der Jugendarbeit.

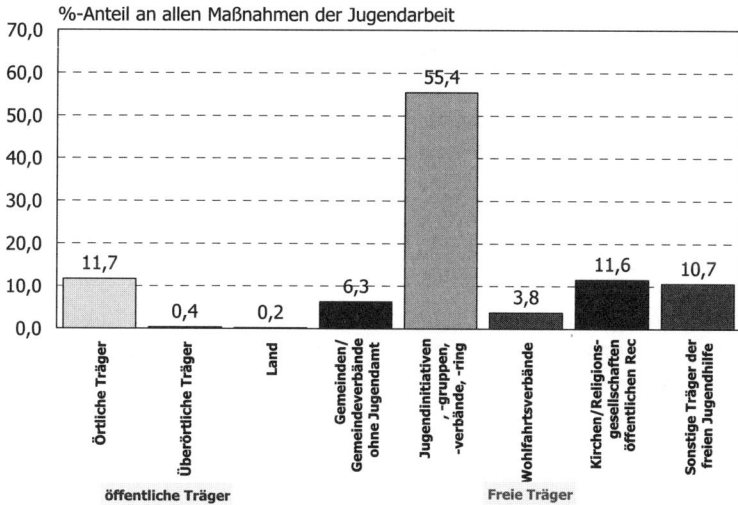

Abb. 1: Maßnahmen der Jugendarbeit nach Trägern, durchgeführte Maßnahmen im Jahr 2004 insgesamt: 97.267. Eigene Darstellung nach Daten aus: Statistisches Bundesamt: Statistiken der Kinder- und Jugendhilfe. Maßnahmen der Jugendarbeit 2004, November 2005.

Auf Bundesebene agieren die Dachorganisationen der großen Träger der Kinder- und Jugendhilfe. Sie organisieren Tagungen und Kongresse, formulieren übergreifende politische Forderungen und fachliche Standards etc. In der Jugendverbandsarbeit ist das insbesondere der Deutsche Bundesjugendring, der sich als Arbeitsgemeinschaft von bundesweit tätigen Jugendverbänden und Landesjugendringen zusammengeschlossen hat. Zusammenschlüsse dieser Art existieren aber auch auf kommunaler Ebene wie beispielsweise der Stadtjugendring und der Kreisjugendring. Auch hier geht es zum einen um eine gemeinsame Interessensvertretung gegenüber den öffentlichen Trägern, aber auch um die Planung gemeinsamer Aktionen oder konzeptioneller Weiterentwicklungen. Zum Teil werden über die Stadt- bzw. Kreisjugendringe auch die öffentlichen Zuschüsse an die Verbände, Gruppen und Initiativen der Jugendarbeit verteilt.

Die Zusammenarbeit und das Verhältnis von Trägern der freien und der öffentlichen Kinder- und Jugendhilfe ist nach Wabnitz (2007) durch vier Strukturprinzipien gekennzeichnet:

1. Partnerschaftliche Zusammenarbeit bei Achtung der Selbständigkeit der freien Jugendhilfe in Zielsetzung, Aufgabenwahrnehmung und Organisation,
2. Gesamtverantwortung der öffentlichen Träger, die auch allein Adressaten von Leistungsverpflichtungen und ggf. von Rechtsansprüchen sind,

3. Subsidiarität,
4. Förderung der Träger der freien Jugendhilfe durch die öffentliche Jugendhilfe.

Auf diese Art und Weise entsteht ein regional einzigartiges und differenziertes
Netz an Trägern der Jugendhilfe, das zugleich durch die Verpflichtung der
öffentlichen Träger im Hinblick auf die Leistungserbringung abgesichert ist.

2.4.3   Finanzierung Außerschulischer Jugendarbeit

Die öffentliche Finanzierung sozialstaatlicher Leistungen wird als konstitutive
Rahmenbedingung sozialer Ressourcen leicht unterschätzt. Finanzierungsmo-
delle, die Komplexität der Beantragung öffentlicher Mittel bzw. die Berechenbarkeit öffentlicher Zuschüsse sind eindeutig förderliche – bzw. hemmende –
Faktoren für die Außerschulische Jugendbildung.

Die Finanzierungsstrukturen der Kinder- und Jugendhilfe sind nicht eindeutig
(vgl. Münder 2002). Für die Jugendarbeit insgesamt bedeutet dies einen hohen
Gestaltungsspielraum der leistungserbringenden Träger bei gleichzeitig niedriger Planungssicherheit: da es sich bei der Leistung der Jugendarbeit nach §11
SGB VIII um keine rechtsanspruchsgesicherte Leistung handelt (vgl. ebd.), ist
die Finanzierung insbesondere von der aktuellen Haushaltsplanung abhängig.
Es zeigt sich, dass fast 70% der öffentlichen Gelder in der Außerschulischen
Jugendbildung für die Finanzierung freier Träger aufgewendet werden (Statis-
tisches Bundesamt 2010).

Als Schwerpunkt der Jugendarbeit werden die Angebote der Außerschulischen
Jugendbildung durch Gelder der örtlichen und überörtlichen Träger der öffentlichen Jugendhilfe und des Bundes finanziert. Der örtliche Träger ist durch den
§79 Abs. 2 SGB VIII verpflichtet, einen „angemessenen Anteil" der Gelder für
Jugendarbeit zu verwenden. Im Rahmen des Kinder- und Jugendplanes des
Bundes können Träger zusätzliche finanzielle Mittel beantragen. Förderfähige
Projekte müssen dabei den Zielen des Kinder- und Jugendplanes entsprechen
sowie „die Tätigkeit der Jugendhilfe anregen und fördern, soweit sie von überregionaler Bedeutung ist" (§83 SGB VIII). Auch auf europäischer Ebene werden immer wieder verschiedene Programme aufgelegt, die finanzielle Möglichkeiten auch für die Außerschulische Jugendbildung bieten.

Neben diesen öffentlichen Finanzierungsmöglichkeiten stehen der Außerschulischen Jugendbildung die Erhebung eigener Mittel oder Sponsoring zur Verfügung.

Insgesamt werden Maßnahmen und Angebote der Außerschulischen Jugendbildung in der öffentlichen Statistik nicht detailliert abgebildet. Im Folgenden
wird zunächst die Entwicklung der Ausgaben für Außerschulische Jugendbildung und für Jugendarbeit insgesamt dargestellt. Insgesamt betrugen die Aus-

gaben für Maßnahmen der Außerschulischen Jugendbildung 2008 150 Mio. Euro (Statistisches Bundesamt 2011). Die Schwankungsbreite dieser Ausgaben – und damit die Schwierigkeiten im Hinblick auf Planungen von Trägern – ist aus der nachfolgenden Darstellung zu erkennen. Während die obere Linie die Ausgaben für die Jugendarbeit insgesamt verdeutlicht, zeigt die untere Linie nur die Ausgaben für die Außerschulische Jugendbildung. Nach einer längeren Phase, in der die finanziellen Zuschüsse nahezu konstant blieben zwischen den Jahren 2002 und 2006 sind die Zuschüsse seit dem Jahr 2006 leicht ansteigend. Inflationsbereinigt fallen diese Anstiege jedoch wenig ins Gewicht.

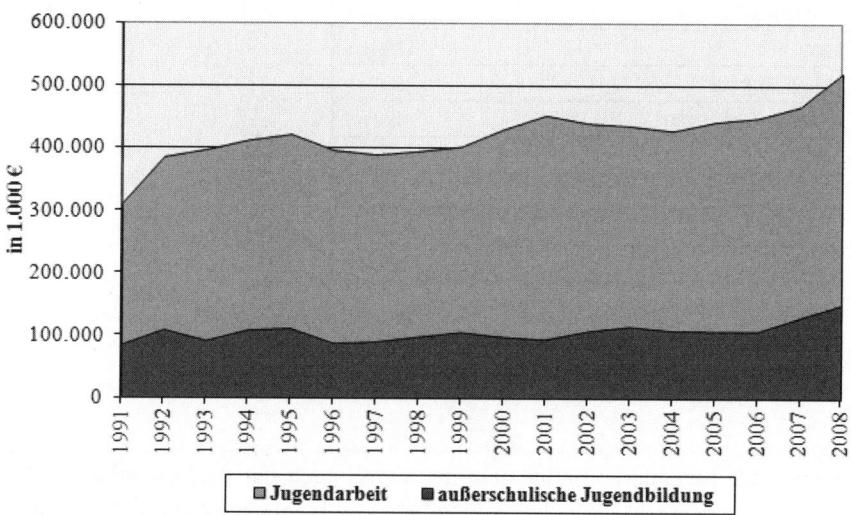

Abb. 2:   Entwicklung der Ausgaben für Jugendarbeit und Außerschulische Jugendbildung (Eigene Darstellung nach Daten aus Statistisches Bundesamt, Statistik der Kinder- und Jugendhilfe, Ausgaben und Einnahmen, 2011)

Zu beachten ist außerdem, dass die finanzielle Ausstattung der Jugendarbeit insgesamt nicht in allen Bundesländern auf gleichem Niveau liegt. Die nachfolgende Tabelle zeigt die Ausgaben für Außerschulische Jugendbildung 2008 je Minderjährigem differenziert nach Bundesländern. In Deutschland insgesamt wurden 11.093 € je Minderjährigem ausgegeben. In dieser Summe enthalten sind Ausgaben für Einrichtungen, Personal und Maßnahmen öffentlicher und freier Träger. Die Analyse der Ausgaben nach Bundesländern zeigt eine sehr unterschiedliche Intensität öffentlicher Aufwendungen für diesen Bereich.

Ausgaben für Jugendbildung je Minderjährigem	
Baden-Württemberg	3.815 €
Bayern	1.831 €
Berlin	32.269 €
Brandenburg	6.675 €
Bremen	12.055 €
Hamburg	136 €
Hessen	9.276 €
Mecklenburg-Vorpommern	3.779 €
Niedersachsen	10.347 €
NRW	7.740 €
Rheinland-Pfalz	6.974 €
Saarland	14.654 €
Sachsen	5.472 €
Sachsen-Anhalt	3.212 €
Schleswig-Holstein	7.029 €
Thüringen	2.725 €

Abb. 3:   Ausgaben für Außerschulische Jugendbildung 2007 je Minderjährigem nach Ländern; Quelle: Eigene Darstellung nach Daten aus: Statistisches Bundesamt, Statistik der Kinder- und Jugendhilfe, Ausgaben und Einnahmen 2008. 2010

Insgesamt wird in den letzten Jahren eindringlich vor Einsparungen im Aufgabenfeld der Jugendarbeit allgemein und damit auch der Außerschulischen Jugendbildung gewarnt. In vielen Kommunen und Ländern werden die Ausgaben über lange Zeiträume auf gleichem Niveau belassen, was faktisch inflationsbedingt zu einer deutlichen Kürzung des tatsächlichen finanziellen Handlungsspielraumes führt. Geringere öffentliche Zuschüsse können zu höheren Teilnahmebeiträgen führen, was wiederum zu Ausschlussmechanismen für finanziell schwache Familien beträgt (vgl. dazu Brenner 2010, S. 413). Insgesamt ist für die Jugendarbeit ein Trend zu beobachten, der sich in der Modellfinanzierung von Einzelprojekten manifestiert – auf Kosten der Grundlagenfinanzierung der gesamten Jugendarbeit und Jugendbildung (vgl. Brenner 2010a, S. 511f.). Die notwendigen Investitionen in Strukturen der Außerschulischen Jugendbildung, die z.B. das ehrenamtliche Engagement und die Trägerpluralität sicherstellen könnten, werden darüber vernachlässigt und damit eine qualitativ hochwertige Außerschulische Jugendbildung sicherlich erschwert.

Zusammenfassung

Die Außerschulische Jugenbildung ist unter anderem geprägt von den gesetzlichen Rahmenbedingungen. Als Teil der Pflichtleistungen der Jugendhilfe ist sie im Spannungsfeld der freien und öffentlichen Träger verortet. Die Entwicklungen der letzten Jahre zeigen eine sinken Finanzdecke für die Jugendarbeit insgesamt und die Außerschulische Jugendbildung im speziellen. Die Ermöglichung von Bildungsprozessen wird von diesen Strukturen und Rahmenbedingungen nachhaltig beeinflusst.

Übungen:
1. Welche Implikationen ergeben sich aus dem Grundsatz der Subsidiarität für die Außerschulische Jugendbildung?
2. Diskutieren Sie kritisch die Einordnung der Außerschulischen Jugendbildung als Schwerpunkt der Jugendarbeit (§11 SGB VIII)
3. Diskutieren sie den Einfluss der Finanzierung Außerschulischer Jugendbildung auf ihren Anspruch als „Bildungspraxis" (vgl. Kapitel 2.1).

Weiterführende Literatur:

Rauschenbach, T./Schilling, M. (Hrsg.) (2011): Kinder- und Jugendhilfereport 3. Bilanz der empirischen Wende, Weinheim und München: Juventa.

Jessen, D. (Hrsg.) (2010): 20 Jahre Kinder- und Jugendhilfegesetz: kritische Würdigung, Bilanz und Ausblick. Dokumentation der Fachtagung am 30. Juni und 01. Juli 2010, Berlin: Dt. Inst. für Urbanistik.

Wiesner, R. (2010): 20 Jahre KJHG: Blick zurück nach vorn. Köln: Dt. Inst. für Jugendhilfe und Familienrecht.

3 Methodische Zugänge und ausgewählte Forschungsbefunde

Jugendforschung befasst sich, wie schon in Kapitel 2.2 ausgeführt, mit Fragestellungen, die sich mit Entwicklungsbedingungen im Jugendalter auseinandersetzen. Das Themenspektrum ist groß. So heterogen wie die Jugendlichen, so heterogen sind auch die Themen der Jugendforschung, wie in Kapitel 2.2 schon deutlich wurde. Außerschulische Jugendbildung ist sowohl ein erziehungswissenschaftlicher Teilbereich der Jugendforschung wie auch Abnehmer relevanter Ergebnisse von Jugendstudien. Folgende Themenbereiche spielen eine herausragende Rolle:

Außerschulische Jugendbildung als Produzent und Abnehmer von Jugendforschung

1. Die Frage nach günstigen oder ungünstigen Bedingungen des Aufwachsens vor dem Hintergrund familiärer Konstellationen, Peerbeziehungen und gesellschaftlicher Kontexte sowie ihre Wechselwirkungen wird intensiv erforscht.

Themen der Jugendforschung

2. Die Peerforschung ist dabei ein zentraler, wenn nicht der zentrale Forschungskontext, da, wie schon in Kapitel 2.2 beschrieben, die Ablösung vom Elternhaus und der Aufbau sowie die Gestaltung von Beziehungen zu Gleichaltrigen zentrale Entwicklungsaufgaben im Jugendalter sind (vgl. auch Bünger 2010). Freizeitverhalten, gleich- und gegengeschlechtliche Beziehungsgestaltung, Cliquenbildung, Bildungsmöglichkeiten und Moralentwicklung durch Peerbeziehungen sind Forschungsthemen, die bearbeitet werden (vgl. Kap. 2.3).

3. Herauszuheben ist in diesem Zusammenhang die Erforschung von Jugendkulturen. In informellen Peer-Gruppen bilden Jugendliche ihre eigenen Kleidungsstile, Musikgeschmack sowie bestimmte Freizeitaktivitäten aus, die sich zu einem jugendlichen Lebensstil heraus kristallisieren. Inzwischen haben sich unzählige Erscheinungsformen von Jugendkulturen etabliert, die eine systematische Bearbeitung fast unmöglich machen (vgl. Baacke 2004; Ferchhoff 2007). Jugendkulturen sind genauso heterogen wie die Jugendlichen selbst. Sie reichen von Gruppen, die sich in ihrer Jugendkultur auf eine Musikkultur beziehen bis zu (sozial-)politischen Protestbewegungen. Ein viel bearbeitetes Thema in diesem Zusammenhang ist ju-

gendliches Problemverhalten, seine Entstehung und Verstärkung durch informelle Peergruppen sowie Interventionsmöglichkeiten (vgl. hierzu Kap. 3.3 und 3.4). In der Außerschulischen Jugendbildung wird jugendliches Problemverhalten in unterschiedlichen Facetten bearbeitet. Einerseits und vordergründig in der wissenschaftlichen Begleitforschung wird nach Präventions- und Interventionsmöglichkeiten sowie Programmen geforscht, die Jugendliche dabei unterstützen können, problematische Verhaltensweisen gar nicht erst auszubilden oder in sozial anerkannte, also von der Gesellschaft akzeptierte, umzuformen. Andererseits wird von gesellschaftlichen Normen abweichendes Verhalten bis zu einem gewissen Grad als der Lebensphase Jugend zugehörig anerkannt. Ihm wird als Experimentierstatus Sinnhaftigkeit für die Jugendlichen zugesprochen, die ihre Rollen und Identitäten erst finden müssen und Ansprüchen an die Außerschulische Jugendbildung, Jugendliche zu „normalisieren", wird eine Absage erteilt (siehe Kap. 3.1).

4. Im Zusammenhang mit Entwicklungsaufgaben sind auch Forschungen zu Gesundheit und Suchtrisiko zu nennen (vgl. Silbereisen/Zinnecker 1999, Bünger 2010, Böhnisch 2009). „Wie gehen Jugendliche mit ihrem Körper um? Welche Kontextbedingungen beeinflussen suchtgefährdendes Verhalten? Wie bauen Jugendliche ein Körpergefühl auf?", sind dabei zentrale Forschungsfragen. Körperlichkeit und Geschlechtsidentität hängen im Jugendalter eng zusammen (vgl. dazu auch Kap. 2.3).

5. Eine Geschlechtsidentität auszubilden ist ebenfalls Aufgabe in der Lebensphase Jugend. Wieder spielen die Peers hier eine zentrale Rolle. In den Fragen, welche Prozesse sich dabei abspielen, wie mit der eigenen Geschlechtsidentität gespielt wird oder wie rigide sie eingehalten werden muss, liegt das Erkenntnisinteresse der Jugendforschung. Außerschulische Jugendbildung hat als zentrale Aufgabe, Benachteiligungen beispielsweise durch Geschlecht abbauen zu helfen. Mädchen- und Jungenarbeit ist als Aufgabe der Außerschulischen Jugendbildung im Gesetz festgelegt (vgl. dazu Kap. 6). Dementsprechend wird in der wissenschaftlichen Begleitforschung der Frage nachgegangen, wie Mädchen und Jungen ihre Geschlechtsidentität in Institutionen der Außerschulischen Jugendbildung zelebrieren und welche ‚Maßnahmen' (Projekte, Arrangements etc.) besonders geeignet sind, die Jugendlichen darin zu unterstützen, diese Geschlechtsidentität aufzubauen, ohne daran rigide festhalten zu müssen.

6. Als weiterer Punkt ist die Migrationsforschung zu nennen, insofern sie sich auf jugendliche Migranten bezieht. Die Nutzung außerschulischer Bildungsinstitutionen und der Beitrag, den diese zu einer besseren Integration beispielsweise in Bezug auf Bildungsbeteiligung leisten können, stehen im Fokus des Erkenntnisinteresses. Aber auch auf Vergleichen von Freizeitverhalten und Werteorientierungen deutscher Jugendlicher und Jugendlicher mit Migrationshintergrund liegt das Augenmerk der Forschung (Herwartz-Emden/Schurt/Waburg 2010)

7. Als letztes sind die neuen Medien zu nennen. Sie bestimmen inzwischen den Alltag der Jugendlichen und sind eine bedeutende Sozialisationsinstanz. Ihre Nutzung im Kontext der Peerbeziehungen steht ebenfalls im Zentrum der Forschung (Theunert 2009).

Jugendforschung ist interdisziplinär angelegt. Die beteiligten Wissenschaften sind in der Hauptsache die Soziologie, die Psychologie und die Erziehungswissenschaft. In den Anfängen der empirischen Jugendforschung dominierten, mit wenigen Ausnahmen, qualitative Zugänge (Ecarius et al. 2011, S. 45ff.). Seit der zweiten Hälfte des 20. Jahrhunderts gibt es eine deutliche Zunahme an quantitativ angelegten Studien, unter denen die Shell-Jugendstudien, die Jugendsurveys des Deutschen Jugendinstituts (DJI) und das am Deutschen Institut für Wirtschaftsforschung (DIW) angesiedelte Sozio-Ökonomische-Panel (SOEP) eine herausragende Stellung einnehmen. Auch das (ehemalige) DFG-Schwerpunktprogramm zu Entwicklungsbedingungen und Lebenslagen von Kindern und Jugendlichen vor und nach der Wiedervereinigung (1992-1997) sowie die im §84 SGB VIII gesetzlich verankerte Jugendberichterstattung sind von Bedeutung. Das heißt, die Bundesregierung legt seitdem in jeder Legislaturperiode einen Kinder- und Jugendbericht vor, der von einer unabhängigen Sachverständigenkommission erarbeitet wird. Dies setzt eine institutionalisierte systematische Dauerbeobachtung jugend-, erziehungs- und bildungsspezifischer gesellschaftlicher Probleme an Hochschulen oder speziellen Forschungseinrichtungen voraus. Das Deutsche Jugendinstitut ist diesbezüglich eines der führenden Forschungsinstitute in der BRD. Auch die Kinder-, Jugend- und Familienberichte werden hier erstellt. In der früheren DDR war dies das Zentralinstitut der Jugendforschung (ZIJ), welches zahlreiche größere quantitative Erhebungen bei Schülern, Studenten, Lehrlingen und jungen Arbeitern durchgeführt hat (vgl. ebd., S. 226).

Gleichzeitig spielen qualitative Studien, und hier insbesondere ethnografisch ausgerichtete Untersuchungen, weiterhin eine große Rolle (vgl. Grunert 2002). Zunehmend verbreitet sind Kombinationen quantitativer und qualitativer Methoden, die versuchen, die Vorteile des jeweiligen Zugangs zu verbinden. Beide Zugänge haben ihre spezifischen Vor- und Nachteile. Das Erkenntnisinteresse bestimmt den methodischen Zugang. In den folgenden Ausführungen werden methodische Zugänge der Jugendforschung und Ergebnisse quantitativ und qualitativ angelegter Jugendstudien exemplarisch dargestellt, insofern sie für die Außerschulische Jugendbildung relevant sind. Es geht also in der Hauptsache um die Frage, wie Erkenntnisse in der Jugendforschung gewonnen werden.

3.1   Quantitative Zugänge und kombinierte quantitativ-qualitative Forschungsmethoden

Der quantitativen Jugendforschung steht das entwickelte Instrumentarium der empirischen Sozialforschung zur Verfügung. Ihr zentrales Forschungsinstrument ist die repräsentative Umfrage (schriftlich, mündlich, zunehmend auch per Internet). Die Forschungsfragen setzen je nach fach- und theoriespezifischer Perspektive, unterschiedliche Akzente. Aus einer entwicklungspsychologischen Perspektive konzentrieren sich die Forschungsfragen auf altersabhängige individuelle Veränderungen und interindividuelle Unterschiede von Jugendlichen. Aus soziologischer bzw. sozialisationstheoretischer Sicht wird die Identität der Jugendlichen als sozial konstruiert und damit stark kontextabhängig angesehen. Forschungsfragen richten sich auf Jugendliche als soziale Akteure in der Auseinandersetzung mit diesen Kontextbedingungen. Das Erkenntnisinteresse richtet sich auf Unterschiede bzw. Heterogenität zwischen abgrenzbaren Gruppen innerhalb einer Generation aber auch zwischen den Generationen und auf gesellschaftstypische Formen sozialer Integration und Partizipation (Walpert/Tippelt 2002).

Aus einer pädagogischen Perspektive werden Fragen nach Handlungsstrategien von Individuen vor dem Hintergrund ihrer Kontexte gestellt (vgl. Walper/Tippelt 2002). Unterschieden wird zwischen Selbstauskünften der betreffenden Jugendlichen und Fremdauskünften über die Jugendlichen beispielsweise durch Eltern, Freunde, Lehrkräfte oder andere wichtige Personen aus ihrer Lebenswelt. In der Außerschulischen Jugendbildung sind Studien, in denen die Jugendlichen selbst zu Wort kommen, erster Bezugspunkt, da die Theoriebildung selbst subjektbezogen ist (vgl. Kap 4).

Repräsentative Umfrage in Querschnitt- und Längsschnittuntersuchungen Grundannahmen der Jugendforschung in Bezug auf Veränderungen in Lebenslagen, Lebensperspektiven und Orientierungen von Jugendlichen werden mit Querschnitt- und Längsschnittstudien überprüft. Querschnittsstudien zeichnen sich durch eine einmalige Datenerhebung bei unterschiedlichen Altersgruppen aus. Sie sind bei geschlechts-, bildungs-, regions-, milieu- oder schichtspezifischen Vergleichen sinnvoll. Auch bei einem Vergleich von Lebenslagen und Orientierungen von Jugendlichen verschiedener Länder und Regionen sind sie gut anwendbar, ebenso bei Gruppenvergleichen, wie beispielsweise dem Vergleich einzelner Gruppen von Jugendlichen und ihrer Reaktion auf den aktuellen Zustand der Gesellschaft. Insbesondere die Merkmale Schichtzugehörigkeit oder Bildungsniveau werden in ihren Auswirkungen auf Verhalten, Einstellungen und Wertorientierungen untersucht (vgl. ebd.).

Die Nachteile von Querschnittuntersuchungen liegen zum einen in der enormen Breite der angesprochenen Themen. Zum anderen sind keine Aussagen über sozialen Wandel in der Zeit möglich. Oft lässt sich eine einseitige Konzentration auf die Erfassung von für zentral erachteten Einstellungen beobachten: Jugend und Politik, Religion, Bildung, Familie, Konsum. Die Wichtigkeit dieser Bereiche ist zwar unbestritten, durch die Konzentration bleiben aber andere, für die Jugendlichen ebenfalls wichtige Bereiche möglicherweise unbeleuchtet.

Als Beispiel für solche Querschnittuntersuchungen können die Shell-Jugendstudien und die Jugendsurveys des Deutschen Jugendinstituts herangezogen werden. Exemplarisch soll im Folgenden kurz auf die Shell-Jugendstudien eingegangen werden. Die erste Auflage der Shell-Jugendstudien erschien schon 1953 unter dem Titel ‚Jugend zwischen 15 und 24 Jahren‘ (Zinnecker 2001, S. 244). Seit dieser Zeit erscheinen in unregelmäßigen Abständen neue Studien. Nicht alle Shell-Jugendstudien wurden von der ‚Deutschen Shell‘ finanziert. Insbesondere in den Anfängen waren auch andere Institute, wie beispielsweise das EMNID-Institut beteiligt. „Die EMNID-Studien der Jahre 1945, 1953 und 1955 markieren den Beginn einer eigenständigen sozialwissenschaftlichen Jugendforschung in Westdeutschland, durchgeführt mit den methodischen Mitteln der repräsentativen Umfrage (vgl. Zinnecker 2001, S. 246). Zentrales Thema war die Befindlichkeit der Jugend, zunächst nur der westdeutschen, seit 1990 der gesamtdeutschen Jugend. Die Stichprobengröße lag in den Anfängen bei 1.000 bis 1.500 und liegt mittlerweile bei 2604 Jugendlichen (Shell 2010).

Mit der Methode des mündlichen Interviews auf der Basis eines fest vorgegebenen standardisierten Fragebogens werden Jugendliche zwischen dem 12. und 25. Lebensjahr befragt. In diesen Interviews geben die Jugendlichen über sich, ihre Lebenssituation und ihre Einstellungen Auskunft (vgl. Shell 2010, S. 361). Die Stichprobe ist repräsentativ, das heißt, die nationalen Quotenstichproben repräsentieren die jeweilige Gesamtheit dieser Altersgruppe (Zinnecker 2001, S. 245). „Die ‚Initialzündung‘ zu den Shell-Jugendstudien ging von Pädagogen aus, die in der außerschulischen Bildungsarbeit mit Jugendlichen arbeiteten oder denen die sozialpädagogische Bearbeitung der ‚Jugendnot‘ der Nachkriegsjahre oblag" (EMNID 1945, S. 5, in: Zinnecker 2001, S. 247). In den Folgejahren und bis heute sind die Studien stärker soziologisch ausgerichtet und pädagogische Fragestellungen in den Hintergrund getreten. 1981 kam ein qualitativer Anteil hinzu (Zinnecker 2001, S. 253). 10 bis 20 Fallgeschichten einzelner Jugendlicher sind fortan fester Bestandteil der Shell-Jugendstudien. Die Interviews sind leitfadengestützt, die Jugendlichen nach „systematischen Gesichtspunkten" (Shell 2010, S. 361) ausgewählt. Sie repräsentieren „hinsichtlich vorher bestimmter Kriterien einen jeweils typischen Ausschnitt der Generation" (ebd., S. 361f.). Die Shell-Jugendstudien sind also ein Beispiel für ein methodisches Vorgehen, in dem quantitative und qualitative Vorgehensweisen miteinander verbunden werden. Der Fragebogen ist in den Veröffentlichungen im Anhang einsehbar und die Datensätze können für eigene Analysen

Die Shell-Studien

genutzt werden. Sie sind über das Kölner Zentralarchiv für empirische Sozialforschung abrufbar.

Relevante Fragen für die Außerschulische Jugendbildung sind die nach Bildungsstand und Bildungswegen, Interessen, Freizeitverhalten und Toleranz
gegenüber Gruppen, die nicht zur eigenen gehören, aber auch nach dem politischen Interesse, den typischen Aktivitäten von Jugendlichen und ihrem politischen Engagement, ihren Werten und Lebenseinstellungen, der Jugendgewalt
und anderen Themen, die für die Jugendlichen Bedeutung haben. Die einzelnen Ergebnisse hierzu können nicht alle referiert werden. Die Shell-
Jugendstudien bieten schöne Zusammenfassungen an, in denen man sich über
zentrale Ergebnisse einen schnellen Überblick verschaffen kann.

Herauszustellen und für die weiteren Themen dieses Buches wichtig ist, dass
schulischer Erfolg in Deutschland weiterhin wesentlich vom sozialen Hintergrund der Jugendlichen abhängt, wie es auch schon in anderen Studien, etwa
der PISA-Studie, herausgearbeitet wird. Die Schulabschlüsse der Eltern sind
ein guter Prädiktor für die erreichten und/oder angestrebten Schulabschlüsse
der Jugendlichen (Leven/Quenzel/Hurrelmann 2010, S. 72). Obwohl die
Außerschulische Jugendbildung einen anderen Bildungsbegriff hat, als die
Institution Schule (vgl. Kap. 4.1), sind dies wichtige Informationen. Vor dem
Hintergrund, dass viele Jugendliche, die zu den Verlierern der schulischen
Bildungsinstitutionen gehören, Institutionen der Außerschulischen Jugendbildung besuchen und hier vor allem Einrichtungen wie Jugendfreizeitstätten, ist
nach dem Beitrag zu fragen, den außerschulische Bildungsinstitutionen leisten
können, um Jugendliche darin zu (be-)stärken, trotz schwieriger schulischer
Laufbahnen ihren Weg zu finden, handlungsfähig zu werden und/oder zu bleiben. In diesem Kontext ist von Bedeutung, Lernbegründungen der Jugendlichen zu erforschen (Holzkamp 1992) und hieran anzuknüpfen. Außerschulische Jugendbildung kann und will keine Defizite im schulischen Lernen kompensieren. Sie will aber Jugendliche darin unterstützen, die eigenen Lebensbedingungen zu ,beherrschen' bzw. zu gestalten, auch wenn oder gerade dann,
wenn sie in Institutionen schulischen Lernens zu scheitern drohen.

Zu den Ergebnissen zur Freizeitgestaltung ist heraus zu stellen, dass zwei Drittel der Jugendlichen (71%) angeben, Mitglied einer Clique zu sein, aber nur
5% ein Jugendzentrum zu besuchen und nur 7% angeben, sich in einem Pro-
jekt zu organisieren. Deutlich wird in der Konsequenz die hohe Bedeutung
eines sozialräumlichen Ansatzes für die Außerschulische Jugendbildung (vgl.
Kap. 4.2) genauso wie eines Ansatzes der Cliquenorientierung (vgl. Kap. 4.3).
Insgesamt erreichen die neuen Medien und die Peer-Interaktion (sich mit Leuten treffen) in der Freizeitgestaltung die höchste Punktzahl (Leven/Quen-
zel/Hurrelmann 2010, S. 96). Zentral in Bezug auf die Freizeitgestaltung ist
ihre Abhängigkeit von der sozialen Herkunft, Geschlecht und Alter.

Deutlich wird in den Ergebnissen auch, dass Familie ihre Bedeutung für die Jugendlichen nicht verliert, sondern an Bedeutung sogar dazu gewonnen hat, wenn man den Vergleich zu den Ergebnissen der vorherigen Studien anstellt. Die Familienform spielt dabei keine Rolle. „Wichtiger ist es, dass ihre Eltern Zeit für sie haben, einen demokratischen und wenig autoritären Erziehungsstil pflegen und dass die familiäre Situation nicht durch materielle Engpässe angespannt ist" (Shell 2010, S. 57). Es zeigt sich, dass das Verhältnis zwischen Eltern und Jugendlichen in der Regel entspannt ist, die großen Generationenkonflikte scheinen der Vergangenheit anzugehören.

Während mit Querschnittsstudien aktuelle Daten zur Lebenslage und zu Orientierungen von Jugendlichen heraus gearbeitet werden können, sind Längsschnittstudien, sogenannte Panel-Studien, in der Lage, Veränderungen von Individuen und Gruppen über die Zeit hinweg zu untersuchen und damit sozialen Wandel abzubilden. Panel-Studien zeichnen sich dadurch aus, dass sie die gleiche Stichprobe zu unterschiedlichen Zeitpunkten mit dem gleichen Frageinventar befragen. Es existieren also verschiedene Messzeitpunkte, die von der inhaltlichen Ausrichtung der Fragestellung abhängen. Zeitwandelstudien dagegen befragen einen ungefähr gleichen Personenkreis, z.B. eine definierte Altersgruppe, zu unterschiedlichen Zeitpunkten. So können Einstellungsveränderungen von Gruppen verdeutlicht werden (vgl. Walpert/Tippelt 2002).

Eine der großen Schwierigkeiten bei Längsschnittuntersuchungen ist die Stichprobengewinnung bzw. die Bestandhaltung der Stichprobe und ihre Pflege. Systematische Drop-Outs lassen sich kaum vermeiden, wodurch ein Auffrischen der Stichproben immer wieder nötig wird. Längsschnittuntersuchungen sind zudem mit hohen Kosten verbunden. Schwierig ist auch die sinnvolle Wahl von Messinstrumenten. Um Zeitvergleiche herstellen zu können, dürfen die Messinstrumente nicht verändert werden. Gleichzeitig können aber gesellschaftliche Veränderungen eine Überarbeitung der Instrumente nötig machen. Ein gutes Exempel hierfür ist das Freizeitverhalten von Jugendlichen, das sich durch die rasante Entwicklung der neuen Medien stark verändert hat. Als Beispiel für eine solche Längsschnittstudie kann das Sozio-ökonomische Panel (SOEP) des DIW heran gezogen werden. „Das Sozio-ökonomische Panel (SOEP) ist eine repräsentative Wiederholungsbefragung, die bereits seit 25 Jahren läuft. Im Auftrag des DIW Berlin werden jedes Jahr in Deutschland über 20.000 Personen aus rund 11.000 Haushalten von TNS Infratest Sozialforschung befragt. Die Daten geben Auskunft zu Fragen über Einkommen, Erwerbstätigkeit, Bildung oder Gesundheit" (SOEP 2011). Für die Außerschulische Jugendbildung ist das Panel aus zwei Gründen interessant. Zum einen wird die Entwicklung der Kinder und Jugendlichen in den befragten Haushalten von Geburt an bis zum 16. Lebensjahr über einen Elternfragebogen erfasst. Zum anderen werden alle Jugendlichen, die im jeweiligen Befragungsjahr 17 Jahre alt werden, mit einem eigenen „Jugendfragebogen" befragt. Er enthält Fragen zur Wohnsituation, zu Jobs und Geld, zu Beziehungen (Familie, aber

Das Sozio-Ökonomische Panel des DIW

auch Freunden und Cliquenzugehörigkeit, Fragen nach Konflikten mit Eltern oder Freunden) sowie den Freizeitbeschäftigungen. Ein Vergleich mit der Freizeitskala der Shell-Jugendstudie zeigt Ähnlichkeiten, aber auch Unterschiede. Die Ergebnisse sind also nur teilweise vergleichbar. Weiterhin wird nach Schulform und Schulabschluss sowie dem angestrebten Schulabschluss gefragt. Ein besonderer Akzent liegt auf der Kenntnis von Fremdsprachen und dem politischen Engagement, der Nachhilfe und der schulischen Unterstützung durch die Eltern. Auch die Ausbildung und die Berufspläne der Jugendlichen sind ein Thema des Fragebogens sowie Fragen zu den Zukunftsvorstellungen der Jugendlichen. Ein weiterer Themenbereich sind Einstellungen und Meinungen. Auch die Einschätzung der eigenen Persönlichkeit, der emotionalen Befindlichkeit, des Interesses an Politik sowie der allgemeinen Zufriedenheit soll vorgenommen werden. Eine Auswertung relevanter Ergebnisse für die Außerschulische Jugendbildung aus diesem Datensatz steht noch aus. Interessant wäre auch ein Vergleich mit den Ergebnissen der Shell-Jugendstudien, soweit die unterschiedlichen Skalenkonstruktionen dies ermöglichen.

Eine Variante der Längsschnittstudien sind die Replikationsstudien. Auch hier lassen sich Zeitvergleiche durchführen. Hier sind allerdings nur Aussagen über Generationen möglich, individuelle oder altersbezogene Veränderungen können nicht erfasst werden. Wichtige Kennzeichen sind, dass Fragen und Antworten den Befragten (zu verschiedenen Zeitpunkten) in derselben Form vorgelegt werden und die zugrunde gelegte Population und die Stichprobe vergleichbar sein müssen.

Gesundheitssurvey der WHO

Wie oben erwähnt, sind Gesundheit und Suchtrisiko Themen, die in der Jugendforschung zentral sind und für die Praxis der Außerschulischen Jugendbildung Bedeutung haben, da Jugendliche in Institutionen der Außerschulischen Jugendbildung häufig risikobehaftetes Verhalten zeigen und die Jugendlichen über intensiven Alkohol- und/oder Drogenkonsum berichten. Seit 2001/02 ist Deutschland mit einer bundesweiten Stichprobe am Jugendgesundheitssurvey der Weltgesundheitsorganisation (WHO) beteiligt. Die Studie ist nicht nur auf gesundheitsrelevante Verhaltens- und Lebensmuster bei Heranwachsenden im Übergang von der Kindheits- zur Jugendphase ausgerichtet. Zusätzlich werden auch Daten zur sozialen Lage, der familiären Situation, der Schule, den Peers und des Freizeitverhaltens der Jugendlichen erhoben (Richter 2003, S. 13). Es handelt sich um eine Fragebogenstudie auf der Basis der Selbstberichterstattung. An der Befragung nahmen insgesamt 23.111 Schüler und Schülerinnen im Alter von 11, 13 und 15 Jahren teil. Ausgewählt wurden sie über eine repräsentative Auswahl von Schulen (ebd., 14). In den Ergebnissen zeigt sich, dass im Großen und Ganzen der Gesundheitszustand und das körperliche sowie psychische Wohlbefinden der Jugendlichen gut ist. Allerdings leidet ein großer Teil von ihnen unter Allergien (41% der Mädchen und 35% der Jungen), die, so die Selbsteinschätzung, das eigene Wohlbefinden nachhaltig beeinträchtigen (Langness/Richter/Hurrelmann 2003, S. 303). Es zeigt sich ein Zusammenhang zwischen der subjektiven Einschätzung des eigenen Gesundheitszustandes und dem sozioökonomischen Status. Jugendliche mit niedrigem sozioökonomischen Status „erleben ihren eigenen körperlichen Gesundheitszustand häufig schlechter als Befragte mit einem besseren sozioökonomischen Hintergrund, obwohl diese häufiger von tatsächlich gesundheits-mindernden Faktoren, wie Allergien oder Verletzungen betroffen sind" (ebd.).

Diese Zusammenhänge zeigen sich auch in Bezug auf die psychische Gesundheit. Hinsichtlich gesundheitsrelevanten Verhaltens, das sich u.a. im Tabakkonsum, Alkoholkonsum und im Gebrauch von illegalen Drogen und Medikamenten zeigt, wird deutlich, „dass Erfahrungen mit Alkohol, Tabak, Cannabis unter den 11- bis 15-jährigen weit verbreitet sind" (ebd., S. 307). Zudem hat sich das Einstiegsalter nach vorne verlagert. Der Konsum von Alkohol und Tabak ist stark geschlechtsspezifisch, Jungen zeigen hier riskanteres Verhalten als Mädchen. Sie trinken früher und mehr als Mädchen und kommen auch mit Cannabis früher in Kontakt (vgl. ebd., S. 307f.).

Der Konsum illegaler Drogen ist altersabhängig. Ein kritisches Alter scheint das 13. Lebensjahr zu sein, in dem Jugendliche besonders häufig regelmäßig illegale Substanzen wie psychoaktive Substanzen zu sich nehmen. Ein Zusammenhang zwischen dem Konsum illegaler Drogen und dem sozioökonomischen Status konnte nicht festgestellt werden. Insgesamt beschränken sich die Erfahrungen mit Alkohol, Tabak und illegalen Drogen auf einen „Experimentier- und Probierkonsum" (ebd., S. 304) und scheinen Teil jugendkulturellen Verhaltens in dieser Lebensphase zu sein. Diesbezüglich wären in weiteren Studien die Erfahrungen und Einschätzungen sowohl der Mitarbeiter und Mitarbeiterinnen aus Institutionen der Außerschulischen Jugendbildung sowie die Besucher selbst in Studien einzubeziehen, da diese häufig Adressaten von Präventionsmaßnahmen sind.

3.2 Qualitative Zugänge der Außerschulischen Jugendforschung

Qualitativ angelegte Forschungsmethoden haben in der Jugendforschung eine lange Tradition. Die Jugendforschung war in ihren Anfängen stark von der Psychologie bestimmt und damit standen endogene Entwicklungsmodelle im Vordergrund. Die Biografie des Einzelnen war Forschungsfokus und die Frage, wie man eine ‚Innenansicht' der Forschungsgegenstände, hier also der Jugendlichen, gewinnen könne. Beobachtung, Befragung und Selbstreflexion erschienen als sinnvolle Zugänge. Insbesondere die Herausbildung einer Jugendbewegung beflügelte den Forschungsfortschritt (vgl. Grunert 2002). Innerhalb der Reformpädagogik stand die Eigenentwicklung des Kindes und

Biografisches Material und selbstinduzierte Aussagen von Jugendlichen

später des Jugendlichen im Vordergrund. Dementsprechend versuchte die Forschung, diese durch oben genannte biografische methodische Zugänge zu erforschen (vgl. Grunert 2002, S. 226). Im Mittelpunkt stehen die Selbstaussagen der Jugendlichen, zum Beispiel in Tagebüchern. Dies trifft zwar auch für die oben beschriebenen quantitativen Zugänge zu, aber dort beschränken sich die Selbstaussagen auf eine Entscheidung zwischen vorgegebenen Items. In der qualitativen Forschung sind den Selbstaussagen keine theoretischen Vorabannahmen vorgeschaltet bzw. in Form von anzukreuzenden Items vorgegeben, sondern selbst induziert und frei.

Siegfried Bernfeld, Charlotte Bühler und das Ehepaar Stern können als Pioniere einer empirischen qualitativ angelegten Jugendforschung genannt werden. Bernfeld plädierte dafür, zur Erforschung des Jugendlichen „ein Material zu suchen, dass spontan entstanden ist, um … echte Subjektivität zu erhalten" (Bernfeld 1915, S. 61, in Grunert 2002, S. 227). Als Material erschienen ihm Tagebücher, Briefe, Gedichte, Zeichnungen und systematische Beobachtung sinnvoll. Charlotte Bühler hat Tagebücher von Jugendlichen analysiert, da sie beobachtete, dass Jugendliche in dieser Lebensphase besonders häufig zu diesem Mittel greifen. Sie analysierte auch ihr eigenes Tagebuch und das von Bekannten (Veröffentlichungen: 1921 und 1924). Den Tagebüchern glaubte sie bestimmte (Entwicklungs-)Aufgaben und Seelenzustände der Jugendzeit (ebd., S. 50ff.) entnehmen zu können, und damit eine Systematisierung des Innenlebens von Jugendlichen zu ermöglichen. Bedeutsam ist hier, dass das Material die Theoriebildung bestimmt und nicht umgekehrt. Es werden zur Exploration des neuen Forschungsfeldes also keine vorab formulierten Hypothesen überprüft, sondern die empirische Analyse dient der Theoriegenerierung.

Die Tagebuchanalyse ist noch immer eine häufig angewandte Methode im Bereich der qualitativen Jugendforschung und wird inzwischen auf Internettagebücher, die öffentlich zugänglich sind, ausgeweitet. Auch das Auswerten von Biografien mithilfe der Textanalyse und die Beobachtung von Heranwachsenden sind qualitative Zugänge mit langer Tradition (vgl. Grunert 2002, S. 225). Seit Mitte der 70er bzw. den 80er Jahren des 20. Jahrhunderts lassen sich zwei thematische Schwerpunkte in qualitativ angelegten Forschungen festmachen: Zum einen dominieren ökologisch orientierte Lebensweltanalysen, die quantitative und qualitative Vorgehensweisen verbinden, und zum anderen liegt ein starker Fokus auf biografisch orientierten Projekten (vgl. ebd.).

Heterogenität in Forschungsinhalten

Die qualitative Jugendforschung heute ist durch eine sehr große Heterogenität in methodischen Zugängen und Forschungsinhalten gekennzeichnet. Schwerpunkte liegen, nach Grunert, in einer biografischen Perspektive auf der Jugendphase, auf jugendkulturellen Orientierungen und Lebensstilen, auf Jugend in Schule und Studium, auf der Berufswahl und Arbeitsorientierungen, auf Jugend im Prozess der Wiedervereinigung und auf Jugend, Rechtsextremismus und Gewalt. Es zeigt sich eine Ähnlichkeit mit thematischen Schwerpunkten,

die auch durch quantitative Ansätze erfasst werden. Die verschiedenen methodischen Zugänge beleuchten jeweils unterschiedliche Facetten. Während Fra-
gebogenstudien das Freizeitverhalten von Jugendlichen quantifizierend zusammenfassen und Gruppenvergleiche zwischen Jungen und Mädchen ermöglichen, können biografische Interviews Motive für bestimmtes Freizeiterleben,
inneres Erleben, Ziele und Wünsche besser freilegen. Grunert benennt „Vorteile" qualitativer Ansätze. Quantitative Umfrageforschung könne nicht „die
Ebene des faktischen Verhaltens und der realen Handlungsprozesse" (ebd.,
S. 229) erfassen und vernachlässige die Verschiedenheit und Differenz jugendlicher Lebenswelten.

Ähnlich wie bei quantitativen Verfahren steht auch hier die entwickelte Methodik der qualitativen Forschung zur Verfügung, nämlich unter anderem
Interviewverfahren, Gruppendiskussionen, schriftliche und mündliche Selbstzeugnisse von Jugendlichen oder Beobachtungsverfahren. Für die Außerschulische Jugendbildung sind Gruppendiskussionen, Beobachtungsverfahren und
Selbstzeugnisse von Jugendlichen besonders herauszustellen. In der wissenschaftlichen Begleitforschung spielen auch Interviewverfahren und Evaluationen eine zentrale Rolle.

In Gruppendiskussionen können kollektive Orientierungen bzw. Deutungsmus-
ter zu relevanten Themen der jeweiligen sozialen oder kulturellen Gruppe von
Jugendlichen heraus gearbeitet werden. Aber auch die Peerinteraktion in ihrer
Dynamik wird in Gruppendiskussionen deutlich. Es handelt sich dabei um ein
Verfahren, das im Bereich der Jugendforschung in den USA im Zusammenhang mit den sogenannten Cultural Studies schon in den 40er und 50er Jahren
praktiziert wurde, in Deutschland aber erst im Kontext der Frankfurter Schule
Anwendung fand (vgl. Ecarius et al. 2011, S. 52ff.). Die Weiterentwicklung
des Verfahrens in Deutschland wurde von Mangold (1960) vorangetrieben. In
der Jugendforschung haben Behnken (1984) und Peukert (1984) zielführende
Studien herausgebracht. Ralph Bohnsack ist der Forscher, der heute vor allem
als Begründer der Gruppendiskussion genannt wird und die Methode grundla-
gentheoretisch fundiert hat. Relevant für die Außerschulische Jugendbildung
sind beispielsweise die Untersuchung von Cliquen, ihre Gruppendynamiken,
Wertebildung und der Umgang mit Gewalt. Beispielhaft kann die von Bohnsack und seiner Forschergruppe durchgeführte Untersuchung zur Gewaltbereitschaft innerhalb sogenannter Hooligans mit Musikgruppen aus West- und Ost-
deutschland angeführt werden (Bohnsack et al. 1995). Die Wissenschaftler
griffen dabei nicht nur auf die Methode der Gruppendiskussion zurück, sondern führten ebenfalls narrative Interviews und teilnehmende Beobachtung
durch.

Die teilnehmende Beobachtung wird als Methode in der Jugendforschung
selten als einziges Verfahren angewendet, sondern in der Regel mit anderen
Methoden kombiniert (vgl. Grunert 2002, S. 238). So kann ein Forschungs-

thema aus unterschiedlichen Perspektiven beleuchtet werden. Teilnehmende Beobachtung wird oft im Rahmen ethnografischer Forschung eingesetzt. Ethnografische Forschung geht von Alltagssituationen aus. Diese sind Grundlage und Ausgangspunkt des Forschungsinteresses. Dem Alltagshandeln von Menschen wird Sinnhaftigkeit zugesprochen. Es geht darum, „die Prinzipien und Mechanismen zu bestimmen, mittels deren die Handelnden in ihrem Handeln die sinnhafte Strukturierung und Ordnung dessen herstellen, was um sie vorgeht und was sie in der sozialen Interaktion mit anderen selbst äußern und tun" (Bergmann 2008, S. 119). Die zentrale Frage, die in der soziologischen ethnografischen Forschung behandelt wird ist, wie ‚soziale Ordnung möglich ist' und dies ist selbstverständlich für die Außerschulische Jugendbildung eine höchst relevante Frage, insofern Jugendliche oft eine eigene soziale Ordnung herstellen, die von den Normvorstellungen und den gesellschaftlich erwarteten Handlungsstrategien abweicht. Wie schon mehrmals erwähnt, ist dabei nicht (immer) das Ziel, Abweichungen in die Norm zurück zu führen, sondern sie in ihrer Sinnstrukturierung für die Jugendlichen zu verstehen. Genau dies begründet die Zentralität der ethnografischen Forschung für die Außerschulische Jugendbildung. „Kennzeichnend für ethnografische Forschung ist deshalb der flexible Einsatz unterschiedlicher methodischer Zugänge entsprechend der jeweiligen Situation und des jeweiligen Gegenstandes - wobei nicht nur der Einsatz der Verfahren der Situation angepasst wird, sondern unter Umständen auch die Verfahren selbst" (Lüders 2008, S. 393). Die teilnehmende Beobachtung als eine Methode ethnografischer Forschung zeichnet sich dadurch aus, dass der Forscher oder die Forscherin im Feld ist, also an der Praxis der untersuchten Gruppe persönlich teilnimmt, sich sozusagen mitten im Geschehen befindet. Er kann dabei nur physisch präsent oder an der Interaktion beteiligt sein, er kann offen oder verdeckt beobachten. Daten werden durch nachträglich erstellte Beobachtungsprotokolle oder Feldnotizen erzeugt. Zur Erstellung dieser Dokumente werden keine ausgewiesenen Vorgaben gemacht.

Die Methode birgt einige Herausforderungen. So ist zum einen der Feldzugang nicht immer einfach und beeinflusst selbstverständlich den Forschungsprozess, hier also das, was die Jugendlichen dem Beobachter aus ihrer Lebenswelt zeigen. Insgesamt wird kritisch hinterfragt, „was eigentlich wie durch einen Feldaufenthalt eines relativ ‚fremden' Forschers bzw. einer relativ ‚fremden' Forscherin in einer konkreten Situation zugänglich bzw. beobachtbar wird" (Lüders 2003, S. 152). Dieser methodische Zugang verzichtet auf klar festgelegte Regeln, der Beobachter oder die Beobachterin bestimmen und leiten den Forschungsprozess. Dabei bleibt häufig unklar, wie in einer konkreten Beobachtungssituation die Nähe zum Forschungsfeld eingehalten werden kann, die benötigt wird, um Daten gewinnen zu können, und zugleich auch, die Distanz zu haben, den Beobachtungsprozess wissenschaftlich zu reflektieren. In der Außerschulischen Jugendbildung erscheint die teilnehmende Beobachtung dennoch als eine sinnvolle Zugangsweise, da ihre Praxis aus (oft unreflektierter) Beobachtung besteht, die für wissenschaftliche Reflexion hervorragend genutzt werden kann. Voraussetzung ist eine ausgewiesene Klärung der oben angesprochenen Punkte unter Beachtung ethischer Gesichtspunkte. Die Jugendlichen müssen darüber informiert werden, dass eine Forscherin oder ein Forscher sie begleitet und sie zu Forschungszwecken beobachtet, auch wenn diese Information die Datengewinnung selbstverständlich beeinflusst.

Selbstzeugnisse von Jugendlichen werden in der Regel in den schon oben erwähnten Tagebüchern, aber auch in Briefen, Aufsätzen, Fotos oder Bildern erhoben. Textanalyse und qualitative Inhaltsanalyse sowie Bildanalyse sind die hauptsächlichen Auswertungsverfahren zur Interpretation dieses Materials.

Bildungsprozesse bei Jugendlichen zu initiieren ist das hauptsächliche Anliegen der Außerschulischen Jugendbildung (vgl. Kap. 2.1 und 3.1). Forschungsaktivitäten richten sich zu einem Großteil nach diesem Ziel und fokussieren die Frage, wie Bildungsprozesse in der außerschulischen Arbeit mit Kindern und Jugendlichen möglich ist. Als Beispiel für ein solches Forschungsprojekt kann die explorative Studie von Delmas & Scherr (2005) heran gezogen werden. In der Studie wurden unter Anwendung der Methode des leitfadengestützten Interviews Mitarbeiter und Mitarbeiterinnen nach Handlungskonzepten und formellen sowie informellen Bildungsprozessen in der Jugendarbeit befragt sowie Jugendliche der entsprechenden Jugendhäuser in einem offenen Interview dazu, ob sie das Jugendhaus als einen Ort erleben, „der ihnen Möglichkeiten des Lernens bietet" (ebd., S. 106). In den Ergebnissen zeigt sich, dass die Frage nach Bildungsmöglichkeiten in der Arbeit mit den Jugendlichen durchaus ambivalent zu beantworten ist (ebd.). Leider werden keine weiteren Angaben zur Größe und Zusammensetzung der Stichprobe und zu Auswertungsverfahren gemacht. Nach Selbstauskünften der Jugendlichen werden folgende Lernmöglichkeiten und Themen genannt, die sich unter den strukturellen Bedingungen der Jugendarbeit ergeben:

- Möglichkeiten zur gewaltfreien und eigenverantwortlichen Konfliktregulierung,
- „Learning by doing" durch die Teilnahme an Projekten,
- technische und organisatorische Fähigkeiten, hervorgehoben wird hier das Lernen durch die Gruppe (die Gruppenmitglieder geben sich untereinander Wissen weiter),
- intergeneratives und interkulturelles Lernen, Erweiterung der Geschlechterbilder,
- Lernen durch Übernahme von Verantwortung (Organisation von Angeboten, Veranstaltungen, Konzerten).

Zusammenfassung:

Außerschulische Jugendbildung ist sowohl Abnehmer als auch Produzentin von Ergebnissen der Jugendforschung. Es zeichnet sich eine große Vielfalt bezüglich der Themen und methodischen Zugänge ab.

Die methodischen Zugänge lassen sich, wie in der empirischen Sozialforschung allgemein, in zwei Richtungen aufschlüsseln: auf der einen Seite die quantitativen Verfahren und auf der anderen Seite die qualitativen. Eine Kombination beider Zugänge wird zunehmend angewendet und erscheint je nach der Fragestellung der Forschung auch sinnvoll, da durch die unterschiedlichen Forschungsperspektiven auf den gleichen Gegenstand der Erkenntnisgewinn gesteigert werden kann.

I) Quantitative Verfahren

Quantitative Verfahren betreffen in der Hauptsache

- die sozialwissenschaftliche Berichterstattung über die soziale Lagen von Kindern und Jugendlichen (Kinder- und Jugendbericht der Bundesregierung),
- Fragen nach günstigen Bedingungen und Risikofaktoren für die Entwicklung,
- die Weitergabe kultureller Grundmuster zwischen den Generationen und Prozesse des Hineinwachsens in gesellschaftlich geprägte Rollen- und Handlungsmuster.

Das Instrumentarium der quantitativen Sozialforschung besteht aus

- mündlichen oder schriftlichen Befragungen
- Längsschnitt- und Querschnittuntersuchungen, Zeitwandeluntersuchungen
- Dokumentenanalyse
- Testverfahren

II) Qualitative Verfahren

Sie sind besser dazu geeignet, subjektive Deutungsmuster und individuelle oder kollektive Sinnstrukturen und Motive von Gruppen herauszuarbeiten.

- Interviewverfahren
- Gruppendiskussionsverfahren
- Jugendtagebuchforschung
- teilnehmende Beobachtung
- Fotografieanalyse bzw. Bildinterpretation
- fotogestütztes Interview
- qualitative Inhaltsanalyse
- historisch-hermeneutische Quellenanalyse
- objektive Hermeneutik

Übungen:

1. Beschreiben Sie, welche Position die Außerschulische Jugendbildung innerhalb der Jugendforschung einnimmt!
2. Nennen Sie sowohl aus dem Artikel wie auch aus Ihrer eigenen Sicht bedeutsame Forschungsfragen für die Außerschulische Jugendbildung!

Weiterführende Literatur:

Bohnsack, R. (1999): Rekonstruktive Sozialforschung: Einführung in Methodologie und Praxis qualitativer Forschung (3., überarb. u. erw. Aufl. ed.). Opladen: Leske + Budrich.

Bühner, M. (2006): Einführung in die Test- und Fragebogenkonstruktion. München: Pearson.

Lindner, W. (2008): Kinder- und Jugendarbeit wirkt: aktuelle und ausgewählte Evaluationsergebnisse der Kinder- und Jugendarbeit (1. Aufl. ed.). Wiesbaden: VS Verlag für Sozialwissenschaften.

Ittel, A., Merkens, H., & Stecher, L. (Eds.). (erscheint jährlich seit 2001 mit unterschiedlichen Herausgebern): Jahrbuch Jugendforschung. Wiesbaden: VS Verlag für Sozialwissenschaften.

Tippelt, R., & Schmidt, B. (Eds.). (2010): Handbuch Bildungsforschung. Wiesbaden: VS Verlag für Sozialwissenschaften.

4 Theoretische Ansätze

Dieses Kapitel stellt den zweiten der in Kapitel 2.1 vorgestellten Zugänge zur Außerschulischen Jugendbildung dar. Es beschreibt also fachwissenschaftliche Auffassungen. Obwohl unterschiedliche Fachwissenschaften an der theoretischen Konstitution der Außerschulischen Jugendbildung beteiligt sind, wird sie hier, als ein Teilgebiet, der Erziehungswissenschaft zugeordnet. Außerschulische Jugendbildung wird, wie in Kapitel 2.1 beschrieben, in diesem Buch auf das Feld der Jugendarbeit und hier speziell auf ihre Bildungsdimension bezogen. Im Folgenden werden also theoretische Ansätze besprochen, die Bedingungen für Bildungsprozesse innerhalb der Jugendarbeit zu konstituieren versuchen.

In der erziehungswissenschaftlichen auf Außerschulische Jugendbildung bezogenen Fachdiskussion taucht der Bildungsbegriff in sehr unterschiedlichen Verwendungen auf. Die Variabilität in der Theoriebildung zeigt sich schon in ihren Anfängen und setzt sich bis heute fort, denn eine einheitliche Theorie ist bis heute nicht erkennbar. Teilweise wird die Brauchbarkeit des Bildungsbegriffs für die Jugendarbeit sogar in toto hinterfragt, denn Jugendliche gehen nicht ins Jugendfreizeitzentrum, um sich bilden zu lassen, sondern um Freunde zu treffen, Räume zum ‚Abhängen‘ und/ oder kostengünstige Freizeitangebote zu nutzen (vgl. Müller 2004, S. 36). Auch Pädagogen ‚betreiben‘ nicht durchgängig Bildungsarbeit. Ihr Handeln besteht aus vielen Tätigkeiten wie Verwaltungsarbeiten, organisationsbezogenen Tätigkeiten, Aufschließen von Räumen, Basteln etc., wobei „das

> Exkurs: Definition „Theorie"
>
> (griech.) Allg.: T. bezeichnet das systematische, nach bestimmten Prinzipien geordnete Beobachten und Erklären der Realität. T. schafft Erkenntnisse, die als Instrument zur Ordnung und Bewältigung des Alltags (Praxis) eingesetzt werden können.
>
> Spez.: Es wird unterschieden zwischen (1) reiner T., die auf keine Zwecke außerhalb des bloßen Erkennens gerichtet ist (ugs. auch abwertend gemeint), und (2) einem wissenschaftlichen Aussagensystem, das (z.B. aufgrund empirischer Befunde) in der Lage ist, das Eintreten von Ereignissen (mit einer bestimmten Wahrscheinlichkeit) vorauszusagen.

Pädagogische" (Müller 2005, S. 269), also das Bildende, bei Gelegenheit all dieser Tätigkeiten stattfinden kann, aber nicht zwingend vorgegeben ist.

Es erfolgten verschiedene Versuche, die Außerschulische Jugendbildung in Bezug auf die Jugendarbeit theoretisch zu fundieren. Es werden dabei mehrere, zeitlich verschiedene aber auch parallel laufende Diskussionsstränge unterschieden. In den Anfängen, also in den 60er Jahren bis in die 80er Jahre, waren dies die konservative, die liberal-progressive, die emanzipatorische und die antikapitalistische Jugendarbeit (Bierhoff 1983, S. 136). Danach folgten Diskurse um Lebensweltorientierung, Sozialraumorientierung, Cliquenorientierung/akzeptierende Ansätze, Dienstleistungsorientierung, Qualitätssicherung, Neue Steuerung u.a. (Münchmeier 2002, S. 15), die aber auch nicht zu einer einheitlichen Theoriebildung führten und in denen der Bildungsbegriff teilweise eine nur marginalisierte Rolle spielte. Vorgestellt werden hier aktuelle Ansätze, die Voraussetzungen und Bedingungen für eine Bildungsarbeit in der Kinder- und Jugendarbeit beschreiben. Da eine einheitliche Theorie, wie schon erwähnt, zurzeit nicht vorliegt, kann nur von theoretischen Ansätzen gesprochen werden, die jeweils spezifische Aspekte in Bezug auf Bildungsmöglichkeiten in der Jugendarbeit betonen. Diese decken sich zudem teilweise mit Handlungsfeldern der Außerschulischen Jugendbildung, was eine einheitliche Theoriebildung erschwert. Müller (2005) kritisiert zurecht, dass die theoretischen Ansätze in der Regel lediglich additiv nebeneinander oder teilweise sogar in Konkurrenz zueinander stehen. Er fordert, die verschiedenen Ansätze, er nennt sie Konzepte, müssten jeweils heraus arbeiten, was sie Besonderes leisten bzw. worin ihre Vor- und Nachteile den anderen Ansätzen gegenüber liegen. Sie müssten also begründen können, wann und in welchen Situationen bzw. unter welchen spezifischen Bedingungen der eine Ansatz beispielsweise Cliquenorientierung, dem anderen Ansatz beispielsweise Genderorientierung in einer pädagogischen Handlungssituation vorzuziehen ist. Eine Theorie muss dagegen das alle diese Konzepte Verbindende benennen können. Die in diesem Kapitel vorgestellten theoretischen Ansätze wurden ausgewählt, da sie, nach Auffassung der Autorinnen, Elemente einer noch zu konstituierenden Theorie der Außerschulischen Jugendbildung darstellen könnten. Sie können jedoch „nur in dem Maße als Beiträge zu jener Theorie gelten, wie sie ihre pädagogischen Möglichkeiten und Grenzen im Vergleich mit anderen Optionen explizieren" (Müller 2005, S. 273). Da dieser Anspruch aber noch nicht eingelöst ist und keine alle Ansätze verbindende Theorie ausgearbeitet wurde, werden sie hier jeweils als einzelne theoretische Ansätze vorgestellt.

Institutionen der Außerschulischen Jugendarbeit sind, wie schon erwähnt, nicht die einzigen Orte, an denen Jugendliche auf Bildungsangebote, -möglichkeiten und -gelegenheiten treffen. Die Jugendarbeit steht hier in Konkurrenz zu kommerziellen Freizeit- und Bildungsangeboten, zu den Medien, den Peers, der Familie. Institutionell organisierte Außerschulische Jugendbildung ist also nur ein Bildungsort unter anderen und muss mit dieser Begren-

Außerschulische
Jugendbildung ohne
einheitliche
Theoriebildung

zung rechnen und zurechtkommen. Die Akzeptanz unterschiedlicher Einrichtungen ist darüber hinaus stark sozial selektiert. Die Jugendarbeit insbesondere in der Offenen Arbeit wird eher von Jugendlichen aus benachteiligten Familien in Anspruch genommen, während die Verbandsarbeit stärker von Jugendlichen aus der Mittel- und Oberschicht besucht wird (vgl. Thole 2000, Grunert 2005)[3]. Dies gilt noch einmal verstärkt für kulturelle Angebote der Jugendbildung wie z.B. Kunstschulen oder Theater(laien)kurse.

Auch wenn keine einheitliche Theoriebildung vorliegt, lassen sich vier, die Ansätze übergreifende, Merkmale der Außerschulischen Jugendbildung beschreiben:

Abgrenzung zur Schule

1. Weitestgehende Einigkeit herrscht darüber, dass Außerschulische Jugendbildung eine bewusst gesetzte Abgrenzung zum Bildungsbegriff der Schule vollzieht. Bildung in der Schule sei qualifikatorisch, Bildung in der Jugendarbeit sei „zweckfrei" (Böhnisch/Münchmeier 1987; Giesecke 1971), subjektorientiert (Scherr 1997, 2008; Lindner 2003) und beinhalte nicht vordergründig „die Vermittlung und Aneignung gesellschaftlich, insbesondere ökonomisch und politisch relevanten Wissens" (Scherr 2008, S. 478). Bildung in der Kinder- und Jugendarbeit soll über das Hinausreichen, was Schulfächer vermitteln. Sie soll Orientierung geben, „um sich als einzelner und in Kooperation mit anderen die Bemühung um die Bestimmung und Verwirklichung humaner Lebensziele in einer kaum durchschaubaren, als heterogen und diskrepant erlebten sowie als riskant erfahrenen Lebenswelt nicht abhandeln zu lassen" (Krappmann 2002, S. 33). Der Bildungsbegriff in der Außerschulischen Jugendbildung zielt also auf Lebensführung, nicht auf die Vorbereitung beruflicher Tätigkeiten. Bildung als Prozess und Ziel hat Eigeninitiative, Eigensinn und subjektive Aneignung zur Grundlage. Dies sind Tätigkeiten, die zwar auch in der Schule möglich und gewollt sind, durch ihre primären Aufgaben – allen voran die Wissensvermittlung und die Selektion –, aber in den Hintergrund treten. In der Außerschulischen Jugendbildung sind sie dagegen erster Bezugspunkt und primärer Auftrag. Dennoch muss darauf hingewiesen werden, dass die Abgrenzung der Außerschulischen Jugendbildung gegenüber der Institution Schule brüchig wird. Eine zunehmende Zusammenarbeit zwischen Schule und Außerschulischer Jugendbildung im Zuge der Ganztagsschulentwicklung wirft die Frage nach dem Verhältnis beider Sozialisationsinstanzen neu auf und wird in Kapitel 5.4 näher beleuchtet.

2. Eine Besonderheit der Außerschulischen Jugendbildung liegt in den Bildungsmöglichkeiten durch die Interaktion mit Gleichaltrigen, den sogenannten *Peers*. Obwohl ihnen keine ausdrückliche Bildungsaufgabe zukommt, liegen in den Gleichaltrigen-Beziehungen vielfältige Bildungsmög-

Bildung durch Peers

---

[3] Die Einrichtungsformen werden in Kapitel 6 näher beschrieben.

lichkeiten (vgl. hierzu auch insbesondere Kap. 4.3). Insbesondere im Übergang von der Herkunftsfamilie in ein eigenständiges Netz sozialer Beziehungen bieten sie Unterstützung und Möglichkeiten zu Aktivitäten. Peer-Beziehungen sind *das* zentrale Lern- und Sozialisationsfeld in der Außerschulischen Jugendbildung. Gleichaltrige finden untereinander als ganze Person Anerkennung, das heißt die Beziehungen innerhalb des Feldes der Außerschulischen Jugendbildung bilden sich unabhängig von formalen Qualifikationen heraus. Die Jugendlichen können ihre Sorgen miteinander teilen und lindern, die (Leistungs-)Erwartungen der Erwachsenen können abgestreift werden. Die entscheidenden Impulse zur Bildung von Gleichaltrigengruppen vollziehen sich im außerschulischen Bereich (vgl. 12. KJB 2005) und „die sozialen Kontakte in der Gleichaltrigengruppe haben eine stärkere Nachwirkung als die soziale Akzeptanz in der Klasse" (Bütow 2006, S. 28). Hier werden gemeinsame Vorhaben ausgehandelt, aber auch Konfliktbearbeitungsmöglichkeiten ausprobiert und erlernt. Bildungsprozesse liegen in den vielfältigen Beziehungssituationen, im Ausprobieren von Kommunikation und Interaktion. In der Konfrontation mit anderen Lebensstilen und Wertmaßstäben sind die Jugendlichen gefordert, eigene Positionen zu entwickeln oder sich anzupassen. „Dieser Prozess der Entwicklung von persönlichen Werteinstellungen, Vorlieben und einer subjektiven Reflexivität geschieht in den Gruppen meist nebenbei und implizit, bewirkt aber ein hohes Maß an gleichzeitiger Verunsicherung und Selbstvergewisserung, an Nachdenken und Überprüfung der eigenen Standpunkte und Vorstellungen" (12. KJB 2005, S. 124). Erfahrungen, die in den Peer-Beziehungen gemacht werden, müssen nicht immer positiv oder unterstützend sein, Anpassung, Mobbing und deviantes Verhalten im Jugendalter sind ebenfalls stark mit Gleichaltrigengruppen verbunden und dementsprechend wird die informelle Gruppenbildung (vgl. Kap. 4.2) in der Außerschulischen Jugendbildung auch kritisch betrachtet. Gerade jedoch auch in konflikthaften Situationen liegen die Bildungsmöglichkeiten der Peer-Beziehungen in der Außerschulischen Jugendbildung.

Bildung durch Pädagogen 3. Auch die Interaktion mit den Pädagogen und Pädagoginnen als Erwachsene, die nicht die eigenen Eltern sind und die einen begleiten, auf der Suche nach dem eigenen Weg, hat Bedeutung für die Bildungsdimension (vgl. Krappmann 2002). Hier können Jugendliche erfahren, dass die Beziehung zu Pädagogen und Pädagoginnen auch bei Abgrenzungen und Autonomiebestrebungen tragfähig ist, das heißt sie hält (im Idealfall), auch wenn die Jugendlichen eigene Entscheidungen treffen, die von dem Abweichen, was die Pädagogen und Pädagoginnen gut finden. Die Beziehungsarbeit wird auch von Müller (2004) als ‚Bildungsort' beschrieben. Er stellt die These auf, dass bildungsrelevante Situationen in der Jugendarbeit „solche der Einmischung in die Auseinandersetzung der Jugendlichen mit ihrer Welt [sind]" (Müller 2004, 46). Die Einmischung in die Auseinandersetzungen der Jugendlichen mit ihrer Welt, unterscheidet sich nach den Objekten der

Auseinandersetzung. Der Bildungsbeitrag liegt hier in der Unterstützung der Jugendlichen in ihrer Subjekt-Werdung.

4. Der Selbstbildungsaspekt ist in der Außerschulischen Jugendbildung von besonderer Wichtigkeit. Bildung ist „selbsttätige Erschließung von Welt, über den nicht vorab definierbaren Selbstentwurf des Subjekts" (Pongratz 2008, S. 114). Es geht um das Verhältnis des Einzelnen zu sich und zur Welt. Die Erschließung oder Aneignung von Welt vollzieht sich über selbstbestimmtes Lernen und Erfahrungen und damit über die Entwicklung des eigenen Selbst. Sie vollzieht sich nicht durch von Pädagogen oder Curricula vorgegebenes Wissen. Die Themen, Personen und/oder Gegenstände, an denen sich (Welt-)Aneignungsprozesse von Jugendlichen in der Außerschulischen Jugendbildung vollziehen, werden von ihnen selbst aufgeworfen. Pädagogen haben die Aufgabe, Vorgegebenes zu verstehen, aufzunehmen, dabei zu sein, zur Seite zu stehen und Impulse zu geben, um Ressourcen zur Bewältigung zu erschließen. Subjekt-Werdung und Selbstbestimmung sind grundlegende Bildungsziele auch in klassischen Bildungstheorien und zeugen von einer emanzipatorischen Tradition des Bildungsbegriffs in der Außerschulischen Jugendbildung.

Emanzipatorische Tradition des Bildungsbegriffs in der Außerschulischen Jugendbildung

Im Folgenden werden der emanzipatorische Ansatz in der Außerschulischen Jugendbildung, der Ansatz der Sozialraumorientierung, die Cliquenorientierung und Akzeptierende Ansätze sowie der kulturbezogene Ansatz dargestellt. Die Auswahl erfolgte, wie schon erwähnt, weil diese vier Perspektiven hier als Elemente einer zu entwickelnden Theorie der Außerschulischen Jugendbildung aufgefasst werden. Es stellt sich die Frage, warum weitere Ansätze – beispielsweise der interkulturelle Ansatz oder die Genderorientierung – nicht aufgenommen wurden. Dies liegt zum einen an den variablen und unsystematischen Einteilungen in der vorliegenden Literatur. Das Handbuch Offene Kinder- und Jugendarbeit (Deinet/Sturzenhecker 2005, S. 167ff.) nennt z.B. elf verschiedene „konzeptionelle Grundmuster" (geschlechtsbezogene Pädagogik, multikulturelles Muster, cliquenorientiertes Muster, Kultur- und Medienarbeit, Subjektorientierung, Das sozialräumliche Muster, Bildung, randgruppenorientiertes Muster, Prävention, Peer Education). Thole (2000, S. 237) unterscheidet sieben aktuelle Theoriekonzepte und -entwürfe (sozialräumlicher Ansatz, multiperspektivischer Ansatz, „Neuer" emanzipativer Ansatz, subjekttheoretischer Ansatz, akzeptierender Ansatz, Psychoanalytischer Ansatz, cliquenorientierter Ansatz). Alle in der Literatur beschriebene Ansätze aufzunehmen hieße, den additiven unsystematischen Darstellungen eine weitere hinzuzufügen, ohne zumindest den Versuch zu wagen, einen klärenden Beitrag für eine noch zu vollbringende Theoriebildung in der Außerschulischen Jugendbildung zu leisten.

Hinzu kommt, dass selbst über die Begrifflichkeiten der vorliegenden Ansätze keine Eindeutigkeit herrscht. Deinet & Sturzenhecker (2005) sprechen von „Konzeptionellen Grundmustern", Thole (2000) differenziert zwischen Theorie- und Praxiskonzepten. Deutlich wird eine große Verunsicherung über den Stellenwert der verschiedenen Ausführungen. Wir haben uns für den Begriff des ‚Ansatzes' entschieden, weil in ihm deutlich wird, dass es sich um den Versuch handelt, Teilaspekte einer systematischen Ordnung des Gegenstandes Außerschulische Jugendbildung darzulegen, die allerdings partiell über *Vermutungen* noch nicht hinaus gehen.

Die vier hier gewählten Ansätze – Außerschulische Jugendbildung als emanzipatorische Bildungsarbeit, Sozialraumorientierung, akzeptierende Ansätze/ Cliquenorientierung und kulturelle Bildung – werden als konstituierend für eine noch auszuarbeitende Theorie angesehen. Das heißt, sie werden als Prinzipien betrachtet, die eine systematische Ausrichtung und Reflexion professionellen Handelns in der Außerschulischen Jugendbildung über alle Handlungsfelder leisten können. Sie ermöglichen eine Abgrenzung professionellen Handelns von anderen Feldern wie Schule, Erwachsenenbildung oder soziale Arbeit. Zudem sind es Ausrichtungen, die nicht einen speziellen ‚Fall' oder in einer besonderen pädagogischen Situation wie beispielsweise(nur) in der Jungen- und Mädchenarbeit zur Anwendung kommen, sondern sie werden *alle und in jeder pädagogischen Situation* für die Außerschulische Jugend*bildung* als konstitutiv angesehen.

Besonders fragwürdig erscheint in diesem Zusammenhang das Fehlen einer Gender-Orientierung und eines interkulturellen Ansatzes, die auch in anderen Konzipierungen (beispielsweise Thole 2000; Deinet/Sturzenhecker 2005) immer genannt werden. Selbstverständlich werden die Kategorien Geschlecht und Kultur als höchst bedeutsam für das pädagogische Arbeiten mit Jugendlichen anerkannt. Dennoch können die Adressaten Außerschulischer Jugendbildung weder auf ihr Geschlecht, noch auf ihre nationale, ethnische, Milieu- oder Jugendkultur-Zugehörigkeit festgelegt werden. In der Arbeit mit ihnen ist konstitutiv, sie darin zu unterstützen, ihre Handlungsstrategien zu erweitern, um weitestgehend selbstbestimmt leben zu können, unabhängig davon, ob es sich beispielsweise um einen Jungen oder ein Mädchen handelt. Das heißt, eine emanzipatorische Ausrichtung kann nicht für Cliquen gelten für Mädchen aber nicht, für deutsche Jugendliche als gültig anerkannt werden für türkische aber als problematisch oder umgekehrt. Sie gilt für die gesamte Arbeit mit Jugendlichen in allen Handlungsfeldern und ist der Rahmen, der jede pädagogische Handlung umgibt, und sie muss sich auch an diesem Rahmen in der Reflexion und Bewertung ihres professionellen Handelns messen. Wie Einschränkungen der Selbstbestimmung im Falle eines Mädchens, Jungen, Türken oder Deutschen konkret aussehen können und welcher Spielraum zur Erweiterung des eigenen Lebensentwurfes möglich ist, ist situativ vor dem Hintergrund einer Sozialraumanalyse wie sie in Kapitel 4.2 entworfen wird, zu entscheiden und kann durchaus differieren. Dabei sind aber die Jugendlichen nie nur Jungen oder Mädchen, nie nur Türken oder Deutsche, ‚Raver' oder ‚Emos', sondern unterschiedlichen Kulturen zugehörig (vgl. hierzu Kap. 4.4 sowie 5.3), wie auch Ansätze der Intersektionalität in Bezug auf die Kategorie Geschlecht heraus arbeiten (vgl. Winker/Degele 2009). Arbeit mit Jugendlichen in der Außerschulischen Jugendbildung ist darüber hinaus nur selten Arbeit mit Einzelnen. Sie ist Arbeit mit Gruppen. Dabei kann es sich um informelle Peer-Groups oder Aktivitätsgruppen handeln (vgl. Kap. 4.3). Wesentlich in der Arbeit mit diesen Gruppen, wie mit Jugendlichen generell, ist der Umgang mit Wertorientierungen und Handlungsmustern, die von denen der Pädagogen abweichen. Die Kategorie der Akzeptanz spielt hier eine zentrale Rolle und ist konstitutiv für die Arbeit mit Peergruppen (vgl. Kap. 4.3). Darüber hinaus ist die Lebensphase Jugend in besonderer Weise durch eine ‚Praxis der Alltagsästhetik' (Fuchs 2002, vgl. Kap. 4.4) bestimmt. Kleidung, Sprache, Musikgeschmack, ja Werthaltungen sind das Produkt ästhetischer Selbststilisierungen, die in Zusammenhängen von informellen Peer-Groups zu ausgewiesenen Jugendkulturen werden (vgl. Ferchhoff 2007; Baacke 2004). Ästhetische Selbststilisierungen und Jugendkulturen sind eine spezielle aber bedeutsame Ausdrucksweise dieser Lebensphase auf der Suche nach Identität. Dies begründet die Zentralität des Ansatz der kulturellen Bildung für eine Theorie der Außerschulischen Jugendbildung: Jugendliche sind über ästhetisch-künstlerische Ausdrucksformen besonders gut ansprechbar. Pädagogische Arbeit mit Jugendlichen muss an den ästhetischen Selbststilisierungen und Ausdrucksformen ansetzen.

4.1 Außerschulische Jugendbildung als emanzipatorische Bildungsarbeit

Emanzipatorische Bildungsarbeit beinhaltet die Vorstellung, dass Menschen sich aus gesellschaftlich vorgegebenen, sie beengenden und begrenzenden (Lebens-)Bedingungen befreien können und sollen. Es handelt sich also um einen normativen Ansatz. Die Heranwachsenden, so konstatierte Mollenhauer schon 1973, sollen sich „aus Bedingungen, die ihre Rationalität und das mit ihr verbundene gesellschaftliche Handeln beschränken, befreien" (Mollenhauer 1973, S. 11). Zentrales Moment ist die Reflexion des eigenen (beschränkten) Zustandes sowie der gesellschaftlichen Herrschaftsverhältnisse und damit die Herstellung von Bewusstsein, woraus sich, so die Annahme, Möglichkeiten der Befreiung ergeben. Ist das Bewusstsein durch Reflexion erlangt, so führt dies, quasi automatisch, zu besseren und vernünftigen Möglichkeiten. Ziele einer emanzipatorischen Pädagogik sind damit persönliche Urteilskraft, Handlungsfähigkeit, Selbstbestimmung und Mündigkeit. Emanzipatorische Bildungsarbeit legt einen starken Fokus auf die Analyse gesellschaftlicher Verhältnisse, denn sie sind es, so die Annahme, die das selbstbestimmte Handeln der Individuen einschränken, aber auch ermöglichen.

Im Mittelpunkt einer emanzipatorischen Bildungsarbeit steht das selbstbestimmte Subjekt. Zentrale Bildungsaufgabe einer emanzipatorischen *Jugend*(bildungs)arbeit ist also, dazu beizutragen, dass Kinder und Jugendliche sich als Subjekte erfahren können (Thiersch 2002, S. 66). Scherr hat diesen Aspekt in seiner Theorie der subjektorientierten Jugendarbeit (1997) besonders herausgestellt. Er versteht Jugendarbeit nicht als dritte Sozialisationsinstanz, die ungelöste Probleme in Familie und Schule auflöst. Dies kann ein Nebeneffekt sein, der aber nicht explizit intendiert ist. Ziel der Subjektbildung ist vielmehr, Jugendlichen zu helfen, „ein selbstbewussteres und selbstbestimmteres Leben zu führen, als es ohne eine Teilhabe an der Praxis der Jugendarbeit möglich wäre" (Scherr 1997, S. 45). Damit spricht Scherr der Jugendarbeit eine große und bedeutende Aufgabe in der Sozialisation von Jugendlichen zu, die empirisch noch zu überprüfen ist.

Eine grundlegende und allgemein anerkannte Annahme der Subjektbildung ist, dass Menschen Selbstbewusstsein nur in sozialen Bezügen erlangen können. Diesen Bezügen ist das Kind nicht einseitig ausgeliefert, sondern gestaltet sie von Beginn an mit. „Der Prozess des Heranwachsens vom Kleinkind zum Erwachsenen (…) ist der Möglichkeit nach ein Prozess der Subjektwerdung, der schrittweisen Überwindung von Abhängigkeit und der schrittweisen Erweiterung eigenverantwortlicher Handlungsfähigkeit" (ebd., S. 49).

Subjektbildung nach Scherr

Subjektbildung beinhaltet vier Dimensionen. Die erste, die Subjekt-Werdung, wurde schon angesprochen:

1. Subjekt-Werdung als Prozess der schrittweisen Erweiterung der eigenen Handlungsfähigkeit beinhaltet die Entwicklung von Sprach-, Handlungs- und Reflexionsfähigkeit, die Erfahrung von Selbstwirksamkeit, die Erweiterung der Spielräume selbstbestimmten Handelns. Dies sind die (auch kognitiven) Voraussetzungen eines jeden Individuums, um Selbstachtung und Selbstbewusstsein entwickeln zu können.
2. Selbstachtung beinhaltet die soziale Anerkennung des Individuums. Durch diese werden das Selbst(wert)gefühl und grundlegende Selbstkonzepte herausgebildet. Erfährt das Individuum keine Anerkennung sondern Missachtung, wirkt sich dies auf seine Selbstachtung und damit auf sein Selbstwertgefühl und seine Selbstkonzepte negativ aus.
3. Selbstbewusstsein ist eng mit Selbstachtung verbunden, betont aber stärker als die emotionale Haltung zur eigenen Person das Wissen über eigene Fähigkeiten, Bedürfnisse und Interessen sowie ein rational begründetes Selbstverständnis (individuelle und soziale „Identitäten"). Aus diesem Wis-

sen und Abwägen über sich, entstehen Handlungsperspektiven und Handlungsentscheidungen, wird also Selbstbestimmung möglich.

4. Selbstbestimmung beinhaltet „das Recht und die Fähigkeit, das eigene Leben bewusst zu gestalten" (ebd., S. 57). Selbstachtung und Selbstbewusstsein sind ihre Voraussetzungen. Selbstbestimmung bedeutet die Entwicklung von Potenzialen zu einer eigensinnigen und eigenverantwortlichen Lebensgestaltung in Auseinandersetzung mit gesellschaftlichen Möglichkeiten und Zwängen (vgl. Scherr 2002, S. 95).

Diese vier Dimensionen bauen aufeinander auf und beschreiben die Entwicklung des Menschen vom Zeitpunkt der Geburt zum mündigen, selbstbestimmten Subjekt. Der Prozess der Subjektwerdung verläuft dabei in der Regel unbewusst und unreflektiert. Dass dieser Prozess bewusst und selbstbestimmte Lebensführung möglich wird, ist es, was Bildung in der Außerschulischen Jugendbildung zu leisten in Anspruch nimmt. Auch wenn diese Dimensionen nicht von anderen Vertretern des emanzipatorischen Ansatzes wortwörtlich übernommen werden, beinhalten sie zentrale Aspekte, die sich in anderen Ausführungen wiederfinden.

Ein Kernbestandteil des Ansatzes ist das angenommene Bedürfnis und die Fähigkeit, zu einem rational begründeten Selbst- und Weltverständnis zu gelangen. Auch Hornstein formuliert dies als Ziel von Bildungsprozessen der Außerschulischen Jugendbildung (Hornstein 2004, S. 17f.). Dieses Selbst- und Weltverständnis entwickelt sich in Auseinandersetzung mit der eigenen (bisherigen) Biografie, aktuellen Erfahrungen und gesellschaftlichen Gegebenheiten. Auf dieser Grundlage ist eine eigenverantwortliche Lebensgestaltung realisierbar und genau dies ist das Ziel von Bildungsprozessen (s. o.). Bildung ist dabei nicht als Qualifizierung für den Arbeitsmarkt zu verstehen, sondern als Freisetzung des Individuums in seine Möglichkeiten, das heißt, die allseitige und umfassende Entwicklung der individuellen Fähigkeiten, des Selbstwertgefühls, des Selbstbewusstseins und der selbstbestimmten Handlungsfähigkeit. Dies ist eine grundlegende Annahme aller Vertreter eines emanzipatorischen Ansatzes in der Außerschulischen Jugendbildung. Die eigenverantwortliche und selbstbestimmte Lebensführung ist also in diesem Ansatz als Ziel von Bildungsprozessen zu verstehen. Sie findet aber ihre Grenze, und das ist ein weiterer wichtiger Aspekt, in dem Recht des Gegenübers, also jedes Menschen, das eigene Leben ebenso eigenverantwortlich und selbstbestimmt führen zu können. Ein Prinzip, dass schon bei Kant in seinem kategorischen Imperativ auftaucht. In der Praxis einer emanzipatorischen Jugendbildung bedeutet dies, in ständigen Aushandlungs- und Interaktionsprozessen das eigene Recht und das der anderen gegeneinander auszuloten.

Hier scheint ebenfalls auf, dass Bildung in der Außerschulischen Jugendbildung zwar über die Vermittlung von bestimmten Inhalten hinausgeht, ohne Inhalte aber auch nicht auskommt. Sollen Bildungsprozesse die eigene Lebensgestaltung ermöglichen, braucht es dazu auch Sachkompetenz, Kritikfähigkeit und Urteilsvermögen. Jugendliche (und selbstverständlich nicht nur sie) müssen zwischen verschiedenen Alternativen unterscheiden können, sie brauchen die ‚Fähigkeit zur Differenz' (Pongratz/Bünger 2008). Sie ergibt sich aus den Themen der Jugendlichen, aus ihren Fragen und Problemen. Pädagogen sind nicht diejenigen, die über diese Fähigkeit schon abschließend verfügen. Sie können nur die Erarbeitung der Differenz, die Unterscheidung und Entscheidung (ebd.) begleiten und unterstützen, auch durch inhaltliche Angebote. Die Entscheidung der Jugendlichen, ihr Leben auf eine von ihnen selbst (bewusst) gewählte Art und Weise zu leben, muss von den Pädagogen akzeptiert werden, auch wenn sie selbst vielleicht zu einer anderen Option gelangt wären.

Aneignung von Welt vollzieht sich ständig, automatisch, oft ohne dass es dem Bewusstsein zugänglich wird. Die Reflexion dieser Aneignungsprozesse ist das zentrale Moment zur Bildung. Erst in der Reflexion des Erlebten wird Aneignung zur bewussten Entscheidung über den eigenen Lebensentwurf vor dem Hintergrund von zur Verfügung stehenden Alternativen. Dies deutet auf einen weiteren wichtigen Aspekt hin: Bildung vollzieht sich nicht kontextunabhängig, Emanzipation – also die bewusste Entscheidung, sich aus den vorgegebenen Bedingungen herauszulösen – ist nicht uneingeschränkt möglich. Die Jugendlichen bewegen sich in bestimmten familiären und gesellschaftlichen Handlungskontexten, durch die eine selbstbestimmte Lebensführung stark begrenzt sein kann. Die Gestaltungsmöglichkeiten des eigenen Lebens müssen vor dem Hintergrund dieser Rahmungen ausgelotet werden und nicht im „luftleeren" Raum. Nur so kann autonome Lebensführung erreicht werden. „Jugendarbeit, die Jugendliche zu Selbstbestimmung befähigen will, ist also darauf angewiesen, sich umfassend mit deren Lebenswirklichkeit vor dem Hintergrund der Frage auseinanderzusetzen, welche Möglichkeiten und Beschränkungen einer selbstbestimmten Lebenspraxis Jugendliche vorfinden und welcher Beitrag pädagogisch zur Erweiterung der Selbstbestimmungsfähigkeit Jugendlicher erbracht werden kann" (Scherr 1997, S. 58). Scherrs Bildungstheorie spielt eine große Rolle in der Bildungsdiskussion, sie ist aber nicht unumstritten, da sie sehr auf das rational denkende Individuum abzielt, also auf das Abwägen von Entscheidungen auf der Basis theoriebasierter Argumente. Die Kritik: Emotion und Intuition, als gleichfalls wichtige Komponenten von Verständnis-, Entscheidungs- und Handlungsprozessen, werden nicht genügend beachtet. Eine weitere Grenze wird von ihm selbst benannt: „In keiner denkbaren Form des Zusammenlebens können alle Beteiligten ihre je aktuellen Bedürfnisse in vollem Umfang realisieren. Subjektwerdung ist deshalb als ein normativer Maßstab zu fassen, der sich an der Utopie selbstbewusster und selbstbestimmter Lebenspraxis in dem Interesse orientiert, den Grad der vorgefundenen Abhängigkeit und der Verstrickung in Macht- und Herrschaftsverhältnisse graduell zu verringern. (...) Subjektwerdung ist so betrachtet ein unabschließbarer Prozess" (ebd., S. 47).

Auch Sturzenhecker (2002) als ein weiterer Vertreter eines emanzipatorischen Ansatzes, kennzeichnet als Ziel von Bildung, sich nicht nur an gesellschaftliche Zustände anzupassen, sondern sie „kritisch zu begreifen und handelnd zu beeinflussen" (Sturzenhecker 2002, S. 22). Der jugendliche Autonomieanspruch ist für ihn Kern von Bildungsprozessen in der Außerschulischen Jugendbildung. Er sieht als die zentrale Aufgabe die Selbstbestimmung, die bei ihm, mit Müller (1993), auch als „Eigensinn oder Selbstinitiation" (ebd., S. 23) genannt wird. In Konflikten sei dieser Eigensinn besonders gut greifbar, somit nehmen Konflikte und die Konfliktbearbeitung in seinem (und Müllers) Bildungskonzept eine zentrale Rolle ein: „Eigensinn und Selbstbestimmung werden da greifbar, wo Interessen und Handlungsweisen konflikthaft zusammenstoßen. Statt Bildung künstlich zu initiieren (oder sie gar funktionalisierend didaktisch zu organisieren), brauchte man sie nur dort aufzugreifen, wo sich das Eigene schon entfaltet: in Konflikten" (ebd., S. 24).

Sturzenhecker wehrt sich folgerichtig auch gegen den Trend in der Jugendarbeit, zu ihrer Legitimation zunehmend Präventionsprogramme in ihre Arbeit aufzunehmen. Den Präventionsgedanken lehnt er für die Außerschulische Jugendbildung ab: „Prävention geht nicht von der positiven Unterstellung einer Bildsamkeit, eines selbsttätigen Entwicklungspotenzials aus, sondern Jugend wird als potenzieller Risikoträger konstruiert. (…) Da Abweichung negativ thematisiert wird, gelingt es mit Präventionsorientierung nicht, auch deren positive Entwicklungspotenziale zu entdecken, Abweichung also auch als Versuch von Selbstbestimmung zu entziffern" (ebd., S. 30). In seiner Vorstellung eines Bildungskonzepts liegt in abweichendem Verhalten von Jugendlichen der Versuch in einer (Lebens-)Welt, die ihnen wenig Freiraum zur Selbstgestaltung gibt, Eigensinn zu produzieren. Abweichendes Verhalten wird also nicht nur als ein problematisches, mit Prävention zu verhinderndes oder mit Interventionen zu veränderndes Handeln gesehen, sondern dem Verhalten wird eine Sinnhaftigkeit zugesprochen.

Außerschulische Jugendbildung soll zudem keine betreuerischen Funktionen übernehmen, die sich darin ausdrücken, Jugendliche von der Straße (z.B. in das Jugendzentrum) zu holen, da sie unbeaufsichtigt möglicherweise Dinge tun, die mit den Vorstellungen von Erwachsenen nicht übereinstimmen. In dem Moment, in dem Kinder- und Jugendarbeit sich zu einer betreuerischen Funktion bekennt, verabschiedet sie sich von der Möglichkeit, „Freiraum für selbstgestaltete Bildung anzubieten" (ebd., S. 29). Wenn Jugendarbeit sich nicht auf ihr zentrales Anliegen als Jugendbildungsarbeit konzentriert, riskiert sie nur noch unter dem Aspekt „einer sehr spezifisch kontrollierenden, pädagogisierenden und Abweichung bearbeitenden Jugend(sozial-)arbeit" (ebd., S. 32) betrachtet zu werden und hierin ihre Legitimation zu finden. Die Bildungsdimension ginge bei einer solchen Akzentuierung verloren. Die Ablehnung des Ansinnens, Jugendarbeit unter das Ziel der Prävention zu subsumieren und als kriminalpolitische Vorsorge und Freizeitversorgung (Böhnisch/Münchmeier 1999) zu interpretieren, ist allen Vertretern eines emanzipatorischen Ansatzes gemein.

Auch der emanzipatorische Ansatz in der außerschulischen Bildungsarbeit wird selbstverständlich nicht kritiklos hingenommen. Zu formulieren, Ziele von Bildungsprozessen in der Außerschulischen Jugendbildung seien, (Selbst-)Bewusstsein und erweiterte Handlungsspielräume anzuregen, bedeutet gleichzeitig, dass dieses Bewusstsein bei den Pädagogen schon vorhanden sein muss und davon kann keineswegs ausgegangen werden. Pädagogen müssten wissen, was bzw. wie ein selbstbewusster Jugendlicher aussieht und was sein Handeln charakterisiert. Es darf bezweifelt werden, dass dies möglich ist. Eine Zielformulierung setzt zudem ihre Überprüfbarkeit (an Inhalten oder Handlungen) voraus. Dies schränkt die postulierte bzw. geforderte Offenheit und Unüberprüfbarkeit des Bildungsprozesses wieder ein.

Bewusstsein und Reflexion müssen zudem nicht zu Lösungen führen, die „vernünftig" sind. Eine kritische Analyse der eigenen Situation und des gesellschaftlichen Kontextes führt nicht automatisch zu Handlungen, die mögliche Einschränkungen der Selbstentfaltung und des selbstbestimmten Handelns auf eine konstruktive Weise zu verändern suchen. Auch das Gegenteil kann der Fall sein. Zudem ist eine Bildungsarbeit, die zu einem rational begründeten Selbst- und Weltverständnis führen soll, auf die Mitarbeit desjenigen angewiesen, der dieses Bewusstsein erreichen soll. Müller (2004, S. 45) spricht hier von der Notwendigkeit eines Arbeitsbündnisses. Dies kann in der Jugendarbeit keineswegs voraus gesetzt werden, sondern müsste gegebenenfalls erst erarbeitet werden.

Zusammenfassung

Festzuhalten bleibt, dass Außerschulische Jugendbildung als emanzipatorische Bildungsarbeit, nicht qualifiziert und nicht verantwortlich ist für die Aneignungen von „Schlüsselqualifikationen" oder bestimmten Kompetenzen. Sie hat nicht das Ziel der Prävention und unterlegt auch kein bestimmtes Konzept wie das der Entwicklungsaufgaben an Hand dessen, die Jugendlichen und/oder die Angebote für die Jugendlichen sich abarbeiten müssen (vgl. Müller 2004). Das heißt, sie lässt sich nicht von Zwecken oder Zielen von außen vereinnahmen bzw. von außen an sie herantragen, sondern orientiert sich an den Themen, Aufgaben und Bedürfnissen, die von den Jugendlichen eingebracht werden.

Zentrale Merkmale eines emanzipatorischen Bildungsbegriffs (in) der Außerschulischen Jugendbildung sind also:
- das Fehlen eines festgelegten Curriculums und das Fehlen eines überprüfbaren, vorgegebenen Endprodukts; keine qualifikatorische Absicht,
- keine präventive, erzieherische Absicht,
- die Betonung der Subjektbildung und damit von Bildung als Selbstbildung,
- Selbstbildung als Aneignung des eigenen Selbst in der Welt und Reflexion dieser Aneignungsprozesse (Selbstverständnis und Weltverständnis),
- Bewusstseinsbildung und Reflexion,
- Erprobung eigener Möglichkeiten (Autonomie), die Fähigkeit zu selbstbestimmtem Handeln ermöglichen,
- das Ausbilden der *Fähigkeit zur Differenz*.

Übungen:
1. Beschreiben Sie verschiedene Dimensionen eines Bildungsbegriffs in der Außerschulischen Jugendbildung!
2. Nennen Sie zentrale Aspekte einer emanzipatorischen Bildungstheorie!
3. Diskutieren Sie, ob die Abgrenzung der Außerschulischen Jugendbildung zum Bildungsbegriff der Schule richtig und sinnvoll erscheint!

Weiterführende Literatur:

Bierhoff, B. (1981): Theorieansätze zur außerschulischen Jugendbildung und Jugendarbeit. In Wollenweber, H. (Hrsg.): Außerschulische Jugendbildung und Jugendarbeit, Parerborn: Schöningh, S. 445-466.

Duve, K./Kammerer, B./Menzke, D. (Hrsg.) (2005): Alles Bildung? Kinder- und Jugendarbeit zwischen Spaßkultur und Lernzielkontrolle. Nürnberg: emwe-Verlag.

Sturzenhecker, B./Lindner, W. (Hrsg.) (2004). Bildung in der Kinder- und Jugendarbeit. Vom Bildungsanspruch zur Bildungspraxis. Weinheim und München: Juventa.

Müller, C. W. (1964): Was ist Jugendarbeit? Vier Versuche zu einer Theorie. München: Juventa.

4.2   Sozialraumorientierung in der Außerschulischen Jugendbildung

Im Kontext einer theoretischen Ausrichtung der Außerschulischen Jugendbildung spielt der Ansatz der Sozialraumorientierung ebenfalls eine zentrale Rolle und wird hier als ein mögliches Element einer noch zu entwickelnden Theorie der Außerschulischen Jugendbildung aufgefasst.

Sozialraumorientierung in der Außerschulischen Jugendbildung

Sozialraumorientierung hat die Analyse von sozialen Räumen und die sich daraus ergebenden Strategien oder Planungsvorhaben im Raum zur Grundlage. Sie bezieht sich auf den materialen und sozialen Raum, den Jugendliche sich aneignen und gestalten müssen. In der Außerschulischen Jugendbildung fand das Konzept Eingang durch eine Veröffentlichung von Böhnisch & Münchmeier im Jahr 1987, in der die Autoren einen Paradigmenwechsel vom emanzipatorischen Ansatz zur sozialräumlichen Jugendarbeit einforderten. Der Paradigmenwechsel schien vor dem Hintergrund struktureller Veränderungen der Jugendphase nötig. Die Argumentation: Da Jugend als eigenständige Lebensphase bei gleichzeitiger Ausdehnung dieser Lebensphase insbesondere durch längere Ausbildungsphasen und damit längere ökonomische Abhängigkeit von den Eltern gekennzeichnet ist und ein gewandeltes Freizeitverhalten mit Zunahme an kommerziellen Freizeitangeboten gegeben sei. Auch die Außerschulische Jugendbildung selbst war Wandlungsprozessen unterzogen. Der in den 70er Jahren vorherrschende bildungsoptimistische Lebensentwurf fand seinen Ausdruck im emanzipatorischen Ansatz. Die Überzeugung, vor dem Hintergrund sozialstaatlicher Absicherung der Jugendphase, sich als Jugendlicher persönlich und beruflich weiterentwickeln zu können, wurde mit dem Aufbrechen besagter sozialstaatlicher Absicherung brüchig. Die Perspektive, sich als Jugendlicher aus individuell und gesellschaftlich beengenden Verhältnissen heraus lösen zu können, wie es der emanzipatorische Ansatz versprach, wurde abgelöst von der Tatsache, dass die Mehrheit der Jugendlichen ihr Leben in unsicher gewordenen Übergängen zu bewältigen versuchte (vgl. Böhnisch/Münchmeier 1987, S. 20f. u. S. 104).

Diese veränderten gesellschaftlichen Rahmenbedingungen erforderten, so die Autoren, eine neue konzeptionelle Orientierung. „Als Kern einer solchen Orientierung wird von uns angenommen, dass Jugendliche eigenverfügbare Räume zu ihrer personalen und sozialen Erfahrung brauchen. Diese räumliche Orientierung wird durch weitere jugendspezifische Elemente strukturiert und pädagogisch qualifiziert: die lebensweltlichen und pädagogischen Möglichkeiten des Gleichaltrigenbezugs, der Lebensbewältigung und der Sinnstiftung in der Aneignung und Gestaltung solcher jugendeigener Räume" (ebd., S. 26). Die Aneignung von Räumen wird als zentrale Dimension des Sozialverhaltens und Sozialerlebens im Kindes- und Jugendalter beschrieben. Der unterlegte Raumbegriff der Autoren bleibt aber insgesamt etwas diffus. Es deutet sich jedoch schon hier an, dass das Konzept der Aneignung in der Sozialraumorientierung eine zentrale Rolle spielt und deshalb genauerer Erläuterung bedarf. Zunächst muss jedoch noch geklärt werden, was unter Sozialraum zu verstehen ist.

In der Raumsoziologie (und nicht nur in ihr, sondern auch in den Raumvorstellungen der Geografie, Mathematik und Physik) wird heute einhellig von relationalen Raumvorstellungen ausgegangen. Das heißt, ein (Sozial-)Raum ist nicht statisch und ist nicht als ‚Behälter‘ mit einer bestimmten, natürlich vorgegebenen Form zu verstehen, die nur noch entsprechend befüllt werden muss. Es existieren zwar bestimmte räumliche Gegebenheiten in Form eines „materiell-physischen Substrats“ (Läpple 1991, S. 195) wie beispielsweise ein Gebirge. Zum Raum wird diese Gegebenheit aber nur durch seine Vermessung und Einordnung bzw. ‚Einverleibung‘ in ein Territorium, durch die Nutzung der im Gebirge enthaltenen Rohstoffe, durch seine Bearbeitung, um Transportwege für Menschen und Ware zu schaffen. Raum wird erst zum Raum durch die Verknüpfung von sozialen Gütern und Menschen (Löw/Sturm 2005). Die vorgegebenen räumlichen Gegebenheiten beeinflussen menschliches Handeln und werden ihrerseits wieder durch menschliches Handeln verändert. Somit ist Raum immer als relational anzusehen. Räume und, für die Außerschulische Jugendbildung besonders interessant, das Entstehen gesellschaftlicher Räume lassen sich nur durch die oben beschriebene wechselseitige Beeinflussung erklären und analysieren. „Der ‚Raum‘ ist dabei weder neutrales ‚Gefäß‘ noch passive ‚Resultante‘ körperlicher Objekte, sondern ein derartiges Konzept muss auch die gesellschaftlichen ‚Kräfte‘ einbeziehen, die das materiell-physische Substrat dieses Raumes und damit auch die Raumstrukturen ‚formen‘ und ‚gestalten‘ “ (Läpple 1991, S. 195). Räume entstehen und verändern sich im Wechselspiel mit gesellschaftlichen Veränderungen und damit einhergehenden politischen Gestaltungsentscheidungen, beispielsweise sozialer Wohnungsbau oder fehlende Maßnahmen zur Integration der Arbeitsmigranten. Räumliche Ordnungen sind also „historisch-spezifische Materialisierungen von Gestaltungsprozessen des Räumlichen. Das heißt, dass bestimmte soziale Prozesse sich in konkreten historischen Konstellationen materialisieren und diese Materialisierungen wiederum (Mit-)Ausgangspunkt aktueller gesellschaftlicher Prozesse bilden“ (Kessl/Reutlinger 2007, S. 12). Diese Materialisierungen sind Ausdruck von ‚Anordnungen‘ (Löw/Sturm 2005), welche die gewordenen Beziehungen der sozialen Güter und Menschen untereinander und damit auch bestimmte Normen, soziale Erwartungen und Platzierungen, spiegeln. Die Beschaffenheit dieser Anordnungen, wie sie sich herausgebildet haben und welche Konsequenzen sie für das Leben des/der Einzelnen (positionale Perspektive) und des Systems bzw. des Raumes, also der Beziehungen untereinander (relationale Perspektive) haben, wird in den Sozialwissenschaften untersucht. Die zeitliche Perspektive, so viel sollte inzwischen deutlich geworden sein, spielt bei der Raumanalyse eine entscheidende Rolle. Raum(an)ordnungen sind das Ergebnis eines meistens nicht direkt sicht-

Sozialer Raum als Gestaltungsprozess

Sozialer Raum als Spiegel der Anordnung von gesell. Beziehungen und sozialen Gütern

baren historischen Prozesses und erscheinen dadurch oft als ‚natürliche' Anordnungen.

Damit kann also festgehalten werden, dass Räume

> *„(An)Ordnungen von Lebewesen und sozialen Gütern an Orten [sind].*
> *Mit dem Begriff der (An)Ordnung) wird betont, dass Räume sowohl auf*
> *der Praxis des Anordnens (als Leistung der wahrnehmend-kognitiven*
> *Verknüpfung wie als Platzierungspraxis) basieren als auch eine gesell-*
> *schaftliche Ordnung vorgeben. Diese Ordnung im Sinne von gesell-*
> *schaftlichen Strukturen ist jeglichem Verhalten und Handeln vorgängig*
> *wie zugleich auch Folge von Verhalten und Handeln. Von räumlichen*
> *Strukturen kann man demnach sprechen, wenn die Konstitution von*
> *Räumen in Regeln eingeschrieben und durch Ressourcen abgesichert*
> *ist" (Löw 2005, S. 42).*

Zur Analyse und zum Verständnis von Raum(an)ordnungen müssen die dahinterstehenden Prozesse sichtbar gemacht werden. Die Analyse der Anordnungen sollte sowohl unter der (1) Perspektive der Strukturen erfolgen als auch unter der (2) Perspektive der Strukturierung (Löw/Sturm 2005, S. 43).

(1) Strukturen werden als ‚Bausteine des (gesellschaftlichen) Raums' verstanden. Genannt werden vier, von Läpple entwickelte (1991, S. 196ff.) Bausteine oder ‚Raumfacetten':

Bausteine des gesellschaftlichen Raumes

1. Das materiell-physische Substrat gesellschaftlicher Verhältnisse, von dem oben schon die Sprache war. Gemeint ist hier die „materielle Erscheinungsform des gesellschaftlichen Raumes" (Läpple 1991, S. 196) also beispielsweise der Landschaft, der Architektur, des menschlichen Körpers, der Inneneinrichtungen, der Gebäude, der Infrastruktur etc.; Jugendliche finden eine vorgeformte Welt vor, die sie sich gestaltend aneignen wollen. Dieser Gestaltungswille weicht oft von gesellschaftlichen Vorstellungen ab, Konflikte sind hier vorprogrammiert.
2. Die gesellschaftlichen Interaktions- und Handlungsstrukturen beschreiben den Umgang bzw. die Nutzungsweisen (beispielsweise Produktion) des materiell-physischen Substrats, sie beschreiben die ‚gesellschaftliche Praxis'. Die Raumanordnungen spiegeln hier auch Herrschaftsverhältnisse. Diese wiederum artikulieren sich in unterschiedlichen sozialen Platzierungen in Abhängigkeit von spezifischen lokalen Macht- und Herrschaftsverhältnissen; Beispiel: Slums und Villenviertel.
3. Das institutionalisierte und normative Regulationssystem beschreibt das soziale Handeln. Dieses orientiert sich an den Werten und Normen, die im gegebenen gesellschaftlichen Raum ‚vorgegeben' sind (auch hier gedacht in der Doppeldeutigkeit des historisch bedingten Vorgegebenen und gleichzeitig durch aktuelles Handeln Beeinflussten). Wichtig ist, dass die normative Regulation von Raum zu Raum unterschiedlich sein kann. Dies kann

sich auf den Nationalstaat ebenso beziehen wie auf Nationalstaaten übergreifende Räume (Beispiel Europa) oder kleinräumige Milieubindungen in
einem Stadtteil, Dorf oder über die Stadt verteilt (Grüne-Milieu etc.). Dies
gilt ebenso für Arbeitsbedingungen wie auch Gesetzgebungen etc. Läpple
betont in diesem Zusammenhang auch die vermittelnde Stellung dieser
Dimension zwischen dem „materiellen Substrat des gesellschaftlichen
Raumes und der gesellschaftlichen Praxis, seiner Produktion, Aneignung
und Nutzung" (ebd., S. 196f.). Die normative Regulation weist den Weg im
Umgang mit den die einzelnen Gesellschaftsmitglieder umgebenden Räumen: Fahrradfahrer benutzen den Fahrradweg und Treppengeländer sind
zum Festhalten da, nicht um darauf herunter zu rutschen. Die Relativität
dieser normativen Regulierung wird insbesondere in Aneignungsprozessen
von Kindern und Jugendlichen deutlich: Die Unterführung wird mit Graffi-
ti besprüht, die Rolltreppe rückwärts benutzt und das Treppengeländer zur
Rutsche, sehr zum Ärger der Erwachsenen, die eine von der normativen
Regulation abweichende Raumaneignung nur schwer aushalten können.
4. Die vierte Facette oder Dimension, ist die kulturelle Dimension oder, wie
   Läpple es ausdrückt, ein „mit dem materiellen Substrat verbundenes räum-
   liches Zeichen-, Symbol- und Repräsentationssystem" (ebd., S. 162). Die
   materiellen Erscheinungsformen des gesellschaftlichen Raumes sind durch
   ihre funktionale Gestaltung auch Symbol- und Zeichenträger. Diese bieten
   die Möglichkeit der affektiven Identifikation und deuten auf ihre soziale
   Funktion (vgl. ebd., S. 197). Das heißt, der hochstehende Punkhaarschnitt
   ist nicht nur das Ergebnis einer zeitaufwendigen allmorgendlichen Haar-
   pflegeprozedur, sondern Symbol einer Abgrenzung gegen ein als unsinnig
   und lebensfeindlich eingeschätztes Normen- und Wertesystem. Die auf
   Halbmast gehissten Fahnen sind Zeichen einer Staatstrauer, ein Symbol,
   welches Erwachsene in ihrer Bedeutung sofort erkennen, Kinder sich aber
   erst ‚aneignen' müssen. Das Rathaus in seiner Prachtarchitektur ist nicht
   nur schön oder hässlich anzuschauen, sondern zeugt von Machtkämpfen
   um die gesellschaftliche Deutungshoheit (aufstrebendes Bürgertum gegen
   kirchliche Vorherrschaft). Viele der Symbolisierungen sind allen zugänglich, manche aufgrund lang zurück liegender Ereignisse nur noch schwer
   nachvollziehbar und lesbar, andere nur Angehörigen der entsprechenden
   Gruppe („Raumbesetzern") zugänglich.

Diese vier Raumdimensionen müssen in ihrem Zusammenspiel sowohl auf der
Mikro-, als auch der Meso- und Makroebene analysiert werden. Die Einteilung
erscheint als ein äußerst sinnvolles Analyseinstrument für das Konzept der Sozialraumorientierung in der Außerschulischen Jugendbildung.

Die einzelnen Bausteine zu betrachten ist allerdings immer noch nicht ausreichend, es fehlt die Perspektive der Strukturierung.

Syntheseleistung und
Spacing

(2) Die Perspektive der Strukturierung beschreibt vor allem den Herstellungsprozess von Räumen. Dabei sind zwei Prozesse von herausragender Bedeutung: die Syntheseleistung und das Spacing. Mit der Syntheseleitung ist die Konstitution von Räumen durch die aktive Verknüpfung von Raumelementen durch Menschen angesprochen. „Das heißt, über Wahrnehmungs-, Vorstellungs- oder Erinnerungsprozesse werden soziale Güter und Menschen/Lebewesen zu Räumen zusammengefasst" (Löw/Sturm 2005, S. 44). Die Konstitution von Räumen geht mit sozialen Platzierungen einher. Spacing beschreibt das mit der Verknüpfung von Raumelementen verbundene „Positionieren primär symbolischer Markierungen, um Ensembles von Gütern und Menschen als solche kenntlich zu machen (…)"(ebd.). Diese Positionierungen sind nicht als statisch bzw. unveränderlich anzusehen, sondern in Bewegung, beispielsweise nach oben oder nach unten in Bezug auf die vertikale Achse der sozialen Differenzierung. Auch die Bewegung von einer sozialen Position zu einer anderen ist in dem Begriff des Spacing enthalten.

Sozialräume als Bildungsorte

In der Erziehungswissenschaft werden „Räume als Vorbedingungen pädagogischen Handelns" angesehen (Kessl/Reutlinger 2007, S. 7) und in der Außerschulischen Jugendbildung werden sie als Bildungsorte interpretiert. Jugendliche wachsen in die Räume und Symbolisierungen hinein und überprüfen sie oder stellen sie in Frage. In ihnen entwickeln Kinder und Jugendliche ihre Persönlichkeit und ihre Potentiale in Abhängigkeit der Qualität, also des Anregungspotentials, des sie umgebenden Raums. Nicht alle (Lebens-)Räume sind in der unmittelbaren Wohnumgebung. In der Außerschulischen Jugendbildung ist man lange davon ausgegangen, dass Kinder und Jugendliche ihre Sozialisation und Erziehung in der Hauptsache im näheren Wohnumfeld erfahren (Baacke 1980, Muchow/Muchow 1935) und sie damit viel stärker als Erwachsene auf dieses Umfeld und seine Qualität angewiesen sind. Auch wenn dies auf viele Jugendliche immer noch zutrifft, zeichnen sich hier Veränderungen ab. Dies betrifft zum einen das unter dem Stichwort „Verinselung" (vgl. Zeiher 1983) bekannt gewordene Freizeitverhalten vornehmlich von Kindern und Jugendlichen bildungsnaher Milieus. Diese haben in ihrer Freizeitgestaltung keinen zusammenhängenden, durchgängigen Lebensraum mehr, sondern werden von Ort zu Ort, von ‚Insel zu Insel' gefahren: Der Musikunterricht findet hier statt, der Sportunterricht dort und zu allen Orten werden die Kinder und Jugendlichen meistens von ihren Eltern gebracht. Das heißt die Sozialisation im unmittelbaren Nahraum des Wohnortes, die ‚Sozialisation auf der Straße' ist für einen großen Teil nicht (mehr) vorhanden. Dies hat bedeutende Auswirkungen auf die Entwicklung der Kinder und Jugendlichen, da der Anteil an unbeaufsichtigten, nicht pädagogisierten Erfahrungen zurück geht, der Einfluss der Erwachsenen und das Aufwachsen in pädagogisch arrangierten Räumen dagegen zunimmt. Selbsttätigkeit und Selbstständigkeit als grundlegende Voraussetzungen für Emanzipation und Mündigkeit werden zunehmend von Pädagogen initiiert. Auch die Entwicklung des Selbstkonzeptes und die Überzeugung über die eigene Selbstwirksamkeit werden hiervon berührt.

Darüber hinaus spielen virtuelle Lebensräume für die Jugendlichen eine zunehmend wichtige Rolle. Dies sind Räume, in denen Jugendliche körperlich zwar an einen Ort (beispielsweise den Wohnraum) gebunden sind. Sie vernetzen sich aber mit anderen und ,streifen' zusammen über neue Kommunikations-, Informationsverarbeitungs- und Visualisierungstechniken in virtuellen Räumen umher. Die Orientierung in virtuellen Räumen hat zunehmende Bedeutung in der Beziehungs- und Freizeitgestaltung von Jugendlichen. Der Einfluss dieser Entwicklungen auf die Sozialisation von Kindern und Jugendlichen ist in den Anfängen und in Bezug auf die Außerschulische Jugendbildung ein großes Forschungsdesiderat.

Das Konzept der Aneignung ist, wie weiter oben schon angedeutet, von zentraler Bedeutung innerhalb der Sozialraumorientierung in der Außerschulischen Jugendbildung und wird hier als Möglichkeit angesehen, über Auswirkungen dieser veränderten Sozialisationsbedingungen Aufschluss geben zu können. In Deutschland wurde es für die Außerschulische Jugendbildung in der Hauptsache von Ulrich Deinet rezipiert. Die Wurzeln des Aneignungskonzepts liegen in der kulturhistorischen Schule der sowjetischen Psychologie Leontjews, in Deutschland übernommen und weiter entwickelt wurde es von Klaus Holzkamp. Leontjew wird als Begründer der „materialistischen Aneignungstheorie" genannt (Böhnisch/Münchmeier 1999, S. 57). Aneignung ist bei ihm ein Prozess, der die Weitergabe der menschlichen Erfahrung im (menschlichen) Entwicklungsprozess beschreibt. Leontjew charakterisiert die menschliche Entwicklung als eine Entwicklung von („außerordentlichen") geistigen Fähigkeiten. Diese Fähigkeiten bedürfen der Überlieferung. Nicht biologisch, wie bei Tieren, sondern in der äußeren Form der Arbeit (vgl. Leontjew 1971, S. 368). Hier zeigt sich die Verwurzelung des Aneignungskonzeptes in der marxistisch-materialistischen Theorie. Arbeit stellt nach Marx die wichtigste Aktivität des Menschen dar. Nach Marx schafft der Mensch seine Welt und damit auch sich selbst durch seine Arbeit (vgl. Israel 1983, S. 61). Der grundlegende materielle Produktionsprozess steht als Sinnbild für die menschlichen Fähigkeiten. „Die Tätigkeit des Menschen, mit deren Hilfe sowohl materielle als auch geistige Werte produziert werden, ist in ihrem Produkt fixiert: Was auf dem einen Pol – beim Individuum – in der Handlung, in der Bewegung zutage trat, wandelt sich auf dem anderen Pol – im Produkt – zu einer unbeweglichen Eigenschaft. Diese Umwandlung ist ein Prozess, in dessen Verlauf die menschlichen Fähigkeiten, die Errungenschaften der gesellschaftlich-historischen Entwicklung der Art ,vergegenständlicht' werden" (Leontjew 1971, S. 368). Dabei kann es sich sowohl um materielle als auch um ideelle Errungenschaften handeln. Aus diesen Prämissen ergibt sich, dass Kinder und Jugendliche sich diese Errungenschaften während ihrer Sozialisation aneignen (müssen). Das heißt, dass die Welt dem Kind nicht „a priori", sondern als (historisch) überlieferte gesellschaftliche Praxis begegnet. Im Aneignungsprozess geht es bei Kindern und Jugendlichen darum, die Dinge, die ihnen begegnen, in ihrem ,so Geworden sein zu begreifen'. Sie also nicht als etwas zu begreifen, das einfach da ist und

Aneignung als Weitergabe menschlicher Erfahrungen

Der Produktionsprozess als Sinnbild menschlicher Fähigkeiten

seine Form als natürlich gegeben hinzunehmen, sondern zu „begreifen", dass das „so sein" ein auf der Basis des (historischen) gesellschaftlichen Kontextes Geformtes ist, durch Verfahrens- und Produktionsweisen sowie Entscheidungen und Bedeutungszuschreibungen des damaligen Entstehungskontextes. Andere Produktionsweisen, andere Entscheidungen oder andere Bedeutungszuschreibungen hätten zu einer anderen Form geführt.

Aneignung und Interaktion

Interaktionsprozesse spielen im Aneignungsprozess der Jugendlichen eine herausragende Rolle, denn die Vergegenständlichung menschlicher Fähigkeiten, die ideellen und materiellen Errungenschaften, erschließen sich für das Kind nur aus dem Interaktionsprozess mit den es umgebenden Menschen. Leontjew verdeutlicht dies am Beispiel eines kleinen Esslöffels. Für Kleinkinder, die mit diesem Gegenstand in Berührung kommen, ist die Bedeutung des Löffels als ein Instrument, mit dem Nahrung aufgenommen werden kann, keineswegs eindeutig und selbstverständlich. Im Gegenteil, dem kleinen Kind fallen ganz anderer Funktionen ein, die der Löffel haben könnte (beispielsweise als Schlaginstrument). Erst durch die Interaktion mit der Bezugsperson wird die Funktion des Löffels im gesellschaftlich-historischen Kontext deutlich. Die Mutter erarbeitet mit dem Kind gemeinsam die überlieferte Funktion des Löffels. „Während der dabei entstehenden gemeinsamen Handlung bildet sich beim Kinde die Fertigkeit, den Löffel zu gebrauchen, es benutzt ihn von nun an wie einen menschlichen Gegenstand" (ebd., S. 370). Dabei handelt es sich nicht um Anpassung, sondern um aktive Aneignung. Das heißt mit Leontjew, dass das Kind sich seiner Umgebung nicht einfach anpasst, sondern sie sich zu eigen macht. „Der Einfluss des Gegenstandes allein führt allerdings noch nicht zu diesen Handlungen und Operationen. Sie sind im Gegenstand zwar objektiv verkörpert und gegeben, dem Kinde sind sie aber zunächst aufgegeben" (ebd., S. 369). Er verdeutlicht dies am Beispiel der Sprache. Die Sprache, die ein Kind lernt, ist etwas, das es umgibt, sie ist schon da, sie ist sozusagen ein Objekt in der Welt des Kindes. Im Spracherwerbsprozess macht das Kind dieses Objekt zu seinem Eigentum, die Sprache wird „zu seiner eigenen Sprache" (ebd.) in der sich das Subjekt ausdrückt.

Selbstbestimmung durch aktive Aneignung

Auch Holzkamp vertritt einen materialistisch-marxistischen Ansatz. Somit steht bei ihm ebenfalls die Arbeit im Mittelpunkt seiner Analysen. Der Mensch unterscheidet sich vom Tier durch seine Vergesellschaftung. Das heißt, das Wissen oder die Kunst zu überleben ist nicht erblich tradiert, also nicht biologisch vererbt, sondern „aus dem Zueinander von Vergegenständlichung und Aneignung erwächst die historische Bewahrung, Weitergabe und kumulative Verwertung gesellschaftlicher Erfahrung, die die Basis für den gesellschaftlich-historischen Entwicklungsfortschritt ist" (Holzkamp 1986, S. 105). Zur Erinnerung: Vergesellschaftung bedeutet, dass die Fähigkeiten und das Wissen des Menschen sich in den durch sein Schaffen entstandenen Gegenständen (aber auch Ideen) zeigen, also veräußern. In diesen Gegenständen und Ideen sind die Fähigkeiten und die Entwicklung dieser Fähigkeiten, also die menschliche Entwicklung allgemein, enthalten. Holzkamp sagt, mit Bezug auf Marx, dass auch die menschliche Wahrnehmung ein historisches Produkt ist, das heißt sie bildet sich beim vergesellschafteten Wesen anders aus, als beim nicht vergesellschaftlichten Wesen (ebd., S. 172). Die Wahrnehmung ist also auch nicht natürlich gegeben oder hat sich kontextunabhängig entwickelt, sondern ist das Ergebnis der menschlichen Entwicklung in einem spezifischen historisch-gesellschaftlichen Kontext und einer spezifischen menschlichen Entwicklungsstufe (ebd.). Individuelle Aneignung beschreibt er als einen lebenslangen und aktiven Prozess, in dem das Individuum von anfänglicher Fremdbestimmung zu immer größerer Selbstbestimmung gelangt:

> *„Demgemäß wäre der Aneignungsvorgang als auf die Gewinnung neuer Erfahrungen und Meisterung der Umwelt gerichtete positiv getönte Aktivität zu betrachten, die nicht durch Spannungsreduktion gesteuert ist, mithin auch nicht eigentlich mit Bedürfnisbefriedigungen irgendwelcher Art abgeschlossen wird, sondern eine lediglich durch Erholungsphasen unterbrochene Permanenz besitzt, die weiterhin perspektivisch gerichtet ist, und in welcher das Kind seine Entwicklung nicht bloß passiv erleidet, sondern in immer höherem Grade als selbstgesetzte Aufgabe vollzieht"* (ebd., S. 188).

Der Prozess der Entfremdung

Die ‚konkreten Verhältnisse der Gesellschaft' bzw. die gesellschaftliche Praxis zeigt sich in Machtverhältnissen, die sich in „Herrschafts- und Eigentumsansprüchen" ausdrücken (Böhnisch/Münchmeier 1999, S. 58). Diese wiederum sind das Resultat kapitalistisch organisierter Produktionsverhältnisse, also zum einen aus dem Widerspruch zwischen Kapital und Arbeit, das heißt zwischen dem Eigentum an Produktionsmitteln auf der einen und dem zur Verfügung Stellen der eigenen Arbeitskraft auf der anderen Seite. Der kapitalistische Produktionsprozess geht mit dem Prozess der Entfremdung einher. Im vorkapitalistischen Wirtschaften war der Einzelne, so die sicherlich nicht durchgehend aufrecht zu erhaltene Annahme, am ganzen Arbeitsprozess beteiligt, von der Materialauswahl bis zum Endprodukt. Kapitalistische Wirtschaftsysteme wirtschaften arbeitsteilig. Das heißt, der Einzelne ist nur an einem Teilschritt im gesamten Produktionsprozess beteiligt, ohne Beteiligung am Endprodukt. Der Arbeiter produziert also etwas für die Kapitalinhaber (den Kapitalisten), die dieses Produkt dann wieder zu seiner Ausbeutung benutzen. Dies wird als „Entfremdung" beschrieben. Im industriellen Produktionsprozess entfremdet sich der Mensch von dem durch seine Arbeit geschaffenen Produkt, weil er mit zunehmender Arbeitsteilung nur noch Teilarbeiten ausführt, bei denen es auf den Arbeiter in seiner Individualität immer weniger ankommt und er sich deshalb immer weniger über sein bzw. in seinem Produkt ausdrücken (verwirklichen respektive erkennen) kann" (Deinet/Reutlinger 2005, S. 297). Die Arbeitsteilung setzt sich auch im Alltag fort und zwar als Funktionalisierung aller Lebensbereiche. Die Funktionalisierung der Lebensbereiche führt dazu, dass Räume ihrer Funktion gemäß eingeteilt werden. Der Arbeitsraum ist nur in seltenen Fällen in der Nähe des „ökologischen Zentrums" (Baacke 1980). Die unmittelbare Umgebung dieses Zentrums bietet kaum Möglichkeiten zu ‚streifen' (Muchow/Muchow 1935). Der Raum ist unterteilt in Einkaufsstraße, Wohngebiet, Erholungsraum etc. Das Kind oder der Jugendliche ist mit diesen von der Gesellschaft vorgegebenen Strukturen konfrontiert und „Aneignungsprozesse sind dieser Struktur unterworfen. Der total verplante und strukturierte städtische Raum gehorcht den Anforderungen der Gesellschaft und der sie bestimmenden Produktions- und Reproduktionsformen" (Böhnisch/Münchmeier 1999, S. 62). Die gesellschaftlich vorgegebene Struktur stellt die Grundlage für Erfahrungs- und Erlebnismöglichkeiten der Kinder und Jugendlichen dar. Er kann die Entwicklungsmöglichkeiten fördern oder auch einschränken. Die Ausweitung des Handlungsspielraumes ist für die Entwicklung von Kindern von entscheidender Bedeutung, so die Vertreter des Ansatzes. Auch Holzkamp geht davon aus, dass die eigenständige und damit eigentätige Aneignung von Welt bzw. von Raum Grundbedingung für die Aneignung von Symbolbedeutungen (Holzkamp 1973, S. 194), also für die Fähigkeit abstrakten Denkens, ist. Nur wenn die Aneignung der Gegenstandsbedeutungen gewährleistet ist als selbsttätiger Prozess, ist eine reflexive Haltung des Individuums gegenüber sich selbst und der Gesellschaft möglich (vgl. ebd.). „Für Kinder und Jugendliche in der Großstadt bedeuten die Einschränkungen ihrer Möglichkeiten der Erweiterung des Handlungsraumes deshalb eine Einschränkung der dominanten Tätigkeiten" (Böhnisch/Münchmeier 1999, S. 63). Aufgabe einer Sozialraumorientierung ist hier zu vermitteln zwischen den unterschiedlichen Bedürfnissen und eine Anwaltschaft für die Rückgewinnung von Raum für Kinder und Jugendliche zu übernehmen.

Funktionalisierung von Räumen

Bis hierhin kann nun zusammengefasst werden, dass Räume als Anordnungen von Menschen und Gütern anzusehen sind. Diese Anordnungen erfolgen dabei nicht als natürlicher Prozess, sondern als soziale Platzierungen, die sich aus lokalen, im historischen Prozess herauskristallisierten aber durchaus veränderbaren Macht- und Herrschaftsverhältnissen ergeben. Letztere wiederum sind das Ergebnis einer kapitalistischen Produktionsweise, die sich, stark verkürzt dargestellt, durch den Widerspruch zwischen Kapital und Arbeit und einer hochdifferenzierten Arbeitsteilung auszeichnet.

Gesellschaftliche Räume lassen sich zum einen durch die vier Bausteine Läpples beschreiben und zum anderen durch die Syntheseleistung dieser Bausteine, durch die Räume erst zu Räumen werden. Die doppelte Konstituiertheit des Raumes ist dabei als „Kernvorstellung" (Löw/Sturm 2005, S. 42) jeglicher Raumanalyse zu beachten: Räumliche Gegebenheiten beeinflussen menschliches Handeln und menschliches Handeln hat eine Rückwirkung auf die Gegebenheiten und die Gestaltung des Raumes. Kinder und Jugendliche müssen sich die konkreten gegenwärtigen Verhältnisse aneignen, das heißt, sie müssen sich die gewordenen Bedeutungen der materiellen und ideellen menschlichen Errungenschaften zu eigen machen und auf ihre Sinnhaftigkeit für die gegenwärtige Situation überprüfen. Das Ergebnis kann sich in Umdeutungen bisheriger Sinnhaftigkeit zeigen.

Sozialraumorientierung in der Außerschulischen Jugendbildung bezieht die Ergebnisse der oben beschriebenen Raumanalyse in Strategien pädagogischen Handelns ein. Die Strategien unterscheiden sich je nach unterlegtem Raumbild. Kessl & Reutlinger (2007) verweisen zurecht darauf, dass die Raumvorstellungen, die den unterschiedlichen Strategien der Sozialraumorientierung unterliegen, nur selten offen gelegt werden und damit implizit bleiben (vgl. ebd., S. 46). Die Autoren identifizieren dominante Raumbilder in der Sozialpädagogik, die auch für die Außerschulische Jugendbildung relevant sind. Sie unterstellen diesen Raumbildern und den damit verbundenen Sozialraumstrategien Homogenitätsbestrebungen, denen implizite Vorstellungen von Normalbiografien immanent sind. Diese führen dazu, dass Abweichungen hiervon als interventionsbedürftig betrachtet werden, mit dem Ziel, dem „sozialpädagogischen Auftrag der Normalisierung" (ebd., 74) gerecht zu werden. In diesem Zusammenhang machen die Autoren vier Raumbilder ausfindig: „der globale bzw. lokale Raum, der abgekoppelte bzw. aufgewertete Raum, der (de)regulierte Raum sowie der riskante bzw. sichernde Raum" (ebd.). Die Tendenz, Abweichungen von einer oft implizit vorausgesetzten Normalbiografie zu glätten bzw. zurückzuholen, ist in der Außerschulischen Jugendbildung ein gut zu beobachtendes Raumbild, dass sich sowohl in dem Ansinnen zeigt, störende Jugendcliquen von der Straße in das Jugendzentrum zu holen als auch im Präventions-Paradigma, dass schon von Sturzenhecker (2002, vgl. Kap. 4.1) kritisiert wurde. Lindner und Kilb (2005) zeigen, wie diese Raumbilder auch im Kontext von Kommune und Sozialraum nachweisbar sind und Einfluss auf die Außerschulische Jugendbildung ausüben (vgl. Lindner/Kilb 2005, S. 357ff). Kessl & Reutlinger plädieren entgegen dieser Homogenitätsbestrebungen für eine sozialräumliche ‚Haltung', die ein „Aushalten von Nicht-Homogenität" (Kessl/Reutlinger 2007, S. 77) impliziert.

Dominante Raumbilder und Homogenitätsbestrebungen

Nachdem der Präventionsgedanke als nachrangig für die Außerschulische Jugendbildung gekennzeichnet wurde, ist das Bildungskonzept als ‚normative Regulation' in der Außerschulischen Jugendbildung zentral. Bildung in der Außerschulischen Jugendbildung ist als Selbstbildungsprozess gedacht (vgl. Kap. 2.1). Selbstbildung bedeutet Aneignung des Selbst in der Welt und die Reflexion dieser Aneignungsprozesse. Sozialraumorientierung, die sich an der Bildungsdimension orientiert, muss zunächst eine ausführliche Analyse des sozialen Raumes durchführen, in dem sich die Kinder und Jugendlichen bewegen. Diese Analyse muss über eine Datensammlung in Bezug auf sozio-infrastrukturelle Informationen über das Viertel, den Stadtteil etc., in dem die entsprechende Einrichtung liegt, hinaus gehen. Sie muss sowohl die vier, von Läpple heraus gearbeiteten, Bausteine des Sozialraums einbeziehen als auch die Syntheseleistung und das Spacing. Von besonderer Bedeutung ist dabei die Perspektive der Jugendlichen und die Erfassung ihrer spezifischen An-

Bildung und Sozialraumanalyse

eignungsprozesse. Im Anschluss an diese Sozialraumanalyse müssten „Aktivierungs- und Gestaltungsmöglichkeiten und Gegebenheiten" (Lindner/Kilb 2005, S. 362) im Sozialraum der Kinder und Jugendlichen identifiziert und Strategien auf ihre Aktivierung ausgerichtet werden. Zentral ist hier, diese Strategien an den Bedürfnissen der Jugendlichen auszurichten, an dem, was sie für ein gelingendes Aufwachsen benötigen, und zwar gelingend nicht nur aus der Sicht der Erwachsenen, sondern speziell aus der Sicht der Jugendlichen.

Die Forderung nach einer solchen Sozialraumorientierung bedarf einer engeren Zusammenarbeit von Außerschulischer Jugendbildung „vor Ort" und den entsprechenden Forschungseinrichtungen. Damit könnte auch das viel beklagte Fehlen der Anschlussfähigkeit von Theorie und Praxis ein Stück weit aufgehoben werden. Von herausragender Bedeutung für die Umsetzung sind Methoden, in denen die Jugendlichen ihre Aneignungsprozesse beschreiben können wie z.B. Interviews, Stadtteilbegehung mit Kindern und Jugendlichen, subjektive Landkarten, Autofotografie sowie ethnografische Methoden (vgl. Deinet/Krisch 2007).

Zusammenfassung

Sozialraumanalyse als theoretischer Ansatz in der Außerschulischen Jugendbildung basiert auf der Analyse von sozialen Räumen ihrer Adressaten. Soziale Räume sind als gewordene und veränderbare Anordnung von Menschen und Gütern definiert. Analyse und Verständnis von Raumanordnungen erfolgen unter der Perspektive der Strukturen und der Strukturierung.

In der Außerschulischen Jugendbildung werden soziale Räume als Bildungsorte mit unterschiedlichem Anregungspotential interpretiert, in denen Jugendliche durch aktive Aneignung ihre Persönlichkeit und Potentiale entwickeln. Aneignung erfolgt als die Überlieferung menschlicher Fähigkeiten durch Arbeit. Interaktion ist für die subjektive Aneignung zentral. Die Bedeutung der ‚Dinge' und Ordnungen ergibt sich aus (vorgegebenen) Interpretationen und Erfahrungen. Umdeutungen dieser Erfahrungen und Interpretationen charakterisieren die subjektiven Aneignungsprozesse der Jugendlichen und führen häufig zu Konflikten mit gesellschaftlichen Vorstellungen über die Anordnung und Nutzung von Räumen. Außerschulische Jugendbildung nimmt die Umdeutungen der Jugendlichen ernst und legt einen Schwerpunkt auf an den Bedürfnissen der Jugendlichen orientierten Aktivierungs- und Gestaltungsmöglichkeiten und Gegebenheiten der Räume von Jugendlichen.

Übungen:
1. Definieren Sie den Begriff ‚sozialer Raum' in eigenen Worten und nennen Sie zentrale Bausteine des gesellschaftlichen Raumes!
2. Diskutieren Sie unterschiedliche Qualitäten von (sozialen) Räumen als Bildungsorte!

3. Was ist unter dem Begriff der Aneignung zu verstehen?

4. Bennen Sie dominante Raumbilder mit Relevanz für die Außerschulische Jugendbildung!

5. Diskutieren Sie den Wert der Sozialraumanalyse für die Außerschulische Jugendbildung"

Weiterführende Literatur:

Deinet, U./Reutlinger, C. (Hrsg.) (2004): „Aneignung" als Bildungskonzept der Sozialpädagogik. Beiträge zur Pädagogik des Kindes- und Jugendalters in Zeiten entgrenzter Lernorte. Wiesbaden: VS Verlag für Sozialwissenschaften.

Deinet, U. (2007): Neue Perspektiven in der Sozialraumorientierung : Dimensionen - Planung - Gestaltung (2., durchges. Aufl ed.). Berlin: Frank & Timme.

Früchtl, F./Cyprian, G./Budde, W. (2007): Sozialer Raum und Soziale Arbeit. Textbook: Theoretische Grundlagen. Wiesbaden: VS Verlag für Sozialwissenschaften.

Hinte, W./Treeß, H. (2007): Sozialraumorientierung in der Jugendhilfe. Handlungsprinzipien und Praxisbeispiele einer kooperativ-integrativen Pädagogik. Weinheim und München: Juventa.

Löw, M./Steets, S./Stoetzer, S. (2008): Einführung in die Stadt- und Raumsoziologie. Opladen: Verlag Barbara Budrich.

Sturm, G. (2000): Wege zum Raum. Methodologische Annäherunen an ein Basiskonzept raumbezogener Wissenscahften. Opladen: Leske + Budrich.

4.3   Akzeptierende Ansätze und Cliquenorientierung

Akzeptierende Ansätze als Arbeit mit Cliquen

In akzeptierenden Ansätzen geht es um die Ausrichtung der Arbeit mit ‚Cliquen' und zwar in der Hauptsache mit solchen, die abweichendes Verhalten zeigen. Welches Verhalten als normgerecht angesehen wird, ist nach Situation und angewendetem Referenzsystem relativ. So sehen Erwachsene manche Verhaltensweisen von Jugendlichen als Normverletzung an, während für Jugendliche dieses Verhalten der eigengruppenbezogenen Norm entspricht. Ein allgemein anerkannter Kern von Verhaltensweisen ist jedoch, unabhängig von subjektiven Interpretationen, gesetzlich festgelegt. Eine Abweichung von diesen Verhaltensweisen zieht dementsprechend rechtliche Konsequenzen unterschiedlicher Stärke nach sich. Akzeptierende Ansätze – zu denen auch der cliquenorientierte Ansatz zu zählen ist – sind häufig an eine solche Zielgruppe gerichtet: Jugendliche mit Verhaltensweisen also, die rechtliche Konsequenzen nach sich ziehen können (Volksverhetzung, Konsum illegaler Drogen u. ä.).

> **Abweichendes Verhalten**
>
> „Verhaltensweisen, die nicht mit den in einer Gesellschaft oder einer ihrer Teilstrukturen geltenden Normen und Werten übereinstimmen und soziale Reaktionen hervorrufen, die darauf abzielen, die betreffende Person, die dieses Verhalten zeigt, zu bestrafen, zu isolieren, zu behandeln oder zu bessern" (Peukert 1998, S. 416). Die Bewertung abweichenden Verhaltens ist vom historischen Zeitpunkt, den konkreten sozialen Gruppierungen und kulturellen Zusammenhängen abhängig, in denen Menschen leben. Was hier als normales Verhalten gilt, kann dort als abweichendes eingestuft werden.

Abweichendes Verhalten als sinnstiftendes Verhalten

In der Außerschulischen Jugendbildung wird abweichendes Verhalten auch als Bewältigungsverhalten gedeutet (siehe Kap. 4.1), „als subjektives Streben nach situativer und biografischer Handlungsfähigkeit und psychosozialer Balance in kritischen Lebenssituationen und -konstellationen (Böhnisch 2010, S. 11). Diese Interpretation abweichenden Verhaltens ist für akzeptierende Ansätze konstitutiv. Von allgemeinen gesellschaftlichen Normen abweichendes Verhalten wird zunächst als ein für die betroffenen Jugendlichen sinnstiftendes Verhalten anerkannt.

Akzeptierende Ansätze arbeiten mit Cliquen. Diese sind Teil der Gleichaltrigengruppe, die für Jugendliche eine der zentralen, wenn nicht *die* zentrale Sozialisationsinstanz in der Jugendphase darstellt (vgl. Kapitel 2.2 und 3.1). Der Begriff Gleichaltrigengruppe wird mit dem Begriff *Peer-Group* synonym benutzt. Als Sozialisationsinstanz wirkt sie auf drei Ebenen: „als große Gemeinschaft mit gleichen Interessen, Vorlieben und Werthaltungen, als informelle Gruppe, der ein Jugendlicher angehört oder angehören möchte und als Freundschaft mit spezifischen Bindungserfahrungen" (Schröder 1995, S. 111). Die Sozialisationsfunktion von Gleichaltrigengruppen liegt in der Erprobung verschiedener Formen sozialen Verhaltens, die in Schule und Familie so nicht möglich wären. Auch die Ablösung von den Eltern und die Identitätsentwicklung als zentrale Entwicklungsaufgaben in der Jugendphase (siehe Kap. 2.2) werden durch die Gleichaltrigengruppe unterstützt. Bedeutsam ist weiterhin, dass, im Gegensatz zur Familie, ein sozialer Status in der Gleichaltrigengruppe nicht zugeschrieben ist, sondern erst erworben werden muss (ebd., S. 112).

Dyadische Peerbeziehungen und romantische Beziehungen werden von den Gleichaltrigengruppen unterschieden. Erstere sind nicht Thema dieses Kapitels. Die Gleichaltrigengruppen werden in informelle Peergroups, informelle Freundschaftscliquen und Aktivitätsgruppen unterteilt. „Unter informellen Peergroups werden zunächst Netzwerke oder Geflechte befreundeter Jugendlicher verstanden, die ab einem gewissen Verfestigungsgrad als Cliquen und im Falle manifest abweichender Tendenzen als Banden (gangs) bezeichnet werden" (Oswald/Uhlendorff 2008, S. 191). Ihre Kennzeichen sind eine „relativ klare Mitgliedschaft und damit Außengrenzen, Wir-Gefühl, interne horizontale und vertikale Differenzierung (Rollen, Anführerschaft) und autonom erzeugte Normen und Werte" (ebd., S. 195). Es kommt insgesamt zur Herausbildung einer Gruppenidentität, die in manchen Gruppen auch zum Gruppen*zwang* wird. Die o.g. Merkmale treffen auch auf Freundschaftscliquen zu. Freundschaftscliquen oder einfach Cliquen „sind selbst gestaltete Beziehungen zu Gleichaltrigen, die relativ stabil sind, zugleich aber Wandlungsprozessen in ihren Strukturen unterliegen (Bütow 2006, S. 14).

Informelle Peergroups + Freundschaftscliquen + Aktivitätsgruppen

Unter Aktivitätsgruppen werden „sowohl *aufgabenorientierte* informelle Gruppen als auch organisierte freiwillige Gruppen (Verein, extracurriculare Aktivitäten) unter der Leitung Erwachsener oder älterer Jugendlicher" (Oswald/Uhlendorff 2008, S. 202) verstanden. Die oben genannten Gruppenmerkmale wie Gruppenidentität und damit Außengrenzen, Wir-Gefühl etc. sind in Aktivitätsgruppen oft deutlicher ausgeprägt als in Freundschaftscliquen. Ein wichtiges Unterscheidungsmerkmal zur informellen Gruppe ist die starke Aufgabenorientierung (ebd.).

Cliquen haben hohe Fluktuationsraten (vgl. ebd., S. 204). Die Gruppengrenzen scheinen nicht sehr stabil zu sein, wird der Gruppendruck zu groß, scheint es gute Ausweichmöglichkeiten zu geben. Cliquenzugehörigkeit in mehreren oder wechselnden Cliquen ist normal. Mit zunehmendem Alter nimmt die Bedeutung von Cliquen ab und die von Peer-Dyaden sowie romantischen Dyaden zu. Anführerschaften scheinen, nach in Feldstudien erhobenen Selbstberichten von Cliquenmitgliedern, keine große Rolle zu spielen, Hierarchien sind aber sichtbar (ebd., S. 244f.).

Cliquen und abweichendes Verhalten

In der Literatur wird Cliquenbildung und Cliquenmitgliedschaft von Jugendlichen oft mit abweichendem Verhalten in Zusammenhang gebracht. So beispielsweise auch im zwölften Kinder- und Jugendbericht der Bundesregierung, in dem die Peers zwar als „wichtige Lebenswelt" beschrieben werden, die aber auch ihre Schattenseiten habe, „z.B. Mitgliedschaft in aggressiven Straßencliquen (…) die sich auf gelingende Bildungsprozesse eher negativ auswirken können" (12 KJB 2005, S. 30). Auch im 13. Kinder- und Jugendbericht (2009) taucht der Begriff der Clique zuerst in einem problematisierten Zusammenhang auf, nämlich in Bezug auf den Konsum von Suchtmitteln, der in bestimmten Cliquen praktiziert würde und dort als Ausdruck von Zugehörigkeit verstanden werden könne (vgl. 13. KJB 2009, S. 129). Auch die pädagogische Arbeit mit Cliquen legitimiert sich in erster Linie über einen aus Problemen resultierenden Bedarf. In diesem Zusammenhang bedeutet cliquenorientierte Arbeit zuvorderst, Beratung und Hilfe anzubieten (ebd., S. 213). Hintergrund hierfür ist, dass abweichendes Verhalten von Freunden als der beste Prädiktor für abweichendes Verhalten von Jugendlichen gilt (vgl. Oswald/Uhlendorff 2008, S. 209). Cliquen, in denen abweichendes Verhalten zur Gruppennorm gehört, können also Jugendliche in ihrem Verhalten in diese Richtung beeinflussen. Wichtig ist aber in diesem Zusammenhang, darauf zu verweisen, dass auch Persönlichkeitseigenschaften wie „Beeinflussbarkeit durch Peers" oder „Selbstwirksamkeit" Einfluss darauf haben, ob Jugendliche bei Freunden mit abweichendem Verhalten ebenfalls dieses Handlungsmuster verstärkt ausführen (ebd., S. 210). In einer Studie von Helsper et al. (1991) wird herausgearbeitet, dass Cliquen immer dann prekäre und geschlechterhierarchisierende Familiendynamiken reproduzieren, wenn Gleichaltrige als Familienersatz fungieren (Bütow 2006, S. 29). Abweichendes Verhalten von Jugendlichen in Cliquen ist also nicht primär in den Cliquen selbst begründet, sondern in den (prekären) Sozialisationsbedingungen innerhalb der Familien der Cliquenmitglieder (vgl. auch Kieper 1980). Oswald & Uhlendorff kommen zu dem Fazit, dass die positiven Entwicklungsanstöße durch Peer-Interaktion die negativen eindeutig überwiegen (Oswald/Uhlendorff 2008, S. 215). Dies ist für cliquenorientierte Ansätze in der Außerschulischen Jugendbildung von herausragender Bedeutung, denn es geht in der Arbeit mit Cliquen auch darum, Anwaltschaft für Raumaneignung von Cliquen zu übernehmen und Ausgrenzung sowie Stigmatisierungen, so weit möglich, entgegen zu wirken.

Bildungsmöglichkeiten in Cliquen

In Deutschland hatten informelle Cliquen für Jugendliche zunächst wenig Bedeutung: nur wenige Jugendliche waren in einer Clique organisiert. Seit den 60er Jahren des 20. Jahrhunderts nehmen sie an Bedeutung zu und in der Shell-Jugendstudie 2010 geben mehr als zwei Drittel der Jugendlichen (71%) an, Mitglied einer Clique zu sein (Deutsche Shell 2010, S. 83). Gleichaltrigengruppen bilden sich also sowohl informell, das heißt, ohne institutionelle Einbindung und Rahmung, als auch innerhalb pädagogisch gerahmter Institutionen (Schule, Außerschulische Jugendbildung etc.). Kennzeichnend für die Außerschulische Jugendbildung ist, dass die Gleichaltrigengruppe frei gewählt wird. Im Vordergrund der Gruppenbildung steht ein gleiches gemeinsames Interesse. Sowohl die informelle Peer-Group als auch die Freundschaftsclique und die Aktivitätsgruppe sind Adressaten der cliquenorientierten Arbeit in der Außerschulischen Jugendbildung.

Von besonderer Bedeutung sind sowohl Fragen um Bildungsprozesse bzw. Lernmöglichkeiten innerhalb informeller Freundschaftscliquen als auch der Einfluss der Clique auf die Jugendlichen als Sozialisationsinstanz. Neben der Möglichkeit zu vielfältigen Unternehmungen und Aktivitäten liegen die besonderen Bildungsmöglichkeiten von Cliquen in den Interaktionen zwischen den Cliquenmitgliedern, die sich stark von den Bildungsmöglichkeiten in der Elternbeziehung oder der zu anderen Erwachsenen unterscheiden. Begründet ist dies in den Prinzipien der Gleichheit und Ebenbürtigkeit zwischen den einzelnen Mitgliedern. Angesprochen ist hier die soziale Stellung der Jugendlichen. Gleichheit bedeutet zum einen Gleichrangigkeit vor Institutionen, das heißt, in Institutionen der Außerschulischen Jugendbildung hat jeder Jugendliche gleiche Rechte und Pflichten. Gleichheit besteht aber auch insofern, als dass Jugendliche vor denselben Entwicklungsaufgaben stehen. Bestimmte Lebensereignisse wie Berufseintritt o.ä. müssen von allen Jugendlichen bewältigt werden und der Austausch darüber mit anderen Jugendlichen kann bei dieser Bewältigung sehr hilfreich sein (von Salisch 2000, S. 348). Ebenbürtig bzw. beinahe oder quasi ebenbürtig sind sie in Bezug auf die kognitive Entwicklung und die sozio-moralische Entwicklung (ebd., S. 347f.).

Das Prinzip der Gleichheit bezieht sich aber auch auf die Gleichheit der Beziehung, wobei Gleichheit im Sinne von Gleichrangigkeit und Symmetrie dahin gehend verstanden werden kann, „dass aufeinandertreffende Jugendliche gegeneinander keine Anweisungsbefugnisse und Gehorsamsverpflichtungen haben und sich zunächst auch statusmäßig nicht unterscheiden" (Oswald/Uhlendorff 2008, S. 192). Die Beziehungen zu Gleichaltrigen bieten also die Möglichkeit, symmetrisch-reziproke Beziehungsformen zu erfahren und davon zu profitieren. Symmetrisch-reziproke Beziehungen haben Aushandlungsprozesse zur Folge, in denen Kinder und Jugendliche lernen, verschiedene Bedürfnisse, Meinungen und Argumente gegeneinander abzuwägen, eigene Positionen zu finden aber auch kompromissbereit zu sein.

Beziehungsgestaltung als Ko-Konstruktion

Jugendliche haben die Möglichkeit, die Peer-Beziehung wieder zu verlassen. In der Konsequenz müssen die Beziehung, unterschiedliche Interessen und Bedürfnisse sowie gemeinsam durchzuführende

> **Reziproke Beziehungen**
> Eine Beziehung kann dann als reziprok bezeichnet werden, wenn eine Balance von Geben und Nehmen besteht.

Aktionen ausgehandelt werden. Die Jugendlichen müssen miteinander kooperieren, um die Interaktion aufrecht zu erhalten. „Die Auseinandersetzung mit dem Peer schafft nämlich zugleich einen kognitiven Konflikt, der die Heranwachsenden anregt, die eigenen Ansichten zu überprüfen und einen sozialen Konflikt, der sie motiviert, den eigenen Standpunkt zu formulieren und mitzuteilen" (von Salisch 2000, S. 348). Hierzu müssen sie die Fähigkeit haben bzw. erlernen, „unterschiedliche Interessen wechselseitig wahrzunehmen" (Oswald/Uhlendorff 2008, S. 192), Argumente möglicher Konfliktpartner abzuwiegen und gemeinsame Lösungen zu erarbeiten (vgl. von Salisch 2000, S. 348). Diese Art und Weise miteinander zu interagieren wird Ko-Konstruktion genannt. Sie ist nur in symmetrisch-reziproken Beziehungen realisierbar.

Bildungsmöglichkeiten innerhalb von Cliquen liegen also darin, Kooperationsfähigkeit zu erlernen, eigene Interessen und die der anderen gegeneinander abzuwägen und auszuhandeln, Empathiefähigkeit zu entwickeln und Beziehungen selbst und selbstständig, ohne Vorgaben von Erwachsenen zu gestalten. Die Zentralität der Beziehungsgestaltung unter Peers und die Fähigkeit, sich durch Auseinandersetzung mit Gleichaltrigen selbst zu erkennen, sind zudem zentrale Bestandteile eines Bildungsbegriffes, wie er für die Außerschulische Jugendbildung in diesem Buch entwickelt wurde. Zu bedenken ist allerding, dass bei aller Gleichrangigkeit die Jugendlichen dennoch unterschiedliche Chancen haben, die Interaktion unter den Gleichaltrigen zu beeinflussen. Es können sich sehr wohl ungleiche Beziehungen in Bezug auf Prestige und statusmäßige Gleichheit heraus bilden, die für die betroffenen Jugendlichen sehr schmerzhafte Erfahrungen beinhalten können (vgl. Oswald/Uhlendorff 2008, S. 193). Auch dieses Hintergrundwissen muss pädagogische Arbeit mit Cliquen bedenken und wachsam gegenüber kritischen Entwicklungen von einzelnen Mitgliedern innerhalb von Cliquen bleiben.

Vor dem Hintergrund, dass es sich bei Cliquen um selbstorganisierte, informelle Gruppen mit spezifischen Bildungsmöglichkeiten handelt, die gerade darin begründet sind, dass *keine* Erwachsenen die Interaktion leiten, kommentieren oder auf andere Weise begleiten, stellt sich die Frage, ob cliquenorientiertes Arbeiten als theoretischer Ansatz einer Außerschulischen Jugendbildung überhaupt Relevanz hat. Wie oben schon erwähnt, entstand der cliquenorientierte Ansatz zum einen aus der Arbeit mit Cliquen, die abweichendes Verhalten aufweisen (Krafeld 2005). Dieses Verhalten, dass in der Öffentlichkeit bzw. an öffentlichen Plätzen gezeigt wurde und Anstoß erregte, forderte zu pädagogischem Handeln heraus. Die Pädagogen waren aufgerufen, ‚die Ordnung' wieder herzustellen, wie beispielsweise im Fall rechtsorientierter Jugendlicher. Die Bildungsmöglichkeiten, die sich für Jugendliche aus den Beziehungen insbesondere innerhalb informeller Cliquen ergaben, standen nicht im Fokus der Aufmerksamkeit und stehen das teilweise auch heute noch nicht. Zum anderen kam der Anstoß zur cliquenorientierten Arbeit aus der Tatsache heraus, dass Angebote der Außerschulischen Jugendbildung für *alle* Jugendlichen gedacht und konzipiert, aber nur von einem kleinen Teil genutzt werden. Vor dem Hintergrund der Bedeutung, die informelle Peer-Gruppen für Jugendliche in dieser Lebensphase haben, wandte man sich den Cliquen als potentielle Adressaten Außerschulischer Jugendbildung zu.

Pädagogisches Arbeiten mit Cliquen erfolgt unter verschiedenen Perspektiven. Wie in Kapitel 3 (Forschungszugänge und -befunde) beschrieben, ist jugendliches Problemverhalten ein Schwerpunkt der Forschungsaktivitäten, mit hoher Relevanz für die Außerschulische Jugendbildung. Dort wurde betont, dass die Forschung sich auf Ursachen, Ausdrucksweisen und mögliche Interventionsstrategien konzentriert. Innerhalb akzeptierender Ansätze besteht der Umgang mit jugendlichem Problemverhalten darin, die Äußerungen und das Verhalten der Jugendlichen zunächst zu akzeptieren und nicht mit belehrenden, Sanktionen androhenden oder exkludierenden (kein Raum im Jugendzentrum für rechtsorientierte Jugendliche) Maßnahmen darauf zu reagieren. Besonders heraus zu stellen ist in diesem Zusammenhang der viel und kritisch diskutierte Ansatz von Krafeld (1996): *Akzeptierende Arbeit mit rechten Jugendcliquen*. Nicht zuletzt aus diesem Ansatz heraus, entstanden die Grundlagen für die Arbeit mit Cliquen, wie sie in der Außerschulischen Jugendbildung praktiziert werden. Rechte Orientierungen bei Jugendlichen sind, gesellschaftlich betrachtet, insbesondere vor dem Hintergrund der deutschen Geschichte, ein besonders sensibles Thema. Hinzu kommt, dass mit dem § 130 des Strafgesetzbuches (StGB) *Volksverhetzung* bestimmte Handlungsweisen zum Straftatbestand werden, die Jugendliche aus rechten Cliquen durchaus aufweisen, wie beispielsweise Beschimpfung oder Verleumdung Einzelner oder Gruppen wegen ihrer Zugehörigkeit zu einer vorbezeichneten Gruppe (§ 130 StGB) oder die Verbreitung bzw. das Besitzen von Schriften, in denen Einzelne oder Gruppen wegen ihrer Zugehörigkeit zu einer vorbezeichneten Gruppe in ihrer Menschenwürde angegriffen werden. Letzteres trifft sicher auf die Texte einiger Musikgruppen zu, die von rechten Jugendcliquen präferiert werden. Umso schwieriger erscheint es, einen akzeptierenden Ansatz gegenüber solchen Jugendlichen in der pädagogischen Arbeit anzuwenden. Krafeld verweist aber explizit darauf, dass sich diese Orientierungen bei Jugendlichen von politischen Überzeugungen, die sich in Parteimitgliedschaften und -aktivitäten kennzeichnen, unterscheiden. Er sieht sie als Organisationsmuster und Handlungsorientierungen, die aus der jeweiligen Biografie der Jugendlichen entstanden sind. Rechtsextreme Orientierungen erscheinen ihnen „als ‚passende und sinnvolle' Deutungs- und Handlungsmuster" (Krafeld 1996, S. 13). Diese Orientierungen und die damit verbundenen Verhaltensweisen durch Belehrungen und/oder Androhung von Sanktionen verändern zu wollen, hieße, den Jugendlichen ihre Interpretation von Welt als ‚falsch' abzusprechen und sie damit gegen sich einzunehmen. Eine Verhaltensänderung ist auf diese Weise nicht zu erreichen, die subjektiv als richtig und sinnvoll empfundenen Deutungen rechtsextremer Jugendlicher sind nicht einfach austauschbar. Die Jugendlichen müssen erkennen, dass es „sinnvollere und gleichzeitig befriedigendere" Handlungsweisen (ebd., S. 15) gibt. Mit anderen Worten: eine Verhaltensänderung muss sich ‚lohnen'.

Akzeptierende Arbeit mit rechten Jugendcliquen

Eine zentrale Prämisse pädagogischen Handelns auch in der Außerschulischen Jugendbildung ist die Anleitung zur Selbstbestimmung (vgl. Kap. 4.1). Krafeld fordert in seinem Ansatz, dieses Recht auch für solche Überzeugungen gelten zu lassen, die nicht mit gesellschaftlich akzeptierten Normen und Werten übereinstimmen. Eine weitere Prämisse heißt aber auch, dass das Recht auf Selbstbestimmung seine Grenze in dem gleichen Recht der anderen hat (vgl. Kap. 4.1). Genau hier liegen die Schwierigkeiten, die der Ansatz hervorruft: Wie weit darf und kann Akzeptanz rechtsorientierter Auffassungen und Verhaltensweisen gehen, ohne dass sich Pädagogen in ihrer Arbeit den Vorwurf der Verharmlosung der Massivität und Rigidität rechter Orientierungen und Handlungsmuster gefallen lassen müssen? Die Gradwanderung besteht also darin, dass einerseits die Akzeptanz der Person eine unabänderliche Maxime in der Arbeit mit Jugendlichen in der Außerschulischen Jugendbildung darstellt. Jugendliche müssen als Subjekte ihres Lebens ernst genommen und ihre Organisationsmuster akzeptiert werden. Andererseits können Verhaltensmuster, die das Recht der anderen einschränken, selbstbestimmt zu leben, nicht akzeptiert werden. Die Lösung dieses Widerspruchs wird in akzeptierenden Ansätzen darin gesehen, nicht die *Verhaltensweisen* der Jugendlichen zu akzeptieren, sondern die Jugendlichen als *Personen* mit durchaus kritikwürdigen Haltungen und Handlungsweisen. Zentral erscheint hier die Interaktion mit den Pädagogen, denn diese treten den Jugendlichen (im besten Fall) als Personen mit „anderen Grundhaltungen, Wertorientierungen und Verhaltensweisen, mit anderen Vorstellungen und Mustern der Alltags- und Lebensbewältigung" (ebd.) konfrontativ entgegen. Die Annahme dahinter ist, dass durch die Akzeptanz der Person der Jugendlichen und die Konfrontation mit den Pädagogen und deren differenten Werthaltungen, es den Jugendlichen ermöglicht wird, ebenfalls andere Werthaltungen einzunehmen und sozial annehmbare Handlungen einzuüben. Zentrale Hypothesen dabei sind, dass mit wachsender Integrationsuns Selbstentfaltungschancen auch Bereitschaften und Fähigkeiten zu sozialverträglichen Verhaltensweisen zunehmen, und dass mit wachsenden Kompetenzen und Möglichkeiten zu gelingenderen Lebensbewältigung auch rechtsextremistische Deutungsmuster abgebaut werden.

Die *Cliquenorientierung* als theoretischer Ansatz der Außerschulischen Jugendbildung hat sich aus dem Akzeptierenden Ansatz entwickelt und wurde vor allem von Krafeld formuliert. Er ist damit einer der wenigen Autoren in der Außerschulischen Jugendbildung, der sich der pädagogischen Arbeit mit Cliquen theoretisch anzunähert. Vor dem Hintergrund der Zentralität von Gleichaltrigengruppen für Bildungs- und Sozialisationsprozesse in der Lebensphase Jugend und hinsichtlich dessen, dass Außerschulische Jugendbildung in ihren Institutionen häufig mit informellen Jugendgruppen zu tun hat, ist es verwunderlich, dass dieser Ansatz bislang keine größere Aufmerksamkeit erfahren hat. Er erscheint insgesamt zurzeit noch wenig theoretisch fundiert.

Die Wurzeln cliquenorientierter Ansätze liegen jedoch nicht nur im akzeptierenden Ansatz. Anlass für eine stärkere Orientierung auf pädagogisches Arbeiten mit informellen Peer-Groups war auch, dass die „klassische" Jugendarbeit, die in der Hauptsache Gruppenarbeit war, nur ca. 40% der Jugendlichen erreichte, ein weitaus größerer Prozentsatz Angebote der Außerschulischen Jugendbildung, wie schon erwähnt, also nicht wahrnahm. So kamen, etwas verkürzt dargestellt, jugendliche Selbstorganisationsformen immer stärker in den Blick: „ihre informellen Gruppierungen, ihre Freundeskreise und Cliquen" (Krafeld 2005, S. 189). Cliquen wurden dabei in der Regel, wie ebenfalls schon erwähnt, als Problemgruppen betrachtet, auch wenn in der Forschung die Bedeutung der Clique als zentrale Sozialisationsinstanz längst bekannt war. Krafeld (1992, 2005) dagegen betont die positiven Sozialisationsleistungen, die Cliqueninteraktionen für Jugendliche haben. Er formuliert eine teilweise stark normativ aufgeladene Analyse gesellschaftlicher Bedingungen des Aufwachsens von Jugendlichen: Demnach erleben sich Jugendliche heute u.a. „immer wieder als Objekte", fühlen sich isoliert, vereinzelt, unbeachtet, unbeteiligt und ohnmächtig (Krafeld 2005, S. 190, 1996, S. 84). Vor diesem Hintergrund sieht er die Bedeutungsdimensionen von Cliquen in gegenseitigen Unterstützungsleistungen, um diese schwierigen Umweltbedingungen zu verarbeiten (ebd.). Oswald/Uhlendorff (2008) sowie von Salisch (2000) stellen in ihren schon erwähnten zusammenfassenden Analysen vorliegender Ergebnisse aus empirischen Studien in der Tat heraus, dass in Cliquen vor allem die Gesprächsanteile zwischen den Mitgliedern sehr hoch ist, dass sie also in der Hauptsache Gespräche miteinander führen und sich so gemeinsam eine Welt- und Selbstsicht ko-konstruieren (s.o.). Cliquen bieten damit Unterstützung in gemeinsam zu leistenden Entwicklungsaufgaben. Cliquenbildung ist allerdings insgesamt als ein jugendspezifisches Verhalten zu verstehen, das zu jedem historischen Zeitpunkt und vor dem Hintergrund unterschiedlichster gesellschaftlicher Zusammenhänge zu beobachten ist. Schwierige Lebenslagen und problematische Familienkontexte sowie herausfordernde gesellschaftliche Entwicklungen können dabei *ein* Motiv für Cliquenbildung sein, Jugendliche finden sich aber auch ohne problematische Kontexte in Gleichaltrigengruppen zusammen.

Als Grundmuster Cliquenorientierter Arbeit sieht Krafeld „die Unterstützung selbstorganisierter angegangener Suche nach Wegen gelingender Lebensbewältigung (…)" (Krafeld 1996, S. 84). Es wird versucht, und das ist auch erklärter Anspruch, die Formen der selbstorganisierten Gruppenbildung zu akzeptieren, als sinnvolles Element eigenständiger Lebensgestaltung anzuerkennen, auch wenn Cliquen ein Verhalten zeigen, dass von den ‚Norm'-Vorstellungen der Erwachsenen abweicht. „Denn selbst erschreckendes Verhalten werden Jugendliche in der Regel nicht wegen Vorhaltungen und Bestrafungen, sondern nur dann ablegen, wenn andere Muster ihnen subjektiv ‚sinnvoller', erfolgversprechender und befriedigender erscheinen" (ebd., S. 85). An dieser Stelle wird der Einfluss des Akzeptierenden Ansatzes mit rechten Jugendlichen

Jugendliche Selbstorganisationsformen als Adressaten Außerschulischer Jugendbildung

Ziele und Grundmuster Cliquenorientierter Arbeit

auf die Cliquenorientierung deutlich. So versucht die Cliquenorientierte Arbeit auch die Ausdrucksweisen und Prozesse innerhalb der Cliquen nicht zu bekämpfen, sondern zu begleiten und zu unterstützen. Damit werden die Selbstverständnisse, die Selbststilisierungen und Abgrenzungsbedürfnisse der Clique ernst genommen. Dementsprechend lautet einer der Grundsätze des Ansatzes, dass Cliquen nicht zerschlagen werden dürfen, Ziel darf nicht sein, den einzelnen Jugendlichen aus der Clique heraus zu holen, „denn im Zweifelsfall erweist sich das subjektive Gewicht von Cliquenzusammenhängen fast immer als viel zu stark, als dass pädagogische Interventionen dagegen ankämen" (Krafeld 2005, S. 191). Das Ziel cliquenorientierter Arbeit ist, Cliquen in ihren selbst gestalteten Prozessen der Alltagsgestaltung und Lebensbewältigung solidarisch zu begleiten, zu beraten und zu unterstützen. Das heißt auch, dass die Aufgaben von Pädagogen nicht darin Besteht, das jeweilige Geschehen in Cliquen zu definieren und zu gestalten, Aktivitäten anzubieten und Programme auszuarbeiten. Die Jugendlichen sollen als Subjekte ihrer Lebensgestaltung und Lebensbewältigung ernst genommen werden. Insbesondere in der Arbeit mit Cliquen, die abweichendes Verhalten zeigen, ist zwischen Akzeptanz der Person und Akzeptanz von Taten zu unterscheiden (Krafeld 1996, S. 86). An dieser Stelle deutet sich schon ein weiteres grundlegendes Prinzip des Cliquenorientierten Ansatzes an: die Beziehungsorientierung. Pädagogen werden bildend durch ihre zu den Jugendlichen differenten Wertvorstellungen und Handlungsweisen. Wichtig ist dabei die Authentizität in der Beziehung. Zum Vorbild werden Pädagogen nur, wenn sie sich nicht auf theoretische Positionen oder moralische Prinzipien zurück ziehen, sondern als Person erkennbar werden, mit den gleichen Fragen und unfertigen Antworten wie die Jugendlichen, aber mit einem möglicherweise größeren Repertoire an Handlungsstrategien und Lösungsansätzen.

Beziehungsorientierung [marginal note]

Sozialräumliche Orientierung [marginal note]

Ein weiterer wichtiger Grundsatz der cliquenorientierten Arbeit ist die sozialräumliche Orientierung (vgl. Kap. 4.2). „Offene Raum- und Kommunikationsangebote werden immer wichtiger in einer Zeit, da fast alle Bereiche der Umwelt längst verregelt, d.h. einer bestimmten Funktion zugwiesen sind (…)" (ebd., S. 87). Wie schon in Kapitel 2.2 erwähnt eignen sich Jugendliche Räume aktiv an und deuten die Funktionen, die Erwachsenen bestimmten Räumen geben, für sich um. So werden Parkplätze, Kinderspielplätze oder Bushaltestellen, um nur einige Beispiele zu nennen, zu Cliquentreffpunkten ‚umfunktioniert'. Eine Umdeutung die bei den erwachsenen ‚Raumzuweisern' auf Widerstand stößt. In der Folge wird den Jugendlichen sowohl geografisch als auch sozial der Raum streitig gemacht, denn die Erwachsenen nehmen im sozialen Raum den ‚mächtigeren' Platz ein und können die Jugendlichen des Raumes verweisen. Hier setzt sozialräumlich orientierte Cliquenarbeit an, in dem sie die Raumanliegen der Jugendlichen ernst nimmt und verteidigt bzw. die Jugendlichen darin unterstützt, neue Räume (sowohl geografisch als auch sozial) zu finden oder zu organisieren. Pädagogen haben hier die Aufgabe, Jugendliche in ihrem „Kampf um Anerkennung" (Müller 1996, 2006) auch bei der Raumaneignung außerhalb pädagogischer Institutionen zu unterstützen.

Eine Einschränkung ist hier allerdings nötig. Die von Normen der Erwachsenen abweichende Raumaneignung jugendlicher Cliquen stößt, wie schon beschrieben, auf Widerstand der Erwachsenen. Diese wenden sich an entsprechende Institutionen (Polizei, Jugendamt) mit der Bitte um Intervention. Mit der Intervention beauftragt werden in der Regel Pädagogen, die dann sowohl die Interessen der ursprünglichen Raumdefinitoren als auch die der jugendlichen Raumbesetzer wahrnehmen müssen. Dies ist eine Herausforderung, die unter dem Begriff des ‚doppelten Mandats' bekannt geworden ist. Hier müssen gemeinsame Lösungen gefunden werden, die sowohl das Interesse derjenigen, die sich durch die jugendlichen Raumbesetzer gestört fühlen beachten als auch die der Cliquen nach Raumaneignung. Gerade aber in dem Finden von Lösungen und Kompromissen liegen Bildungsmöglichkeiten. Das Ausloten des eigenen gegen das Interesse der anderen, das Abwägen von Möglichkeiten zur Erweiterung eigener Handlungsspielräume wurde schon in Kapitel 2.1 als der Außerschulischen Jugendbildung immanente Bildungsmöglichkeiten definiert.

Auch wenn zu den Grundsätzen Cliquenorientierter Arbeit gehört, den Zusammenhalt und die Beziehungsformen der Clique zu akzeptieren, so kann die Arbeit mit Einzelnen da nötig werden, wo die Interaktionsformen für die einzelne Person schmerzhafte Formen annehmen (s.o.). Sollte das Bedürfnis nach Unterstützung nicht von den Betroffenen formuliert werden, können und sollten Pädagogen hierzu Angebote offerieren, immer unter der Voraussetzung, dass Abgrenzungsversuche zu akzeptieren sind.

Das Wissen um Bildungsmöglichkeiten Jugendlicher in Cliquen(interaktionen) ist zentral für die Ausrichtung der Arbeit in Cliquenorientierten Ansätzen. Die besonderen Bildungsmöglichkeiten in und von Cliquen liegen, wie schon erwähnt, in der Peer-Interaktion. In der Folge ist es wichtig, dass cliquenorientierte sozialräumliche Jugendbildung Möglichkeiten dieser Interaktion unterstützt bzw. fordert. Vornehmlich bedeutet dies, gegenüber Politik und Gesellschaft an den Stellen, wo dies möglich ist, eine Anwaltschaft für die Aneignung von Räumen informeller Cliquen zu übernehmen. Wichtig ist hierbei, dass in dieser Anwaltschaft sich dafür eingesetzt wird, dass eroberte Räume solche sind, die nicht von Erwachsenen gerahmt oder betreut werden. Dies sollte ein wesentliches Ziel cliquenorientierter Arbeit sein. Nur wenn die Clique oder einzelne Cliquenmitglieder ein bestimmtes Bedürfnis nach Unterstützung signalisieren oder formulieren, ist Unterstützung durch Pädagogen sinnvoll. Dies sollte in einer Form geschehen, die Selbstorganisationsprozesse der Jugendlichen initiiert und sie darin unterstützt, die Anwaltschaft für ihre Raumaneignung selbstbestimmt zu übernehmen.

Zusammenfassung:

Akzeptierende Ansätze, zu denen sowohl die Arbeit mit rechten Jugendlichen nach Krafeld als auch die Cliquenorientierung zu zählen sind, beziehen sich auf die pädagogische Arbeit mit informellen Peergroups, informellen Freundschaftscliquen und Aktivitätsgruppen. Die Arbeit kann sich dabei sowohl auf Cliquen beziehen, die abweichendes Verhalten zeigen, als auch auf solche, die an informellen Treffpunkten zwar auf Ablehnung ihrer Umgebung stoßen, jedoch kein abweichendes Verhalten zeigen.

Zentral für das Arbeiten mit Cliquen ist der Begriff der Akzeptanz. Er bezieht sich auf die Akzeptanz der Personen und weniger auf das Verhalten. In der Beziehungsarbeit mit Cliquenmitgliedern sind Authentizität und Konfrontation mit differenten Werten und Handlungsmustern bedeutsam.

Bildungsmöglichkeiten liegen zuvorderst in der Interaktion der Cliquenmitglieder untereinander. Schwerpunkte liegen auf dem Aushandeln von Beziehung und (inhaltlichen) Positionierungen in Form von Ko-Konstruktionen. Von Bedeutung ist, dass Bildungsmöglichkeiten sich vor allem in der Abgrenzung und Abwesenheit von Erwachsenen ergeben. Cliquenorientierung bedeutet in der Folge vor allem Anwaltschaft dafür zu übernehmen, dass Cliquen sich Räume aneignen können, die dem Einfluss von und der Funktionalisierung durch Erwachsene entzogen sind.

Übungen:
1. Welche Bedeutung haben Cliquen für die Sozialisation von Jugendlichen?
2. Welche Bildungsmöglichkeiten liegen in Cliquenmitgliedschaften?
3. Wie ist der Begriff der ‚Akzeptanz' in der Arbeit mit rechten Jugendlichen nach Krafeld zu verstehen?
4. Bennenen Sie Grundmuster und Ziele des Cliquenorientierten Ansatzes!

Weiterführende Literatur:

Bütow, B. (2006): Mädchen in Cliquen. Sozialräumliche Konstruktionsprozesse von Geschlecht in der weiblichen Adoleszenz. Weinheim: Juventa.

Krafeld, F. J. (1996): Die Praxis akzeptierender Jugendarbeit : Konzepte, Erfahrungen, Analysen aus der Arbeit mit rechten Jugendcliquen. Opladen: Leske + Budrich.

Krafeld, F. J. (2004): Grundlagen und Methoden aufsuchender Jugendarbeit (Vol. 1). Wiesbaden: VS Verlag für Sozialwissenschaften.

Neumann-Braun, K./Deppermann, A./Schmidt, A. (2002): Identitätswettbewerbe und unernste Konflikte: Interaktionspraktiken in Peer-Groups. In: Merkens, H./Zinnecker, J. (Hrsg.), Jahrbuch Jugendforschung (Vol. 2, pp. 241-264). Opladen: Leske + Budrich.

4.4 Kulturelle Jugendbildung unter besonderer Berücksichtigung der Theaterpädagogik

Seit Ende der 1960er, Anfang der 1970er Jahre ist die Kulturelle Bildung ein expandierendes pädagogisches Handlungsfeld. Sie lässt sich einerseits unterscheiden in Theoriebildung, die sich an der Schnittstelle zwischen Kunstwissenschaft und Erziehungswissenschaft, aber auch Kulturwissenschaft bewegt, und andererseits in die ihr zugehörigen künstlerisch-ästhetischen Handlungsfelder. In der Praxis hat sie ihren Platz sowohl in der Schule, der Außerschulischen Jugendbildung als auch in der Erwachsenenbildung. Innerhalb der Außerschulischen Jugendbildung erfolgt sie in eigenen Einrichtungen wie beispielsweise Jugendkunstschulen, und auch als Teil der Arbeit in einem Verband oder Jugendzentrum. In ihren fachwissenschaftlichen, für die Außerschulische Jugendbildung relevanten Debatten konzentriert sich Kulturelle Bildung oder Kulturpädagogik – die Begriffe werden hier synonym gebraucht – in der Hauptsache auf die Ausbuchstabierung des Kulturbegriffs und des Bildungsanspruchs, also auf die Fragen, welcher Kultur- und welcher Bildungsbegriff unterlegt wird und wie sich Bildungsprozesse, die durch kulturelle Bildungspraxis angeregt werden, zeigen, beschreiben und überprüfen lassen.

[Randnotiz: Kulturelle Bildung als expandierendes pädagogisches Handlungsfeld]

Die künstlerisch-ästhetischen Handlungsfelder, die der kulturellen Jugendbildung zugehörig sind, lassen sich in bildende Kunst, Theater, Musik, Tanz, Rhythmik, Literatur, Spiel und Medien unterscheiden. Sie sind durch eine große Heterogenität in Einrichtungen, Inhalten, Arbeitsformen und Methoden gekennzeichnet. Daraus ergibt sich die Schwierigkeit, das Arbeitsfeld in Theorie und Praxis systematisch zu beschreiben. Innerhalb der verschiedenen Handlungsfelder existiert jedoch eine breite Übereinstimmung über den Bildungsbegriff. Er orientiert sich an einem klassischen Bildungsverständnis und hier insbesondere an Humboldt (Fuchs 2002) und weist große Überschneidungen mit dem Bildungsbegriff auf, wie ihn der emanzipatorische Ansatz formuliert (vgl. Kap. 2.1): Ziele Kultureller Bildung sind die subjektive Verfügung über eigene Lebensbedingungen und deren Gestaltbarkeit sowie die Chance zur Teilhabe am kulturellen Leben einer Gemeinschaft oder Gesellschaft. Vor dem Hintergrund der Studien Bourdieus (1982), die sehr genau zeigen, dass Klassen und Gruppen sich darin unterscheiden, mit welchen Kunst-Produkten sie in Berührung kommen und/oder sich aktiv in Kunst betätigen, bekommt die Kulturelle Jugendbildung hier eine besondere Rolle zugewiesen. Sie ist konzipiert als Kulturarbeit für *alle* Jugendlichen und will durch ihre vielfältigen Zugänge und heterogenen Arbeitsweisen diesen Zugang auch für alle ermöglichen.

[Randnotiz: Ziele Kultureller Bildung]

Der Bildungsbegriff der Kulturellen Bildung wird also als subjektbezogene Selbstbildung gedacht und ist nicht auf einzelne Wissensbereiche fest- oder

[Randnotiz: Der Bildungsbegriff in der Kulturellen Bildung]

> Ästhetische Erfahrung
> Ästhetische Erfahrungen sind in erster Linie Selbsterfahrungen. Sie können in künstlerischen, musikalischen, literarischen, tänzerischen, medialen Äußerungen eine Form finden und sichtbar werden (Amlen-Haffke 2009). Sie beinhalten eine praktisch-sinnliche Auseinandersetzung mit der Realität und sind verknüpft mit sozialen, individuellen und ästhetischen Dimensionen (Weintz 2008).

rein kognitiv auszulegen. Kulturelle Jugendbildung verfolgt damit einen ganzheitlichen Ansatz. „Eine inzwischen akzeptierte Begriffsbestimmung definiert daher kulturelle Bildung als Allgemeinbildung, die mit den kulturpädagogischen Methoden einer ästhetisch-künstlerischen Praxis erreicht werden soll. (...) Die Spezifik der kulturellen Bildung ergibt sich durch die Arbeitsformen" (Fuchs 2002, S. 108). In der Kulturpädagogik geht es sowohl um das Sinnlich-Materielle, dass Geistig-Ideelle, um das Produktive wie Rezeptive, um das Lokale wie Globale (Zacharias 2001, S. 14). Zacharias sieht als Kernthema der kulturellen Jugendbildung „Inhalte individueller, sozialer und politischer Bedeutung. ‚Symbolische Formen' verbinden Kultur, Kunst und Ästhetik (als Wahrnehmung und sinnliche Erkenntnis) auch mit gesellschaftlichen Prozessen und Fragen" (Zacharias 2001, S. 20). Das hier unterstellte kritisch-emanzipative Interesse der Kulturpädagogik wird allerding durchaus nicht von allen Vertretern oder in der Kulturpädagogik Handelnden geteilt.

Der Kulturbegriff in der Kulturellen Bildung

Von zentraler Bedeutung ist die Auslegung des Kulturbegriffs. Er kann sich sowohl zwischen den als auch innerhalb der verschiedenen künstlerisch-ästhetischen Handlungsfelder stark unterscheiden. Fuchs (2002, S. 109) verweist auf die Schwierigkeit, sich auf einen Kulturbegriff festzulegen. Schon in den 50er Jahren seien 350 verschiedene Kulturdefinitionen gefunden worden. Damit lässt sich zunächst feststellen, dass Kultur ein „offener Arbeitsbegriff [ist], der allerdings das Einzugrenzende eher erweitert als es handlich zu machen versteht. Kulturen (...) sind Hervorbringungsweisen und Hervorgebrachtes sozialer Gruppierungen" (Selle 1989, S. 69, in: Zacharias 2001, S. 92). Trotz eher diffuser und teilweise auch „abstrakt-inhaltsleerer" (Geyer/Pott 2009, S. 1) Begriffe von Kultur, muss eine theoretische Konzipierung Kultureller Bildung erklären, was sie unter Kultur versteht. In Anlehnung an einen Kulturbegriff in der Tradition der Cultural Studies des ‚Center of Contemporary Cultural Studies' in Birmingham kann Kultur als „besondere und distinkte Lebensweise einer Gruppe oder Klasse aufgefasst werden" (Clarke, Hall, Jefferson et al. 1979, S. 41). Diese Lebensweise enthält „die Bedeutungen, Werte und die Ideen, wie sie in den Institutionen, in den gesellschaftlichen Beziehungen, Glaubenssystemen, in Sitten und Gebräuchen, im Gebrauch der Objekte und im materiellen Leben verkörpert sind" (ebd.). Sie kann damit als spezifische Ausprägung dessen angesehen werden, wie einzelne Menschen, Gruppen, Milieus oder Klassen leben und arbeiten. Kultur stellt somit ein Orientierungs-

Kultur als Lebensweise

system sowohl für die gesamte Gesellschaft, als auch für Klassen, Milieus dar. Sie kann als Sinn- sowie Werte- und Normensystem also sehr unterschiedliche Ausprägungen zwischen verschiedenen Milieus, einzelnen Gruppen und Individuen annehmen, selbst wenn diese beispielsweise dem gleichen Milieu als zugehörig definiert werden. Kultur verbindet die Vergangenheit mit der Zukunft, ist also auch Bewusstsein von Zeit und Geschichte (Fuchs 1989, S. 16), das heißt die jeweilige Lebensweise einer Gesellschaft, Gruppe, eines Milieus oder einer Klasse ist historisch vor dem Hintergrund des jeweiligen Kontextes gewachsen und prinzipiell veränderbar. In der Außerschulischen Jugendbildung wird davon ausgegangen, dass Jugendliche ihre eigene Lebensweise herausbilden, die zum einen stark von der gesellschaftlichen Gruppe, der sie zugehörig sind beeinflusst ist, in der Lebensphase Jugend darüber hinaus aber eigene, an ästhetischen Symbolen ausgerichtete Überformungen annehmen kann. Ihren Ausdruck finden diese Überformungen dann häufig in den sogenannten ‚Jugendkulturen'. Wird Kultur als Lebensweise definiert, bedeutet dies ein sehr weites Verständnis von Kultur. Kulturelle Bildung als Teil der Außerschulischen Jugendbildung braucht aber diese weite Definition von Kultur, da eine ihrer zentralen Prämisse lautet, dass jegliches Arbeiten mit Jugendlichen sich auf ihre Lebenswelt beziehen muss. Fuchs (2002) stellt in diesem Zusammenhang die „Alltagsästhetik" (ebd., S. 111) heraus (s.o.), die Kinder und Jugendliche in ihrem Alltag praktizieren, „denn vorhandene Jugendkulturen sind symbolische Präsentationen, die ein ästhetisch-lebensbezogenes Material für die kulturelle Jugendbildung darstellen können.

Gleichzeitig bezieht sich Kulturelle Jugendbildung auch auf die spezifischen kulturpädagogischen Arbeitsformen und definiert ‚Kultur als Kunst', unterlegt damit also eine enge Kulturdefinition. Begründet ist dies in den besonderen Bildungsmöglichkeiten, die diesen Arbeitsformen unterstellt werden. Ein umstrittener Punkt in diesem Zusammenhang liegt in der Frage nach dem Verhältnis zwischen dem Eigenwert der jeweiligen ästhetisch-künstlerischen Praxis und den Ansprüchen von bildnerischen und damit pädagogischen Aufgaben und Zielvorstellungen. In diesem Zusammenhang ist immer wieder die Tendenz zu beobachten, die verschiedenen ästhetisch-künstlerischen Praxen allein auf einen engen Kulturbegriff festzulegen und sich gegen Vereinnahmungen aus der Pädagogik – beispielsweise Erweiterung der Sprachkompetenz bei Jugendlichen mit Migrationshintergrund als explizites und zu überprüfendes Ziel von Theaterarbeit – zu verwahren. Die Befürchtung derjenigen, die das Arbeitsfeld vor allem unter künstlerischen Aspekten betrachten ist, dass die Kunst von der Pädagogik für ihre Zwecke in den Dienst genommen wird und damit ästhetische Erfahrungsmöglichkeiten eingeschränkt werden.

Kultur als Kunst

Unentschieden ist auch die Diskussion um *Prozess* oder *Produkt*. Sowohl für die ästhetische Erfahrung als auch unter pädagogischen Aspekten sind beide (Prozess und Produkt) gleichermaßen wichtig, wenn auch unter verschiedenen Blickwinkeln. Die ästhetische Erfahrung im Produktionsprozess ermöglicht,

Prozess und Produkt

nach Sting (2006, S. 5), die Bearbeitung eigener Erfahrung und neue Wahrnehmungsweisen von Selbst und Kunst. Hier zeigt sich wieder die Parallele zum emanzipatorischen Bildungsbegriff in der Außerschulischen Jugendbildung. Ob das Produkt künstlerischen Ansprüchen genügen muss oder nicht, ist umstritten. Unter Bildungsaspekten ist das Produkt und vor allem die Ausstellung oder Aufführung des Produktes ein wesentlicher Faktor. Nicht nur, dass das Wissen darum, dass eine Auf- oder Vorführung ansteht, die Motivation und die Anstrengung erhöhen. Die Erfahrung, sich selbst auf der Bühne, wie im Falle der Theaterarbeit, oder sein Produkt, wie im Falle einer Ausstellung erstellter Skulpturen, zu präsentieren sowie die Anerkennung durch das Publikum zu erfahren, ist eine ‚bildende‘ Erfahrung, in der Selbstachtung und Selbstbewusstsein im Sinne Scherrs (1997) gestärkt werden, unabhängig davon, ob das Produkt künstlerischen Ansprüchen genügt.

Gleichzeitig kann die Orientierung am Produkt eine Einschränkung der Bildungsmöglichkeiten darstellen, wenn im Prozess nicht mehr die subjektiven, persönlichkeitsbildenden Erfahrungen der Jugendlichen im Vordergrund stehen, sondern die Wirkung des Produkts auf Geldgeber wie beispielsweise Stadt, Kommune oder Unternehmen (als Spendergruppe). Diese sind in erster Linie an der Qualität des Produkts interessiert, in der sich die Professionalität der Pädagogen zeigt, die für diese Geldgeber arbeiten. Der Prozess, beispielsweise welche unglaubliche Anstrengung für Einzelne der einzige ‚hin genuschelte‘ Satz vor einem Publikum bedeutet, findet in solchen Zusammenhängen keine Beachtung. Deutlich wird hier, dass Kunst eben nicht einfach nur Kunst ist, sondern immer auch als soziale Realität zu verstehen ist, die unterschiedlichen Interessen unterliegt. Diese lassen sich keinesfalls nur auf einen emanzipatorischen Bildungsanspruch festlegen.

Zusammenfassend kann also festgehalten werden, dass sich die Diskussionen um Bildungswirkungen Kultureller Bildung zwischen Verwahrungen gegenüber einer Pädagogisierung ästhetischer Erfahrung auf der einen und einer Begrenzung von ‚Kunst als Kunst‘ auf der anderen Seite bewegen. Entscheidend für eine Synthese beider Pole erscheint die Bestimmung des Bildungsbegriffs. Hentschel gibt hier, in Anlehnung an Mollenhauer, wesentliche Impulse:

> *„Entscheidend dabei ist, dass die rezeptive und produktive Kunsterfahrung des Subjekts in ihrer konstitutiven Bedeutung für die Bildung eben dieses Subjekts anerkannt wird und nicht als ‚Vor-Erfahrung‘ im Hinblick auf gesellschaftlich verwertbares Interesse betrachtet wird. Unter dieser Voraussetzung ist es wesentlich, dass die ästhetische Erfahrung nicht als eine unwirkliche ‚Schein‘-Erfahrung und das künstlerische Gestalten als eine die Wirklichkeit bloß abbildende Tätigkeit angesehen werden, sondern als Auseinandersetzung des Subjekts mit einer eigenständigen Wirklichkeit, die nicht lediglich in Relation zu einer ‚objektiven‘ Realität bestimmt wird“ (vgl. Hentschel 1996, S. 70).*

Kulturelle Bildung geht in dieser Definition nicht von einer vorab bestimmbaren Vorstellung über das Subjekt und möglichen, durch welche Kunstform auch immer, zu erreichenden konkret benannten Bildungszielen aus, sondern es soll versucht werden, den umgekehrten Weg nach zu zeichnen. Ausgehend von der besonderen Materialität der jeweiligen Kunstform und den spezifischen Erfahrungen, die der produktive Umgang mit dieser Kunstform vermittelt, sollen mögliche, dadurch initiierbare Bildungsbewegungen beim gestaltend tätigen Subjekt aufgezeigt werden (ebd. S. 71f.).

4.4.1 Ästhetische Bildung/Ästhetische Erziehung

In der Erörterung der Bildungsdimensionen Kultureller Bildung geht es nicht nur um Bildungsmöglichkeiten durch das Herstellen eigener Produkte. Dies ist für die Außerschulische Jugendbildung sicherlich ein zentraler Aspekt. Kulturelle Bildung versteht sich aber auch als Ästhetische Bildung und geht damit über die spezifischen künstlerisch-ästhetischen Arbeitsweisen hinaus. Der Begriff „Ästhetik" stammt aus dem Griechischen (*aisthesis*) und bedeutete ursprünglich die sinnliche Wahrnehmung. Als Gegenpol zu einer vorrangig intellektuellen Schulung der Geisteskräfte sollte Ästhetische Bildung das Empfindungsvermögen und die Wahrnehmung des Menschen bilden. Das Sinnliche, die Wahrnehmung, das Schöne, das Erhabene und die Kunst wurden als Beschreibungsmodelle anderen Werten, wie dem Wahren oder dem Guten, gegenübergestellt. Ästhetik war also keineswegs auf die Künste oder ‚das Schöne' beschränkt, sondern stellte eine eigene Herangehensweise an die Interpretation und Analyse von Welt dar. Damit besteht in Bezug auf die Definition von Ästhetischer Bildung heute weitgehende Einigkeit darüber, dass es sich dabei um einen Modus des Verhaltens zur Welt handelt (Kirchner et al. 2006, S. 11). Wird Ästhetische Bildung als Teil von Allgemeinbildung definiert, so wie beispielsweise von Mollenhauer (1996), handelt es sich nicht um Kulturelle Bildung mit den schon genannten ästhetisch-künstlerischen Handlungsfeldern, sondern um ein grundsätzliches Element von Bildung, das nicht auf ein bestimmtes Handlungsfeld festzulegen ist. In der Kulturellen Jugendbildung mit ihren ästhetisch-künstlerischen Arbeitsfeldern und -formen ist die Ästhetische Bildung aber in besonderer Weise aufgehoben.

Ästhetische Bildung als Modus des Verhaltens zur Welt

Ästhetische Bildung hat, in Abhängigkeit von gesellschaftlichen Rahmenbedingungen, unterschiedliche Aufmerksamkeit erfahren. Man kann zeigen, dass immer dann, wenn in der Gesellschaft Verfallserscheinungen diagnostiziert wurden – wie schon bei Kant, Schiller und Hegel –, ästhetische Bildung steigende Aufmerksamkeit verbuchen konnte. So knüpft beispielsweise die Kritische Theorie, das vorherrschende Paradigma in der Diskussion um ästhetische Bildung in den 60er und 70er Jahren, an Hegel an und definiert ästhetische Erziehung als politische Erziehung. Insbesondere die Produktion von Kunst wird, nach Horkheimer & Adorno (1992), in kapitalistisch organisierten Ge-

Ästhetische Bildung als politische Bildung

sellschaften durch die Kulturindustrie zum Mittel der Verschleierung von Herrschaft. Dies und die vorherrschenden Machtverhältnisse zu analysieren und zu wenden, ist das ausgemachte Ziel ästhetischer Erziehung. Die Beschäftigung mit Kunst geschieht, um gesellschaftliche Zusammenhänge bloß zu legen, sie soll Erkenntnisse über die „wahren" gesellschaftlichen Verhältnisse vermitteln. Damit kann natürlich auch nur Kunst sein, was diese Verhältnisse (kritisch) widerspiegelt. „Nicht Kunst, sondern die Analyse von Kunst ist dabei bildend" (Hentschel 1996, S. 49). In diesem Ansatz spielt die Eigenheit der subjektiven Erfahrung mit Kunst keine Rolle.

Ästhetisierung des Alltags   In den 1980er Jahren ist die „Postmoderne" mit ihren Vertretern (Lyotard, Welsch) das führende Paradigma. Kunst wird hier jede Bildungswirkung abgesprochen. Es findet eine Ästhetisierung aller gesellschaftlichen Bereiche statt, so die These, in der Gesellschaftskritik durch Kunst keine Rolle mehr spielt und allgemeine Bildungswirkungen durch ästhetische Bildung verneint werden. „Diese Entwicklung, die auch mit Begriffen wie Diktat des schönen Scheins, Trend zu Show und Spektakel, Hang zu Imagepflege, Styling und Effekthascherei, Verharmlosung durch Verhübschung oder auch Inszenierung des Alltags benannt wird, führt letztlich zu Betäubung der Sinne und Trübung des Bewusstseins, also zu einer An-Ästhetisierung (W. (Welsch)" (Weintz 2008, S. 40). Die Ästhetisierung findet dabei auf zwei Ebenen statt: zum einen auf der Ebene des Alltags und zum anderen auf der Ebene der Kunst selbst. Erstere bezieht sich auf Phänomene wie verharmlosende, ästhetisierte Bilder von Katastrophen und Krieg (beispielsweise die sehr saubere Darstellung der blutigen kriegerischen Auseinandersetzungen im Irak) oder Modernisierungen von heruntergekommenen Stadtvierteln mit einer als sozial schwach eingestuften Bevölkerung zur schöneren Ansicht ohne Inangriffnahme damit verbundener struktureller Probleme. Auch die Ablenkung vom eigenen tristen und erfolglosen Alltag durch oberflächlichen Konsum von Ästhetik (Kleidung, Wohnung etc.) ist hier angesprochen. In diesem Trend der Ästhetisierung des gesamten Alltags droht Ästhetik zur eigenen Farce zu werden: Gedacht als Weg zu sinnlich-bewusster Selbstbildung (ebd., S. 41), wird sie zur Farce ihrer selbst und verstärkt Oberflächlichkeit im Denken. Gesellschaftsmitglieder werden so zum Spielball der Interessen einer Schönheits- und Konsumindustrie, ein kritischer Impuls zur Analyse gesellschaftlicher Bedingungen geht verloren.

Ästhetisierung der Kunst   Zum anderen meint Ästhetisierung auf der Ebene der Kunst, eine Kunst, die sich nicht mehr um gesellschaftskritische Aussagen bemüht oder gesellschaftliche Zustände spiegeln will, sondern nur noch Kunst um ihrer selbst Willen ist. Lyotard, als ein Vertreter eines postmodernen Kunstverständnis betont, dass in den Kunstprodukten der Postmoderne nicht mehr *eine* Aussage herausgefiltert werden kann, die zudem noch kritisch auf einen bestimmten gesellschaftlichen Zustand verweist. Kunst, in seinem Sinne, entzieht sich der Repräsentation von Wirklichkeit. Statt *einer* möglichen Interpretation lässt sie viele

Deutungen zu und verweist damit sowohl auf die Pluralität von Wertorientierungen und Lebensstilen in der Postmoderne als auch auf die der Kunst imma-
nenten eigene Sprache, Materialität und Form (vgl. ebd., 45).

Diese Diskussionen berühren die Kulturelle Jugendbildung als Ansatz in der
Außerschulischen Jugendbildung hinsichtlich der oben schon angesprochenen
Frage nach ihren Bildungsmöglichkeiten. Die von Welsch beschriebene Ästhetisierung aller gesellschaftlicher Bereiche betrifft auch und in besonderer Weise die Lebensphase Jugend und damit die Aneignungsprozesse Jugendlicher:
Zum einen treffen sie auf eine stark ästhetisierte Umwelt, in der es schwierig
ist, die dahinter stehenden Anordnungen gesellschaftlicher Beziehungen und
sozialer Güter (siehe Kap. 4.2) zu erkennen. Diese Anordnungen zu identifizieren ist aber die Grundlage, um die eigene Lebensgestaltung bewusst wählen zu
können sowie Selbst- und Weltverständnis zu erlangen (vgl. Kap. 4.1). Diesen
Bewusstseinsprozess zu unterstützen ist eine der Aufgaben Kultureller Bildung
in der Außerschulischen Jugendbildung. Das Entlarven verharmlosender Bilder und Realität vorgaukelnder Alltagsinszenierungen gehört genauso dazu,
wie eine Entscheidung über eigene Selbststilisierungen zu treffen. Ob Außerschulische Jugendbildung die Mittel dazu hat, diese Bewusstseinsprozesse
anzuregen und wie diese Mittel aussehen können, wäre in einer Theoriebildung
zur Außerschulischen Jugendbildung, in der Kulturelle Bildung ein Teilele-
ment darstellt, noch auszuarbeiten.

4.4.2 Die Kulturelle Jugendbildung am Beispiel der Theaterpädagogik

Die Kulturelle Jugendbildung hat sich sowohl in Bezug auf die Einrichtungen
als auch auf die Angebotsprofile deutlich ausdifferenziert. Die einzelnen
Arbeitsfelder unterscheiden sich in einigen Punkten stark voneinander, in anderen wie beispielsweise Bildungs- oder Kulturverständnis sind auch Gemeinsamkeiten erkennbar. „Formale Gemeinsamkeiten sind das Fehlen verlässlich
geregelter Finanzierungszugänge (…) und eine zugleich gewollte, wie unver-
meidliche konzeptionelle Vielfalt" (Kamp 2005, S. 374).

Am Beispiel der Theaterpädagogik soll im Folgenden die Kulturelle Jugendbildung in einem bestimmten künstlerisch-ästhetischen Handlungsfeld näher
erläutert werden. Dieses wird gewählt, da die Theaterpädagogik beispielsweise
im Handlungsfeld interkultureller Bildung große Aufmerksamkeit erfährt. Die
künstlerische, ästhetische Dimension der Theaterpädagogik kann man als eine
beschreiben, die sich im Medium Theater aufspannt. Zu ihr gehört die Freude
am Spiel und an der Verwandlung, die Freude und Anspannung auf der Bühne
und vor dem Publikum, die Freude am Erlernen von Techniken und Texten.
Theaterpädagogik fördert hier die theatrale Ausdrucksfähigkeit und den Umgang mit theatralen Mitteln (Haun 1997, S. 4). Die pädagogische Dimension

Theaterpädagogik an der
Schnittstelle zwischen
Kunst und Pädagogik

ist aufgehoben in der Methodik und Didaktik (so kann beispielsweise im Jugendprojekt ein bestimmtes Stück vorgegeben werden oder ein Stück mit den Jugendlichen selber erarbeitet werden) und der Reflexion des spielerischen Prozesses unter dem Aspekt, was er für die einzelnen Spieler bedeutet und welche Emotionen und Denkprozesse er auslöst.

Das Arbeitsfeld ist sehr heterogen, es ist durch eine Vielfältigkeit in Bezug auf Einrichtungen und Arbeitsweisen gekennzeichnet. Was schon für die kulturelle Bildung allgemein formuliert wurde gilt auch hier: Die Theaterpädagogik befindet sich an der Schnittstelle zwischen Kunst und Pädagogik. An der Schnittstelle Kunst ist der Gegenstand der theaterpädagogischen Arbeit die Kunst des Theaterspielens. Das Produkt, hier die Aufführung des Erarbeiteten, steht im Vordergrund. An der Schnittstelle Pädagogik ist Gegenstand der theaterpädagogischen Arbeit der Darsteller oder die Darstellerin und sein oder ihr Verhältnis zu sich und zur Welt (Weltaneignung auch über die Inhalte des Stückes). Hier steht der Prozess im Vordergrund. Diese Trennung ist nur eine Akzentuierung, denn, wie schon erwähnt, sind immer beide Aspekte miteinander verknüpft. „Indem Theaterpädagogik Theater und Pädagogik zusammenführt, wird sie zur Brücke – freilich mit der Eigenschaft, nicht ein für alle Mal auf Säulen zementiert zu sein, sondern als fragiles Netzwerk immer erneut von einem zum andern Ufer geschlungen zu werden" (Baacke 1996, S. 272).

Ziele der Theaterpädagogik sind:

- die Aufhebung der Trennung von Körper und Geist;
- freie Selbstentfaltung durch persönliches Erleben (keine Belehrung), welches ermöglicht, die Welt als veränderbar und nicht starr zu erleben;
- Thematisierung sowohl der gesamtgesellschaftlichen Situation als auch der individuellen Situation einzelner (vgl. Neuroth 1994, S. 32f.).

Das, womit die Theaterpädagogik arbeitet, das sogenannte „künstlerische Material", sind der menschliche Körper, menschliche Verhaltensweisen und Äußerungsformen: Sprache, Bewegung, Mimik, Gestik und Interaktion. Gearbeitet wird mit klassischen Textvorlagen, mit Texten, die sich aus der Gruppe entwickeln, mit Alltags-, Körper- und Selbsterfahrung der Spielenden.

Bildung durch die spezifische Produktionsweise des Theaters

Die Theaterpädagogik heute, vertreten durch Autoren wie Hentschel (1996) und Sting (2004), geht zuerst von der Kunstform und ihren spezifischen Produktionsweisen aus. Diese ermöglichen die Bildungswirkungen. Sie gehen also nicht von einem bestimmten Erziehungsziel aus, das durch die Theaterpädagogik erreicht werden soll. In Abgrenzung zur politischen Instrumentalisierung der Theaterpädagogik betonen sie, dass Theaterarbeit sich eben nicht immer mit gesellschaftlichen Problemstellungen auseinandersetzen müsse. Das Vergnügen am Theaterspiel gehöre genauso dazu, wie „die sensible Einbindung der beteiligten Spieler mit ihren Fähigkeiten und Erfahrungen" (Sting 2006, S. 4). Die Spieler, nicht die Sache, so Sting, stehen im Mittelpunkt theaterpädagogischer Arbeit. „Theaterpädagogik als ästhetische Bildungsarbeit ermöglicht eine Vielfalt von Lernprozessen, die die individuelle Wahrnehmungs- und Ausdrucksfähigkeit schult, künstlerische und alltags-kulturelle Phänomene im gesellschaftlichen Kontext reflektiert, soziales Verhalten übt und in dieser Komplexität unmittelbare Auswirkung auf die Lebenswirklichkeit und Handlungskompetenz der Beteiligten hat" (ebd.). Diese Bildungs- und Lerneffekte können sich aber nur einstellen, wenn die Spiellust der Teilnehmer geweckt wird. Eine engagierte Ausrichtung an den das Medium Theater konstituierenden künstlerischen Arbeitsweisen und Gestaltungsprozessen ist aus diesem Grund für die Theaterpädagogik essentiell. „In dem Augenblick, in dem Theaterpädagogik zum bloßen Mittel oder Methodenlieferanten für außerhalb des Theatermachens liegende Zwecke reduziert wird, verliert sie ihre kommunikative, soziale und differenzierende Kraft" (ebd.). In diesem Sinne versteht sich Theaterpädagogik subjektivistisch, das heißt die spezifischen Erfahrungen des oder der Einzelnen stehen im Vordergrund.

Das Arbeitsfeld der Theaterpädagogik zu systematisieren, ist ein äußerst schwieriges Unterfangen. Die Schwierigkeiten ergeben sich daraus, dass es sich an der Schnittstelle zwischen Kunst und Pädagogik befindet. Dies macht es schwierig, in den einzelnen Feldern genau zu bestimmen, ob es sich um künstlerisches oder pädagogisches Arbeiten handelt. Das Laientheater als ein theaterpädagogisches Arbeitsfeld kann hier als Beispiel herangezogen werden. So wird beispielsweise in einem Freizeitzentrum ein Theaterstück eingeübt, das nach einer gewissen Probezeit auch aufgeführt werden soll. Zunächst steht nicht das pädagogische Arbeiten im Vordergrund, sondern das Theaterspielen. Gleichzeitig sind natürlich auch hier darüber hinausgehende bildnerische Wirkungen möglich und wahrscheinlich. Das Stück muss ausgewählt werden und hat vielleicht einen gesellschaftskritischen Hintergrund oder beschäftigt sich mit einem Thema, das besonders gut mit Inhalten übereinstimmt, die die Jugendlichen gerade in ihrem Alltag beschäftigen. Über das Einüben der Rollen entwickelt sich eine Reflexion zu dem Thema, die auch konkrete Alltagssituationen der Jugendlichen in den Blick nimmt. Im Laientheater können die Jugendlichen sich auszuprobieren, Seiten der eigenen Person entdecken, die man nicht kannte oder auch Gesellschaftskritik einüben. Überprüft man diese Ziele an denen eines emanzipatorischen Bildungsbegriffs, lassen sich deutliche Überschneidungen erkennen. Die theaterpädagogische Arbeit in der Außerschulischen Jugendbildung erschöpft sich aber keineswegs nur in der Erarbeitung eines Theaterstückes mit anschließender Aufführung. Auch zur Bearbeitung von Konflikten oder der Reflexion der eigenen Biografie und möglichen Zielvorstellungen eignen sich szenische Verfahren oder Improvisationstheater hervorragend (vgl. auch Sturzenhecker 2002).

Zusammenfassung

Kulturelle Bildung als expandierendes Handlungsfeld bewegt sich an der Schnittstelle zwischen Kunst-, Erziehungs- und Kulturwissenschaft. Zentral ist die Ausbuchstabierung des Bildungs- und des Kulturbegriffs.

Der Bildungsbegriff in der Kulturellen Bildung ist als subjektbezogene Selbstbildung gedacht. In der rezeptiven und produktiven Kunsterfahrung des Subjekts wird das eigentliche Bildungsmoment gesehen und damit curricularen Festlegungen auf bestimmte Bildungsziele eine Absage erteilt.

Ästhetische Bildung als eine eigene Herangehensweise an die Interpretation und Analyse von Welt ist Teil von Allgemeinbildung und damit nicht auf ästhetisch-künstlerische Handlungsfelder beschränkt, in der Kulturellen Jugendbildung mit ihren ästhetisch-künstlerischen Arbeitsfeldern und -formen aber in besonderer Weise aufgehoben.

Die Identifikation und Analyse der von Welsch beschriebenen Ästhetisierung aller gesellschaftlicher Bereiche als Grundlage, die eigene Lebensgestaltung bewusst wählen zu können, ist Ziel Ästhetischer Bildung in der Außerschulischen Jugendbildung.

Übungen:
1. Beschreiben Sie den Bildungsbegriff in der Kulturellen (Jugend-)Bildung!
2. Diskutieren Sie angewandte Kulturbegriffe in der Kulturellen Bildung!
3. Wie ist der Begriff der ‚Ästhetik' zu verstehen und welche Bedeutung hat die Ästhetische Bildung für die Außerschulische Jugendbildung?

Weiterführende Literatur:

Aissen-Crewett, M. (2000): Ästhetisch-aisthetische Erziehung. Zur Grundlage einer Pädagogik der Künste und der Sinne. Potsdam: Universität.

Baacke, D. (2004): Jugend und Jugendkulturen. Darstellung und Deutung. Weinheim und München: Juventa.

Ferchhoff, W. (2007): Jugend und Jugendkulturen im 21. Jahrhundert. Lebensformen und Lebensstile. Wiesbaden: VS Verlag für Sozialwissenschaften.

Kämpf-Jansen, H. (2002): Ästhetische Forschung. Wege durch Alltag, Kunst und Wissenschaft. Zu einem innovativen Konzept ästhetischer Bildung. Köln: Salon.

Liebau, E./Zirfas, J. (Hrsg.). (2008): Die Sinne und die Künste. Prspektiven ästhetischer Bildung. Bielefeld: Transkript.

5 Aktuelle Kontroversen

5.1 Bildung und Kompetenz – Formale, non-formale und informelle Bildung[4]

In diesem Artikel geht es um das Verhältnis von Außerschulischer Jugendbildung und den Begriffen von Bildung und Kompetenz. Es wird erörtert, inwiefern ein traditionelles Bildungskonzept der außerschulischen Jugendarbeit zugrunde gelegt werden kann und muss oder ob das Konzept der Kompetenz angemessener ist. Dabei werden auch Einzelmerkmale des Bildungsbegriffs wie formale Bildung und informelle Bildung geprüft.

Mit gesellschaftlichen und strukturellen Veränderungen wandeln sich auch die Fachbegriffe zur Beschreibung pädagogischen Handelns. Dies betrifft auch unweigerlich die Diskussion um allgemeine Zieldimensionen der Jugendbildung. Wie bereits in den Kapiteln 1 und 2 vorgestellt worden ist, ist der Bildungsauftrag, der aus dem SGB VIII § 1 abgeleitet wird, nicht zwingend selbsterklärend. „Jeder junge Mensch hat ein Recht auf Förderung seiner Entwicklung und auf Erziehung zu einer eigenverantwortlichen und gemeinschaftsfähigen Persönlichkeit" (SGB VIII § 1). Der Bildungsauftrag, der aus dem Gesetzestext gewonnen wird, verdeutlicht neben der inhaltlichen Dimension auch eine systematische Erkenntnis, nämlich dass die Begriffe Bildung, Erziehung und Sozialisation in einem engen Wirkungsgefüge stehen und dass die Unterschiede in der Auslegung weitreichende Folgen für die pädagogische Praxis und das wissenschaftliche Selbstverständnis der Jugendarbeit resp. Jugendbildung besitzen. Im Folgenden soll der Bildungsbegriff thematisiert werden, da er nicht nur als Zielkategorie für die Jugendbildung fungiert, sondern auch mit dem Namen der Fachdisziplin verankert ist.

5.1.1 Bildung und Kompetenz

Bildung ist ein weitläufiger, aber originär pädagogischer Begriff, der sowohl als Ziel- bzw. Leitkategorie pädagogischen Denkens und Handelns dient, aber

Unterschiedliche Auslegungen des Bildungsbegriffs

---

[4]   Dieser Beitrag wurde von Maximilian Sailer verfasst.

auch pädagogische Interventionen erst legitimiert. Seit geraumer Zeit – und nicht erst seit den PISA-Studien – wird dem Bildungsbegriff ein bedeutender Platz innerhalb des gesellschaftlichen Diskurses eingeräumt. Der Handlungsdruck, sich mit Bildung und Strukturreformen des Bildungssystems auseinanderzusetzen, ist nachweislich mit der Veröffentlichung der Ergebnisse der internationalen Schulleistungsuntersuchungen (PISA) gestiegen (vgl. Otto/ Rauschenbach 2004, S. 1). Yvonne Kaiser stellt fest, dass bereits vor PISA eine Reihe von Expertisen zum Thema Bildung vorgestellt wurden, die Bildung in den Mittelpunkt des Interesses rückten und auch für die Jungendarbeit wichtig sind (vgl. Kaiser 2011, S. 13). Allen voran ist der elfte Kinder- und Jugendbericht zu nennen, der Bildung als zentrale Aufgabe der Kinder- und Jugendhilfe thematisiert:

> *„Bildung ist heute bedeutender für das Aufwachsen von Kindern und Jugendlichen in Deutschland als früher. Sie bleiben länger in Institutionen der Erziehung, Betreuung und Bildung als je zuvor. Es kommt hinzu, dass individuelle, informelle und selbstgesteuerte, nach eigenem Sinn gesteuerte Bildungsprozesse zunehmen, und zwar sowohl innerhalb wie außerhalb von Institutionen" (BMFSFJ 2002, S. 153).*

Bildung als formale Bildung?

Bildung ist ein konnotativer Begriff, d.h. je nach Handlungsfeld und wissenschaftlicher Positionierung werden sich unterschiedliche Auslegungen, Assoziationen und Bedeutungen mit ihm verbinden lassen. Benno Hafeneger nennt ihn einen „Containerbegriff", der mit mannigfachen Inhalten gefüllt werden kann (vgl. Hafeneger 2011, S. 33). Politik, Wirtschaft und Wissenschaft berufen sich auf den Bildungsbegriff, um sowohl eine Bestandsaufnahme der Situation der heranwachsenden Generation zu liefern als auch die Zukunftschancen zu prognostizieren. Was in den einzelnen Diskursen als Bildung deklariert wird, steht nur vereinzelt in der Traditionslinie jenes Bildungsverständnisses, welches im Neuhumanismus oder in der Aufklärung geprägt wurde. Erschwerend kommt noch hinzu, dass Bildung in der medialen Berichterstattung eher ein alltäglicher als ein wissenschaftlicher Begriff ist (vgl. Lenzen 2000). Resümierend lässt sich feststellen, dass im zeittypischen Verständnis Bildung in großem Maße auf schulische Prozesse und den Erwerb von Qualifikationen und den Nachweis von Kompetenzen reduziert wird (formale Bildung). Der Bildungsbegriff wird vielfach äquivalent als Kompetenz, Wissensvermittlung oder Qualifikation ausgelegt. Mischformen wie „Bildungskompetenz", „Bildung als Kompetenzerwerb" erschweren den Versuch, eine definitorische Trennschärfe zwischen den Termini zu erzielen. Die Konzepte von Bildung und Kompetenz zu verbinden und somit ein weites, offenes Bildungsverständnis zu kreieren hat z.B. das Forum Bildung unternommen (vgl. Rauschenbach 2004, S. 23). Folgende Grundkompetenzen der Bildung wurden hierbei konzeptualisiert (Arbeitsstab Forum Bildung 2002, S. 3):

- Lernkompetenz (Lernen des Lernens),

- Verknüpfung von ‚intelligentem' inhaltlichem Wissen mit der Fähigkeit zu dessen Anwendung,
- methodisch-instrumentelle (Schlüssel-)Kompetenzen, insbesondere im Bereich Sprachen, Medien und Naturwissenschaften,
- soziale Kompetenzen,
- Wertorientierungen.

Die Entwicklung geht eindeutig in die Richtung, beide Begriffe in einen sinnvollen Einklang zu bringen.

Für diese Abhandlung stellt sich dann die Frage, ob der Bildungsbegriff prinzipiell geeignet ist, die Praxis der Jugendbildung beschreiben zu können (vgl. Grunert 2006, S. 15). Ist das klassische Bildungsverständnis nicht idealisierend und überhöhend, wenn man Bildung als „Transformationsprozess der Persönlichkeit in der Auseinandersetzung des Menschen mit sich selbst und der Welt" auslegt (ebd., S. 16; vgl. Klafki 1994, S. 43)? Wenn man Bildung als Prozess der Selbstwerdung, der Selbst- und Weltaneignung versteht und somit die Subjekt-Welt-Relation, die Persönlichkeitsentwicklung zum Kerngedanken bildungstheoretischen Denkens erklärt, sind dann die Bildungsergebnisse dieser subjektiven Vorgänge in der Praxis überhaupt noch zu erkennen, interindividuell zu vergleichen und/oder auch zu messen? In dieser Auslegungsform wird Bildung subjektiviert, das Bildungsprodukt individuell-variabel aber nicht empirisch nachweisbar und für die quantitative Bildungsforschung – überspitzt formuliert – zur Metaphysik. Andererseits, wird es der klassischen Bildungsidee Humboldtscher Prägung gerecht, wenn sie lediglich zweckentfremdet auf Wissensaneignung, Qualifikations- und Kompetenzerwerb reduziert wird? Wird Bildung dadurch nicht instrumentalisiert, um Lernergebnisse sichtbar und intra- bzw. interindividuell vergleichbar zu machen? Für Wolfgang Klafki ist ein Festhalten am Bildungsbegriff trotz der beschriebenen Ambivalenz unausweichlich (vgl. Klafki 1994, S. 44). „Wenn pädagogisch gemeinte Hilfen, Maßnahmen, Handlungen und individuelle Lernbemühungen *begründbar* und *verantwortbar* bleiben oder werden sollen" (ebd.), ist eine übergreifende pädagogische Ziel- und Orientierungskategorie, wie sie der Bildungsbegriff verkörpert, notwendig. Ein bewiesenes Manko des tradierten, geisteswissenschaftlichen Bildungsbegriffs ist es, dass er kaum präzise fassbar und auch nicht zwingend empirisch überprüfbar ist.

Bildung als Subjekt-Bildung?

Dies ist aber ebenfalls, bei näherer Betrachtung, auf den Kompetenzbegriff zutreffend. „Oftmals begrifflich unscharf und bisweilen allzu alltagssprachlich verwandt verliert sich der Terminus in der Vielfalt darauf rekurrierender Themen und Forschungskontexte" (Rohlfs et al. 2008, 13). Unter Kompetenz wird allgemein die personale Fähigkeit verstanden, Anforderungen in bestimmten Bereichen zu entsprechen. Kompetenzen werden in einer klassischen Einteilung in vier Kompetenzbereiche gegliedert (vgl. Heyse/Erpenbeck 1997). Neben der Fach-, Methoden-, Sozialkompetenz wird die Handlungskompetenz

Bildung als Kompetenzerwerb?

aufgeführt, die als separate Kompetenz die anderen Kompetenzbereiche vereint. Die *Fachkompetenz* umfasst berufliche Kenntnisse und Fertigkeiten, aber auch kognitive Fähigkeiten zur Problemstrukturierung und -lösung und Entscheidungsfindung. Wer über *Methodenkompetenz* verfügt, besitzt die Fähigkeit, selbständig Wege und Mittel für die Aufgabenbewältigung zu entdecken und anzuwenden. *Sozialkompetenz* beinhaltet kommunikative und kooperative Fähigkeiten. Das Arbeiten im Team und die Fähigkeit, gemeinsam mit anderen Probleme zu lösen, stellen einzelne Komponenten der *Sozialkompetenz* dar (vgl. ebd., S. 55). *Handlungskompetenz* setzt sich aus methodischen, sozialen und fachlichen Kompetenzen zusammen. Die Verzahnung dieser Kompetenzstränge macht erst die eigentliche Handlungskompetenz aus. Sie wird auch als *Primärkompetenz* (vgl. Münch 1995, S. 11) oder *Schlüsselkompetenz* (ursprünglich Schlüsselqualifikation) (vgl. Mertens 1974) bezeichnet. Ferner gehen diese Konzepte auf die industriesoziologischen Untersuchungen Dahrendorfs zurück, der zwischen funktionalen (überwiegend Kenntnisse und Fertigkeiten) und extrafunktionalen (überwiegend personale, überfachliche) Kompetenzen unterschied (Dahrendorf 1955). In der gegenwärtigen Literatur der Jugendbildung wird der Versuch unternommen, die vorgestellten Kompetenzmodelle stärker bildungstheoretisch und individuumsbezogen einzubinden. Die überfachlichen Fähigkeiten und Fertigkeiten von Kindern und Jugendlichen werden in soziale, emotionale und kommunikative Kompetenzen eingeteilt (vgl. Rohlfs 2008, S. 13). Bedeutet dies, alten Wein in neue Schläuche zu gießen (vgl. Arnold/Gonon 2006)? Ob sich in diesen Kompetenzmodellen tatsächlich bildungstheoretische Anklänge finden lassen, muss erst noch bewiesen werden. Nach Carsten Rohlfs sollte die Diskussion um Bildung und Kompetenz nicht in einem Entweder-Oder enden, sondern

„(...) einen umfassenden, interdisziplinären und – dem Paradigma der aktuellen Bildungsdiskussion entsprechend – formale, informelle und non-formale Bildungsorte und -prozesse einbeziehenden Blick auf die überfachlichen Kompetenzen von Kindern und Jugendlichen in ihren wichtigsten Facetten eröffnen" (ebd., S. 13).

In der Streitschrift des Bundeskuratoriums (BJK) „Zukunftsfähigkeit sichern! – Für ein neues Verhältnis von Bildung und Jugendhilfe" wird zwischen formellen, nicht-formellen und informellen Bildungsorten und Lernsituationen unterschieden (vgl. BJK 2001, S. 23). Diese Einteilung wird auch in der Schrift „Konzeptionelle Grundlagen für einen Nationalen Bildungsbericht" in leicht abgewandelter Form beibehalten (vgl. Rauschenbach et al. 2004). Halten wir uns dementsprechend in der weiteren Abhandlung an diese Einteilung.

5.1.2   Formale Bildung

Institutionengebundenheit und Leistungsaspekt formaler Bildung

Wie bereits in Kapitel 2 verdeutlicht, ist es sinnvoll, dass sich das Bildungsverständnis der Jugendbildung vom Bildungsverständnis der Schule unterscheidet oder zumindest nicht mit diesem identisch sein muss. Schulische Bildung wird auch als *formelle* Bildung oder *formale* Bildung (aus dem englischen formal learning) bezeichnet. Hierunter versteht man „das gesamte hierarchisch strukturierte und zeitlich aufeinander aufbauende Schul-, Ausbildungs- und Hochschulsystem" (BJK 2001, S. 23). Formelle Bildungsangebote sind für die Adressaten zum Großteil verpflichtend. Sie schließen mit Leistungszertifikaten ab, die Voraussetzung für die nächste Bildungsstufe sind oder den Arbeitsmarktzutritt ermöglichen. Welches sind die Charakteristika dieser Bildungsangebote? Hier ist neben der Institutionsgebundenheit an zweiter Stelle der Leistungsaspekt zu nennen. Mithilfe von Zertifikaten wird Bildungserfolg messbar. Nicht der Bildungs*prozess*, sondern das Lernergebnis bzw. das Bildungs*produkt* wird zum Generalthema dieses Verständnisses. Ein konstitutives Element des schulischen Bildungsverständnisses ist, dass Bildung operationalisierbar und empirisch überprüfbar sein muss. Sichtbar wird das Postulat der Messbarkeit im aktuellen gesellschaftlichen Diskurs durch Schlagworte wie Rankings, Evaluationen, Standardisierung, Systemmonitoring oder Qualitätssicherung (vgl. Hafeneger 2011, S. 30).

Die quantitative Bildungsforschung liefert mit ihren groß angelegten Studien Indikatoren und Ergebnisse, die die momentane Bildungspraxis beschreiben. Es wird ein klares, empirisches Bild der Leistungsfähigkeit unserer Jugend und unseres Bildungssystems gezeichnet. Die Anzahl der durchgeführten, großen Bildungsstudien der letzten Jahre (TIMMS, PISA, IGLU u.a.) verdeutlicht zudem, dass unser gesamtes Bildungssystem einem intensiven Systemmonitoring ausgesetzt ist. Kaum eine bildungstheoretische oder kompetenzbasierte Abhandlung kommt ohne kritische oder würdigende Querverweise auf PISA aus. Die Bildungsstudien sind selbst ein Ausdruck des derzeitigen gesellschaftlichen Bildungsverständnisses, liefern aber gleichzeitig wichtige Informationen, um Probleme im Bildungssektor wahrzunehmen bzw. lösen zu können. Sie decken die Schwachstellen unseres Bildungssystems auf (Stichwort soziale Disparitäten) und messen die Leistungsfähigkeit unserer Jugend im nationalen und internationalen Vergleich. Ferner ermöglichen Schulleistungsstudien neben dem internationalen Systemmonitoring auch Auswertungen auf Einzelschulebene. „Bildung wird in der aktuellen Diskussion als ein Produkt gehandelt, das in Deutschland schlechter hergestellt wird als in anderen Ländern der OECD" (BMFSFJ 2006, S. 81). Kritische Stimmen, die sich zum methodischen Design oder auch zu den theoretischen Voraussetzunge von PISA äußern, sind zahlreich (vgl. hierzu Rost 2007). Die Notwendigkeit dieser Studien kann aber nicht bestritten werden.

Evaluation formaler Bildungsprozesse durch die quantitative Bildungsforschung

Die Etablierung dieses Bildungsverständnisses geht auf den Strukturplan des Deutschen Bildungsrats (1970) zurück. Die erziehungswissenschaftliche Bildungsforschung, also jener Forschungsbereich, der die Voraussetzungen und Möglichkeiten von Bildungs- und Erziehungsprozessen in institutionellen und gesellschaftlichen Kontexten untersucht, hat seit den 1970er Jahren vor allem den geplanten bzw. schulischen Prozessen Aufmerksamkeit geschenkt (vgl. Deutscher Bildungsrat 1974). Der Deutsche Bildungsrat hat in den 1970er Jahren des letzten Jahrhunderts die Grundlinien der Bildungsforschung skizziert: „Letztlich geht es in der Bildungsforschung um die Erforschung der Möglichkeiten, wie Menschen sich besser entwickeln und entfalten können" (Roth/Friedrich 1975, S. 16). Hierbei wurde eine analytische und empirische auf Institutionen bezogene Forschungstätigkeit begründet.

Ökonomische Verwertbarkeit formaler Bildung

Ein weiteres Charakteristikum formeller Bildungsangebote betrifft die allgemeine Zielsetzung. Formelle Bildung ist in der momentanen Verwendungsweise an ökonomischer Verwertbarkeit orientiert. „Die moderne, globalisierte Ökonomie setzt auf Gewinn, Konkurrenz, Effektivität der Lebensgestaltung, auf geplante Zeitstrukturen und Mobilität" (Thiersch zit. nach Henry-Huthmacher 2010, S. 3). Man spricht im Allgemeinen von der Ökonomisierung der Bildung. Das deutsche Bildungssystem hat in den letzten Jahren viele politisch initiierte Veränderungen erfahren, die dem ökonomischen Prinzip verpflichtet waren (vgl. Krautz 2007). Als Beispiel kann die fast flächendeckende Einführung des achtjährigen Gymnasiums angeführt werden. Die Verkürzung der Schulzeit bis zum Abitur von bisher dreizehn auf nunmehr zwölf Jahre ist neben demografischen vor allem wirtschaftlichen Aspekten geschuldet. Ähnliche Entwicklungen lassen sich an der Hochschule konstatieren. Mit der Zielsetzung der Schaffung eines einheitlichen europäischen Hochschulraums haben auch die deutschen Hochschulen mit Einführung einer gestuften Studienstruktur in Bachelor- und Masterstudiengänge die Studierdauer für das Erststudium von durchschnittlich vier auf drei Jahre verkürzt. In den drei großen Zielen des Bologna-Prozesses lässt sich eine ökonomische Grundhaltung durchaus erkennen: Die Förderung von Mobilität, von internationaler Wettbewerbsfähigkeit und von Beschäftigungsfähigkeit (Employability) (vgl. Bologna 1999). Für kritische Stimmen dienen die Zielsetzungen des Bologna-Prozesses als Beleg für das neoliberale Denken, das dem Umbau unseres Bildungssystems innewohnt.

> *„Die Ökonomisierung der Bildung befördert die Kommerzialisierung und Privatisierung des öffentlichen Bildungssektors; jeder Einzelne wird zum ,Lebensunternehmer', der seine eigene Person zu bewirtschaften hat: Effizienz und Effektivität, Mobilität, Flexibilität sind (ökonomisch) nachgefragte Kompetenzen" (Herz/Dörr 2010, S. 8).*

Bildung als Dienstleistungsprodukt

Bildung wird somit zum „Dienstleistungsprodukt, das von unterschiedlichen Produzenten, dem Staat, freien Trägern und privaten Anbietern, zusammen mit den Konsumenten hergestellt werden kann" (BMFSFJ 2006, S. 81). Neoliberales Denken ist stark mit dem humankapitaltheoretischen Ansatz verknüpft. Nach Ansicht der Vertreter der Produktivitätsthese bedingen Investitionen in Bildungsaktivitäten eine erhöhte Produktivität und Leistungsfähigkeit des Einzelnen und führen zu höherem individuellen Einkommen und somit zum

Wohlstand der Gesellschaft im Allgemeinen (vgl. Becker 1964). Die Frage nach der Rentabilität der Bildungsausgaben für die Gesellschaft bzw. nach dem Beitrag, den Bildung zur nationalen Produktivität liefert, haben Vertreter des humankapitaltheoretischen Ansatzes vielfach versucht zu beantworten. Der letztlich bestechende empirische Beleg, der den kausalen Zusammenhang zwischen Bildungserfolg und Arbeitsmarkterfolg bestätigt, konnte nur mit Einschränkungen geliefert werden (vgl. hierzu ausführlich Hummelsheim/Timmermann 2010). Im Gegensatz zu Vertretern des traditionellen humankapitaltheoretischen Ansatzes hat Bourdieu den ursprünglichen Kapitalbegriff erweitert. Für ihn ist Kapital die Gesamtheit der aktuellen und potenziellen Ressourcen und nicht nur der ökonomischen (vgl. Bourdieu 1983). Neben dem ökonomischen und sozialen führt er auch das kulturelle Kapital als wichtigen Bestandteil auf. „Zum kulturellen Kapital gehören neben den formalen Bildungsabschlüssen Werte und Normen, die eine Person verinnerlicht hat und die den Habitus einer Person prägen" (vgl. Rauschenbach 2004, S. 314). In der aktuellen bildungsökonomischen Diskussion wird oftmals vernachlässigt, dass der Ertrag schulischen Handelns ebenfalls vom kulturellen Kapital abhängig ist, das die Familie zuvor investiert hat, z.B. in der Formung spezifischer sozialer Kompetenzen (vgl. ebd.). Die Interdependenz verschiedener Kapitalsorten macht erst individuelle und gesamtgesellschaftliche Schieflagen erklärbar und transparent.

5.1.3   Non-formale und informelle Bildung

Mithilfe dieser Einteilung werden Schule (formal Bildung), Familie (informelle Bildung) und Jugendhilfe (non-formale Bildung) als unterschiedliche Bildungsorte markiert. Die Einteilung in non-formale und informelle Bildung wird ebenfalls vom englischen non-formal and informal learning abgeleitet (vgl. Dohmen 2001). Non-formal learning ist die Sammelbezeichnung für alle Formen des Lernens, die in der gesamten Umwelt außerhalb des formalisierten Bildungswesens stattfinden (vgl. ebd., S. 18). Die Jugendhilfe wird den non-formalen Bildungsorten zugeordnet. Hierzu Rauschenbach:

Non-formale und informelle Bildung als unterschiedliche Bildungsorte

> *„Non-formale Bildungsorte stellen strukturierte und rechtlich geregelte Institutionen dar, deren Nutzung und Inanspruchnahme freiwillig geschieht und die durch ein hohes Maß an individuellen Gestaltungsmöglichkeiten gekennzeichnet sind. Sie müssen sich nicht vorrangig und ausschließlich als Bildungsinstanzen verstehen, sind jedoch wesentliche Vermittlungsinstanzen vor allem in Fragen der politischen, der sozialen und der Persönlichkeitsbildung" (Rauschenbach 2004, S. 32).*

Informelle Bildung ist der Oberbegriff, der sowohl das unbeabsichtigte und unbewusste beiläufige Lernen wie auch ein bewusstes absichtliches Lernen in der außerschulischen Umwelt umfasst, wobei die Übergänge zwischen beiden Spielarten in der Praxis fließend sind (vgl. Dohmen 2001, S. 19). Nach Ansicht

Rauschenbachs kennen Bildungsprozesse keine zeitlichen, örtlichen oder sozialen Begrenzungen. Die Ermöglichung der Prozesse über gezielte pädagogische Maßnahmen kann durch Institutionen wahrscheinlicher gemacht werden (vgl. Rauschenbach 2004, S. 21).

Außerschulische
Jugendbildung als non-
formale Bildung

Das „Bildungsverständnis, welches Anwendung in der Jugendbildung findet, ist dem bildungsökonomischen diametral entgegengesetzt. Bildungsprozesse und Bildungsangebote im Sinne der Jugendbildung sind nicht notwendigerweise mit dem Leistungsgedanken der Institution Schule und somit auch nicht mit dem ökonomischen Prinzip verknüpft. Die Teilnahme an Bildungsangeboten der Jugendbildung ist für die Adressaten freiwillig. Non-formale Bildungsorte berufen sich auf rechtliche Regelungen, können ihr Selbstverständnis aber auch über einen selbstformulierten Bildungsanspruch gewinnen. Non-formale Bildungsorte sind das Bindeglied zwischen informellen und formalen Bildungsprozessen. In diesem Verständnis sind sie „als ein Netz vielfältiger Orte und Modalitäten non-formaler Bildung" für Kinder und Jugendliche zu verstehen (ebd., S. 32).

Der Bildungsbegriff der Jugendbildung betrachtet Jugendliche nicht nur als Adressaten schulischer Bildungsprozesse, sondern als lernende Individuen, die in der Lage sind, sich Wissen und Kompetenzen selbstständig, d.h. abseits des schulisch organisierten Lernens, anzueignen (vgl. Wahler 2004, S. 11). Das selbstgesteuerte Lernen spielt im Rahmen des informellen Lernens eine bedeutende Rolle. Bereits im Jahr 2000 hat das Forum Bildung die Bedeutung dieser Form des Lernens hervorgehoben: „Die Stärkung der Fähigkeit zu eigenverantwortlichem und selbstgesteuertem Lernen ist für alle Bildungsbereiche relevant und gilt als vorrangige Aufgabe künftiger Bildungspolitik" (Arbeitsstab Forum Bildung 2000, S. 2). Es wird ersichtlich, dass selbstgesteuerte oder selbstorganisierte Lernformen sowohl *partizipative*, kollektive als auch *individuelle*, eigenverantwortliche Lernmethoden umfassen können (vgl. Dohmen 1999, S. 47).

Selbstgesteuertes Lernen
und Bildung

Selbstgesteuerte Lernprozesse sind nicht mit einem isolierten, kommunikationslosen Einzellernen gleichzusetzen. Am Beispiel der neuen IT-Medien zeigt sich, dass auch diese Lernformen ein kollektives Lernen benötigen. Es bilden sich entweder real oder virtuell Lerngruppen, die gemeinsam über Lösungsmöglichkeiten beraten. Ohne kompetenten Tutor und eine Lerngruppe kann rechnergestütztes Lernen nicht gelingen. Die Selbststeuerung von Lernen bezieht sich demnach sowohl auf einzelne *Individuen* als auch auf *Lerngruppen*. In neuerer Zeit wird mit „selbstgesteuertem Lernen" vor allem das Lernen bezeichnet, das in Verbindung mit den neuen Medien steht (Kuwan et al. 2000, S. 189). Die unterschiedlichen, oftmals synonym benutzten Bezeichnungen für „selbstgesteuertes Lernen", wie z.B. autodidaktisches, autonomes, entdeckendes Lernen, lebenslanges bzw. neuerdings lebensbegleitendes Lernen, self-directed learning, selbstorganisiertes Lernen, und die unterschiedlichen theoretischen Auffassungen über „Lernen", „Selbst" und „Steuerung" der einzelnen wissenschaftlichen Disziplinen erschweren es, eine einheitliche, allgemein akzeptierte Definition zu bestimmen (vgl. Sailer 2002, S. 202). Selbststeuerung kann auf verschiedene Ebenen des Individuums zielen: Auf die psychomotorische Ebene, die kognitive Ebene, die metakognitive Ebene oder auf die emotionale Ebene. Des Weiteren kann diese Lernform auch als Organisationsentwicklungskonzept verstanden werden. Auf der Ebene der Gesellschaft stellt sich „selbstgesteuertes Lernen" als die Forderung nach „lebensbegleitendem Lernen" dar. In der pejorativen Variante bedeutet dies „lebenslänglich", was besagt, dass der ständige Prozess der permanenten Veränderung und die Notwendigkeit der stetigen Anpassung an gesellschaftliche und berufliche Verhältnisse unabwendbar ist (vgl. Seitter 2001, S. 84). Das Postulat der „lernenden Gesellschaft" wird als Antwort auf die Herausforderungen der Wissensgesellschaft verstanden.

„Die Aufforderung zu lebenslangem Lernen bezieht sich auf eine umfassende Zielsetzung von Bildung, das die Entwicklung der Persönlichkeit, Teilhabe an der Gesellschaft sowie Beschäftigungsfähigkeit gleichermaßen umfasst (...) Die Verwirklichung lebenslangen Lernens für alle betrifft alle Bildungsbereiche vom Kindergarten bis zur Weiterbildung einschließlich der Lernprozesse in der Lebenswelt außerhalb der Bildungseinrichtungen" (Arbeitsstab Forum Bildung 2000, S. 1).

Zusammenfassung:

Das Prinzip der Freiwilligkeit, aber auch die Tatsache, dass sich Bildungsprozesse in vielfältigen Orten und Modalitäten abspielen können, macht die Außerschulische Jugendbildung zum Mittler zwischen schulischer und nicht-intendierter Bildung. Zudem können sich Bildungsprozesse in diesem Verständnis nahezu beiläufig (informell) ereignen und benötigen nicht das vorstrukturierte, gerahmte pädagogische Setting. Sie können aber pädagogisch aufgearbeitet und institutionell unterstützt werden. Hierin liegt die zentrale Aufgabe der Außerschulischen Jugendbildung.

Kritisch anzumerken ist: Was Bildung in diesem weiten Verständnis tatsächlich ist, ist nicht immer greifbar und leider auch nicht eindeutig definitorisch von Sozialisationsprozessen zu unterscheiden (vgl. Kaiser 2011, S. 39). Zudem lassen sich diese Bildungsprozesse nur schwer statistisch erfassen, da sie sich den herkömmlichen statistischen Erhebungsinstrumenten weitestgehend entziehen. Dies liegt vor allem im Definitionsproblem informellen Lernens bzw. informeller Bildung begründet (vgl. Kuwan et al. 2000, S. 5).

> Es ist auch festzustellen, dass die Übersetzung von informellem Lernen mit informeller Bildung fragwürdig erscheint. Eine nicht-intendierte Bildung ist nur schwer mit der bildungstheoretischen Denkweise zu vereinen. Bildungsprozesse mit Lernprozessen gleichzusetzen ist ebenfalls, systematisch betrachtet, nicht einleuchtend.

Übungen:
1. Beschreiben Sie, was unter Bildung als formaler Bildung zu verstehen ist!
2. Diskutieren Sie Vor- und Nachteile eines subjektorientierten Kompetenzbegriffs!
3. Beschreiben Sie den Kompetenzbegriff!
4. Grenzen Sie formale, non-formale und informelle Bildung am Beispiel der Außerschulischen Jugendbildung voneinander ab!

Weiterführende Literatur:
Dörr, M./Herz, B. (Hrsg.) (2010): Unkulturen in Bildung und Erziehung. Wiesbaden: VS Verlag für Sozialwissenschaften.

Dietrich, C./Müller, H. R. (Hrsg.) (2000): Bildung und Emanzipation. Klaus Mollenhauer weiterdenken. Weinheim: Juventa.

Otto, H.-U./Rauschenbach, T. (2004): Die andere Seite der Bildung. Zum Verhältnis von formellen und informellen Bildungsprozessen. Wiesbaden: VS Verlag für Sozialwissenschaften.

Rohlfs, C./Harring, M./Palentien, C. (Hrsg) (2008): Kompetenz-Bildung. Soziale, emotionale und kommunikative Kompetenzen von Kindern und Jugendlichen. Wiesbaden: VS Verlag.

5.2 Ganztagsschule und Außerschulische Jugendbildung – Annäherungen und Abgrenzungen[5]

5.2.1 Einleitung

Das folgende Kapitel erörtert das Verhältnis zwischen schulischer und Außerschulischer Jugendbildung und den Möglichkeiten und Grenzen einer Kooperation zwischen Schule und außerschulischer Jugend(verbands-)arbeit. Diese Thematik gewinnt aufgrund der aktuellen Entwicklung des flächendeckenden

---

[5]   Dieser Beitrag wurde von Myriam Nicolaus-Pannke verfasst.

Ausbau der Ganztagsschule in Deutschland an Bedeutung und bleibt auch für die Außerschulische Jugendarbeit nicht ohne Folgen. Eine Neujustierung des Verhältnisses von schulischer und außerschulischer Bildung ist insbesondere hierzulande erforderlich, denn „dass in Deutschland die Frage nach einer Kooperation überhaupt gestellt wird, ist nur unter den gesellschaftlichen Rahmenbedingungen der deutschen Halbtagsschule zu verstehen: Im Unterschied zu fast allen anderen europäischen Ländern mit Ganztagsschulsystem konnte sich in Deutschland aufgrund der Halbtagsschule ein breites Spektrum außerschulischer Kinder- und Jugendarbeit entwickeln" (Deinet 2005a, S. 392).

Wie in Kapitel 4.1 schon angesprochen, grenzt sich Außerschulische Jugendbildung aber nicht nur zeitlich, sondern auch begrifflich und konzeptionell von schulischer Bildung ab. Diese Trennung wird dann unscharf, wenn man darüber nachdenkt, inwiefern auch innerhalb der Schule non-formale und informelle Bildungsprozesse angeregt werden können. Selbst die Eingrenzung schulischer Bildung auf den Unterricht reicht noch nicht aus, da Jugendliche auch im Unterricht mehr lernen, als das durch den Lehrer vermittelte Wissen. Die verschiedenen Aspekte des informellen Lernens im Jugendalter werden durch die begriffliche Eingrenzung Außerschulischer Jugendbildung auf institutionalisierte non-formale Bildungsprozesse (vgl. Kap. 2.1), an dieser Stelle jedoch nicht weiter ausgeführt. Vielmehr wird die Kooperation von Schulen mit Anbietern und Einrichtungen der Außerschulischen Jugendbildung thematisiert. Vertreter der außerschulischen Jugendarbeit blicken kritisch auf die zunehmende *Vereinnahmung* der Kinder und Jugendlichen durch die Schule in Hinblick auf deren einseitige Leistungsorientierung und ihren engen qualifikatorischen Bildungsbegriff. Standortorientierten Modellen der Ganztags*schule* werden deshalb sozialraumorientierte Konzepte der Ganztags*bildung* gegenübergestellt.

> Exkurs: Stand der Ganztagsschulentwicklung in Deutschland
>
> Die Kultusministerkonferenz (2011) definiert Ganztagsschulen formal als ein ganztägiges Angebot mit täglich mindestens sieben Zeitstunden an mindestens drei Tagen in der Woche, das ein Mittagessen für die teilnehmenden Schülerinnen und Schüler an allen Tagen des Ganztagsschulbetriebs beinhaltet. Die Organisation der Ganztagsangebote unterliegt der Aufsicht und Verantwortung der Schulleitung. Die Durchführung der Ganztagsangebote geschieht in enger Kooperation mit der Schulleitung sowie in einem konzeptionellen Zusammenhang mit dem Unterricht. Dabei werden drei Formen unterschieden: Die vollgebundene, die teilgebundene und die offene Ganztagsschule.
>
> In den Jahren 2005 bis 2009 hat sich in Folge des „Investitionsprogramms Zukunft Bildung und Betreuung" (IZBB) der Bundesregierung die Zahl der Ganztagsschulen aller Schularten in Deutschland fast verdoppelt. So sind zwischen knapp 40% (Realschulen) und fast 80% (integrierte Gesamtschulen) aller Schulen inzwischen Ganztagsschulen. 2009 nahmen schulartübergreifend 27% der Schülerinnen und Schüler das Ganztagsangebot wahr. Dies entspricht über 2 Millionen Schülerinnen und Schülern. Auch hier ist ein sprunghafter Anstieg der Zahlen innerhalb von vier Jahren zu beobachten (vgl. KMK 2011).

5.2.2   Gesellschaftspolitischer Rahmen

Ausbau des Ganztagsschulbetriebs

Die Anstrengungen, den Ausbau der Ganztagsschule voranzutreiben und die daraus resultierende schul- und sozialpädagogische Debatte um Möglichkeiten und Grenzen einer Kooperation zwischen Schule und außerschulischen Bildungspartnern, sind vorwiegend politisch motiviert. „Bildungspolitische, sozialpolitische, bevölkerungspolitische, familienpolitische Problemdiagnosen und Konzepte legen einschneidende Reformen im bestehenden Bildungs- und Sozialwesen nahe" (Olk 2005, S. 11). Holtappels (2004) nennt drei zentrale Begründungslinien für die Entwicklung zur Ganztagsschule: (1) Abnahme der Betreuungs- und Erziehungsleistung der Familien bei gleichzeitiger Verinselung des kindlichen und jugendlichen Lebensraumes, (2) Erweiterung des schulischen Bildungsauftrags um die Vermittlung überfachlicher Kompetenzen und (3) strukturelle Defizite im bestehenden Schulsystem.

Es wird angenommen, dass die Veränderungen in den Erwerbs- und Familienstrukturen, insbesondere die wachsende Zahl Alleinerziehender und die zunehmende Berufstätigkeit von Müttern, zu Engpässen in der Betreuung und der Erziehung von Kindern und Jugendlichen führen. Diese sollen durch ein ganztägiges Angebot der Schule aufgefangen werden. Hinsichtlich der jugendlichen Lebenswelten geht man durch die sinkende Kinderzahl in Familien und die Tendenz zur „Verinselung des Aufwachsens" (vgl. Kap. 5.6) von einer Ab-

nahme sozialer Kontakte zu Gleichaltrigen in der Umgebung und einen parallel wachsenden Einfluss der Medien und eine Zunahme virtueller Räume aus.
Dies führt zu der Annahme, dass Jugendliche seltener die Möglichkeit haben,
aktiv und eigenverantwortlich zu handeln, um Selbstwirksamkeit und Initiative
zu entwickeln. Ein solches Erfahrungslernen ist jedoch Voraussetzung zur
Entwicklung von Selbstverantwortung, Entscheidungsfähigkeit und überfachlichen Kompetenzen wie logisches und kritisches Denken, kommunikative
Kompetenz oder Teamfähigkeit. Der Erwerb dieser Schlüsselqualifikationen
gewinnt neben fachlichen Wissensbeständen und schulischen Bildungszertifi-
katen an Bedeutung „für die Lebenschancen der nachwachsenden Generation
[und hat] zu einer quantitativen und qualitativen Bedeutungssteigerung des
Lern- und Lebensortes der Schule … geführt" (Olk 2005, S. 12, Erg. M.N.).
Sie soll neben der Wissensvermittlung soziales Lernen, Partizipation und Teilhabe ermöglichen, zur sozialen Integration beitragen und eine verlässliche
Betreuung und Erziehung sicherstellen (vgl. Holtappels 2004, S. 154).

Zu beachten ist jedoch, dass Studien zu jugendlichen Lebenswelten diese politischen Diskurslinien zum Teil nicht stützen. Beispielsweise zeigt sich, dass
Jugendliche trotz intensiver Mediennutzung durchaus eine starke Cliquenorientierung haben und ihnen gute Freunde und viele Kontakte zu anderen
Menschen außerordentlich wichtig sind (vgl. Deutsche Shell 2010, S. 81ff u.
196f).

Internationale Schulleistungsstudien (z.B. PISA 2001-2009) zeigen außerdem,
dass das deutsche Schulsystem in besonderer Intensität zu einer exklusiven Realisierung sozialer Teilhabe führt und soziale Ungleichheiten reproduziert (vgl.
Kessl et al. 2002, S. 74). Schulleistungen und Schulerfolg sind stark von der
sozialen Lage der Herkunftsfamilie abhängig. Insbesondere lernschwache und
sozial benachteiligte Schüler und Schülerinnen werden unzureichend gefördert
und bilden zum großen Teil die im internationalen Vergleich überdurchschnittlich große Gruppe der Schulversager in Deutschland (vgl. Baumert et al. 2001,
S. 393). Das formale Bildungssystem ist nicht in der Lage, die ihm zugewiese-
ne Aufgabe, gleiche Bildungs- und Partizipationsmöglichkeiten für alle Kinder
und Jugendlichen zu schaffen, zu erfüllen. Ein ganztägiger Ausbau schulischer
Bildung und Betreuung im bestehenden Format wird dieses Problem allerdings
noch verschärfen. Aus diesem Grund und auch aus der zunehmenden Erkenntnis der Bedeutung non-formaler und informeller Bildungsprozesse im Rahmen
des Heranwachsens junger Menschen (vgl. Kap. 5.1) geraten außerschulische
Lernorte in den Fokus der Aufmerksamkeit. Es verstärken sich die Forderungen nach einer intensiveren Zusammenarbeit der Schule mit außerschulischen
Bildungsinstitutionen um den erweiterten Bildungs- und Erziehungsauftrag erfüllen zu können. Diese ist aufgrund der komplementären Profile jedoch sehr
voraussetzungsreich.

5.2.3   Aktuelle Modelle der Kooperation zwischen der außerschulischen Jugendarbeit und der Schule

Im Zusammenhang mit der zunehmenden Umstellung des Schulsystems auf einen Ganztagsbetrieb wird die Zusammenarbeit von Jugendhilfe und Schule in der Praxis an vielen Orten längst realisiert. Es gibt unterschiedlichste Ansätze und Konzepte zur Kooperation, zumeist werden drei Formen unterschieden (vgl. Olk 2005, S. 24; vgl. Oelerich 2002; Homfeld/Schulze-Krüdener 2001): Während (1) die örtliche Jugendhilfe im Rahmen der „Hilfen zur Erziehung" einzelfallbezogen mit den Schulen kooperiert, ist (2) die Jugendsozialarbeit an Schulen „als intensivste Form der Kooperation von Jugendhilfe und Schule" (Olk 2005, S. 33) vorwiegend kompensierend und integrativ für benachteiligte Schülerinnen und Schüler an der Schule zuständig. Fokussiert man die Zusammenarbeit von außerschulischer und schulischer *Bildung*, so gerät (3) vor allem die Kooperation der Schule mit Einrichtungen und Angeboten der Jugend(verbands-)arbeit in den Blick.

Die Forderung einer Vernetzung zwischen Anbietern Außerschulischer Jugendbildung und der Schule ist ein relativ neues Phänomen. Traditionell gab es kaum Bedarf an einer Kooperation, vielmehr waren die Aufgaben der beiden Institutionen klar verteilt: Schule beschränkte sich auf vormittäglichen Unterricht und Jugendarbeit gestaltete ein Freizeitangebot am Nachmittag. Möglich war diese Arbeitsteilung dadurch, dass „die Familie die Betreuung … während der übrigen Phasen des Tages übernahm" (Olk 2005, S. 52). Durch die oben skizzierte *Betreuungskrise* wachsen Bedarf und Nachfrage an einer zuverlässigen ganztägigen institutionellen Betreuung.

Aber nicht nur politische und schulische Motive liegen den Kooperationsbemühungen zugrunde. Es wurde erkannt, dass auch die außerschulische Jugendarbeit über „spezifische Erfahrungen, Kompetenzen, Angebotsformen und Handlungsmethoden [verfügt], die bei der Ausgestaltung eines ganztägigen Schulalltags von erheblicher Bedeutung sein können" (Olk 2005, 13, Erg. M.P.). Und auch die Jugendarbeit selbst verfolgt aufgrund sinkender Teilnehmerzahlen ein eigenes Interesse, um insbesondere „auch solche Kinder und Jugendliche erreichen zu können, die entweder … aufgrund kultureller Traditionen nicht den Weg in die offenen Angebote fanden oder bislang durch die freiwilligen Angebote nicht erreicht werden konnten" (Olk 2005, S. 52f).

Additive Formen der Kooperation zwischen Jugendarbeit und Schule

In der Praxis werden zwei an unterschiedlichen Altersgruppen orientierte Formen der Kooperation der Schule mit der Jugendarbeit unterschieden (vgl. Dienet 2010, S. 575): Zum einen finden sich verlässliche und verbindliche Betreuungsangebote für Grundschulkinder, in deren Rahmen „Elemente der Hortarbeit (Mittagessen, Schulaufgabenbetreuung) … mit Ansätzen der Jugendarbeit (Bewegung, Erlebnis, Aktionen, Projekte auch in den Schulferien) verbunden [werden]" (ebd., Erg. M.P.). Zum anderen gibt es für Jugendliche offene Angebote der Jugendarbeit an der Schule, zumeist in Form von Schülercafés, die sich durch einen hohen Grad an Selbstorganisation und Unverbindlichkeit auszeichnen.

Die vorherrschende Gestaltungsform der Kooperation ist additiv und einzelschulbezogen. Im Vordergrund steht vielerorts „die organisatorische Bewältigung der Ganztagsschulentwicklung" (Arnoldt et al. 2010, S. 106) und nur nachrangig die Entwicklung eines gemeinsamen pädagogischen Konzepts. Folgende Übersicht zeigt die Grundstrukturen solcher Kooperationsformen auf:

Tab. 1:   *Grundstrukturen der Kooperation zwischen Schule und Jugendarbeit*

Unterricht und Angebote im Ganztag	– Partnerangebote haben vor allem 　　• unterrichtsstützende (Hausaufgabenbetreuung) 　　• sozialisatorische (Schulsozialarbeit) und 　　• betreuungszentrierte (Freizeitangebote) Funktionen – Keine systematisch veränderte Unterrichtsgestaltung – Keine gemeinsame Unterrichtsgestaltung mit Kooperationspartnern – Durchführung isolierter Ganztagsangebote am Nachmittag durch die Kooperationspartner
Schul-landschaft, Nah- und Sozialraum	– Konzentration des Bildungssettings auf die Angehörigen der Schule (keine Öffnung für Schulfremde) – Überwiegend einzelschulische Angebote – Mehrheitlich altershomogene Gruppen – Förderung der Kinder und Jugendlichen in (vermeintlich) leistungs- bzw. problemhomogenen Gruppen – Beteiligung von Erwachsenen am Bildungssetting meist nur in Unterweisungsfunktionen
Vernetzung und Koordinierung zur Qualitäts- und Personalentwicklung	– Meist punktuelle Implementierung von Verfahren der Qualitätsentwicklung; keine institutionelle Abstimmung zwischen Schule und Partnern – Einzelschulische Koordination von Ganztagsschulangeboten – Keine Bezüge zwischen den Fortbildungen von Schule und Partnern

(Quelle: Arnoldt et al. 2010, S. 107f.)

5.2.4   Kritik und Kontroversen aus der Perspektive der Außerschulischen Jugendbildung

Vereinnahmung der
Jugendarbeit in schulische
Strukturen

Vertreter der Außerschulischen Jugendbildung problematisieren diese aktuellen Formen der Zusammenarbeit aus mehreren Gründen. Während die Schule einseitig von der Zusammenarbeit profitiert und „unter Beibehaltung schulischer Strukturen Erziehungsprobleme schlicht an die Schulsozialarbeit delegiert" (Homfeldt 2004, S. 59), wird in der Sozialpädagogik ein kritischer Diskurs über die Vereinnahmung der Jugendarbeit durch die Schule geführt. Denn vergleichbar der allgemeinen Diskussion um den Bildungsauftrag der Jugendarbeit, besteht auch in der Kooperation mit der Schule die Tendenz, „die Jugendarbeit darauf zu reduzieren, Leistungen der sozialen Kontrolle und Prävention für sozial benachteiligte und sozial auffällige Jugendliche zu erbringen" (Scherr 2002, S. 99). Dies zeigt sich auch in der Tatsache, dass Jugendsozialarbeit an Schulen die mit Abstand am häufigsten realisierte Form der Zusammenarbeit von Jugendhilfe und Schule ist (vgl. Olk 2005). Die Anbieter und Einrichtungen außerschulischer Bildung werden nicht als gleichberechtigte Partner einer gemeinsamen Planungs- und Gestaltungsaufgabe einbezogen, sondern als „Zulieferer" von kompensierenden Dienstleistungen, die die Schule selbst nicht bewältigen kann. „Lange Zeit war die Kinder- und Jugendhilfe gegenüber der Schule in der Rolle eines ungleichen, ergänzenden

Konsequenzen für das
ganze System der
Jugendarbeit

Partners, der z.B. im Schülerhort oder in der Schulsozialarbeit als kompensatorischer Reparaturbetrieb von schulintern nicht lösbaren Schwierigkeiten von Kindern und Jugendlichen diente" (Elfter Kinder- und Jugendbericht 2002, S. 114). Ergebnis einer solchen Zusammenarbeit ist die Aufrechterhaltung der Funktionsfähigkeit des bestehenden Schulsystems am Maßstab von Leistungsstandards, „ohne dabei die klassifizierende Struktur der deutschen Schule zu verändern" (Otto 2007, S. 113). Dies führt häufig zu einer „Kooperation" als additives, schulstandortgebundenes (Nachmittags-)Betreuungsangebot der Jugendhilfe in der Schule „unter der Regie der jeweiligen Schulleitungen als schulische Veranstaltung" (Nörber 2004, S. 443). Dies bedeutet für Einrichtungen der Jugendarbeit, dass sie ihr Angebot verstärkt an den Ort und die Zeiten der Schule ausrichten müssen, wodurch das eigene Profil „als ein relativ eigenständiger Freizeitort für Kinder und Jugendliche" (Merchel 2005, S. 195) gefährdet wird. Nörber prognostiziert, dass diese Form der „Kooperation" dazu führen kann, dass Angebote der Jugend(verbands-)arbeit „in schulischen Auswahlverfahren nach dem Prinzip des günstigsten Anbieters gegeneinander wie auch gegen sonstige an Betreuungsangeboten interessierte Anbieter ... konkurrieren [... und d]ie Angebote der Kinder- und Jugendarbeit in öffentlicher Trägerschaft ... perspektivisch zugunsten von Betreuungsangeboten an Schulen abgebaut werden" (Nörber 2004, S. 445, vgl. auch Stolz 2007, S. 17).

5.2.5 Strukturelle Unterschiede zwischen Jugendarbeit und Schule

Grundlegende Unterschiede zwischen den beiden Institutionen stellen hohe Anforderungen an eine Vernetzung und Kooperation. Eine konstruktive Zusammenarbeit ist nur unter Kenntnis und Anerkennung der unterschiedlichen und oftmals komplementären Prinzipien, Zielsetzungen und Vorstellungen des Kooperationspartners möglich. Diese Anerkennung ist nicht selbstverständlich, definiert sich Außerschulische Jugendbildung, wie schon erwähnt, auch über die kritische Abgrenzung von schulischer Bildung (vgl. Kap. 4.1).

Der offensichtlichste Unterschied zwischen den beiden Institutionen besteht in ihren Organisationsformen: Während der Besuch der Schule und die Teilnahme am Unterricht für alle Kinder und Jugendlichen gesetzlich verankert verpflichtend ist, beruht Außerschulische Jugendbildung auf Freiwilligkeit. Dies hat enorme Auswirkungen auf die Ausgestaltung der Bildungsprogramme. Außerschulische Bildung ist durch Offenheit – der Inhalte und Themen, der Ziele, des Zugangs zu Angeboten etc. – charakterisiert. Im Rahmen der Jugendarbeit können und sollen die Jugendlichen selbst Themen einbringen und Projekte initiieren. Nicht das Ergebnis ist entscheidend – im Mittelpunkt stehen Bildungsprozesse, die nicht gesteuert, sondern reflektiert werden. Die Freiwilligkeit der Teilnahme und die Offenheit der Themen und Inhalte führen dazu, dass sich Einrichtungen der Jugendarbeit als Anbieter von Bildungsangeboten verstehen. Diese müssen an den Interessen der Jugendlichen anknüpfen, damit Jugendliche daran teilnehmen und diese aktiv mitgestalten möchten.

Schulpflicht und Curricula versus Freiwilligkeit und Offenheit

Ganz anders die Situation in Schulen: Die allgemeine Schulpflicht führt die Kinder und Jugendlichen zur Teilnahme am Unterricht unabhängig davon, ob dieser ihre Interessen aufgreift. Schulische Bildung zielt auf den Erwerb eines definierten Wissenskanons und grundlegender Kulturtechniken und basiert auf staatlich festgelegten curricularen Vorgaben. Dadurch sind die Partizipationsmöglichkeiten der Jugendlichen deutlich eingeschränkt. Eine Mitbestimmung bei der Themenwahl beschränkt sich oftmals auf die Auswahl aus vorgegebenen Optionen. Während in der Jugendarbeit die eigensinnige Auseinandersetzung des Einzelnen mit Themen und anderen Personen immanentes Ziel der Angebote ist, sind schulische Lern- und Bildungsprozesse auf Prüfungen und Leistungskontrollen ausgerichtet. Straffe Zeit- und Lehrpläne, Output-Orientierung und kollektive Bildungsstandards bieten in der Praxis wenig Spielraum für den schulischen Auftrag der Persönlichkeitsbildung (vgl. Wiater 2002). Leistungsdruck und der soziale Vergleich bestimmen den Schulalltag und fördern eher „die Übernahme des gesellschaftlichen Konkurrenz- und Leistungsprinzips" (Sting 2002, S. 378). Dies erklärt sich aus den schulischen Aufgaben der Selektion und der Allokation: Schule erteilt lebenschancenrelevante Zertifikate, die junge Menschen zu unterschiedlichen beruflichen Abschlüssen berechtigen, welche wiederum zu bestimmten gesellschaftlichen Positionen führen. Die daraus resultierende Verantwortung und Aufgabe, allen Jugendlichen unabhängig von ihrer Herkunft die gleichen Chancen zu ermöglichen, kann die Schule, wie Schulleistungsstudien zeigen, nicht einlösen (vgl. PISA-Konsortium 2001).

Wie in Kapitel 4 ausführlich diskutiert, vertritt die Außerschulische Jugendbildung einen weiteren Bildungsbegriff. Ziel ist nicht kollektive Belehrung, sondern die Unterstützung der individuellen Lebensbewältigung und der Entfaltung der eigenen Fähigkeiten und Talente. Zur Entwicklung dieser Fähigkeiten ist formale Bildung – die vorwiegend im schulischen Kontext erworben wird – notwendig, aber nicht hinreichend. Reine „Wissensvermittlung und arbeitsmarktbezogene Qualifizierung" (Scherr 2006, S. S. 247) im Kollektivverbund sind nicht ausreichend, um Kinder und Jugendliche zu selbstverantwortlichem Handeln zu befähigen. Erst das Zusammenspiel mit non-formalen und informellen Bildungsprozessen in Familie, außerschulischer Jugendarbeit und Freizeit befähigt junge Menschen nach und nach zu einer selbstbestimmten Lebensweise (vgl. Kap. 5.1).

Folgende Tabelle stellt zusammenfassend die unterschiedlichen Merkmale und Schwerpunkte der beiden Bildungsinstitutionen dar:

Tab. 2:   Merkmale und Schwerpunkte schulischer Bildung und Außerschulischer Jugendbildung

	Schulische Bildung	**Außerschulische Jugendbildung**
Bildungs-begriff	Sach- und Fachorientierung formelle Bildung Ergebnisorientierung	Subjektorientierung non-formale Bildung Prozessorientierung
Struktur-merkmale	Schulpflicht Inhalts-, Aufgaben- und Lernziel-orientierung Standardisierung und Abschluss-orientierung Leistungsindividualismus Vorgabe von Lernzeiten	Freiwilligkeit der Teilnahme Offenheit und Flexibilität Mitbestimmung und Selbstorganisation von Kindern und Jugendlichen Situations-, Handlungs-, Erlebnis- und Erfahrungsbezug soziale Beziehungsarbeit
Aufgaben	Qualifikation Enkulturation Selektion und Allokation	Personalisation Interkulturelles und soziales Lernen Kulturelle und politische Bildung
Rechtliche Stellung	Schule als landesrechtliche eigenständige Aufgabe des Staates	Kinder- und Jugendhilfe als bundesrechtliche Fürsorgekonzeption („Ausfallbürge") hinsichtlich des autonomen Elternrechts

(Eigene Darstellung)

Trotz der kritischen Betrachtung des bestehenden Schulsystems ist zu beachten, dass auch die Schule Ressourcen für eine Kooperation besitzt. Diese zeigen sich durch eine differenzorientierte Betrachtungsweise der Unterschiede zwischen Schule und Jugendarbeit (vgl. Coelen 2004, S. 110). Es wird beispielsweise deutlich, dass der Schule breite „öffentliche Anerkennung als wichtige pädagogische Institution" (ebd., S. 112) zuerkannt wird, unter anderem auch deshalb, weil schulische Akteure über „differenzierte pädagogische Fähigkeiten bezüglich der Verschränkung von Zielen, Inhalten, Sozialformen und Medien des pädagogischen Handelns" (ebd.) und des kognitiven Lernens verfügen. Die Herausforderung für eine Zusammenarbeit von Jugendarbeit und Schule besteht darin, die Möglichkeiten beider Institutionen hinsichtlich der ganzheitlichen Förderung junger Menschen zu stärken und im Sinne eines breiten Bildungsangebotes zu nutzen. Es besteht dabei aber die Gefahr, dass die Prinzipien der Außerschulischen Jugendbildung – Offenheit, Freiwilligkeit, Selbstbestimmung – aufgrund der beständigen Strukturen der Schule nicht aufrechterhalten werden können und zugunsten organisatorischer Regelungen aufgegeben werden.

Kooperations-Potenziale der Schule

5.2.6 Bezugspunkte einer Kooperation aus der Perspektive der Außerschulischen Jugendbildung

Versteht man unter Bildung den aktiven Entwicklungsprozess eines Individuums zu einem rational begründeten Selbst- und Weltverständnis zu gelangen, so haben beide Bildungsinstitutionen – Schule und außerschulische Jugendarbeit – trotz der strukturellen Unterschiede und der Defizite in der Praxis einen gesellschaftlichen Bildungsauftrag bezüglich des „Aufwachsens in öffentlicher Verantwortung" (BMFSFJ 2002). Dieser besteht in der Aufgabe, Kinder und Jugendliche auf ihrem Weg zu Selbstbestimmung, Lebensautonomie und demokratischer Partizipation zu unterstützen (vgl. Otto 2007, S. 125). Auch Schule und Unterricht sollen nicht nur Wissen und Können vermitteln, sondern „Herz und Charakter bilden" (ISB 2003, S. 10).

Aus diesem Bildungsauftrag lassen sich folgende zentrale Ziele einer Kooperation von schulischen und außerschulischen Bildungsangeboten im Rahmen einer Ganztagsbildung ableiten:

Ziele einer nachhaltigen Kooperation

- die individuelle Förderung der Kompetenzentwicklung und Persönlichkeitsbildung durch eine vielfältige Partizipation an unterschiedlichen Lern- und Erfahrungsräumen und einem breiten Angebot an Bildungs- und Sozialformen
- die u.a. daraus resultierende erhöhte Chancengerechtigkeit
- die Schaffung einer verlässlichen Angebots- und Betreuungsstruktur für den ganzen Tag

Der zeitliche und räumliche Ausbau im Rahmen der Ganztagsschulentwicklung bietet vielfältige Möglichkeiten für die Individualisierung und Differenzierung von Lern- und Bildungsangeboten. Chancengleichheit darf nicht darüber hergestellt werden, dass leistungsschwächere und sozial benachteiligte Jugendliche kompensierend einer gesellschaftlichen Vorstellung bezüglich des
aktuell passenden Kompetenzprofils gefördert werden. Vielmehr muss das Angebot den unterschiedlichen Interessen und Fähigkeiten der Jugendlichen angemessen sein und vielfältige Zugänge zu und Formen von Lern- und Bildungsprozessen gewährleisten (vgl. Kap. 6.2).

**Gemeinsame
Arbeitsfelder von Schule
und Jugendarbeit**

Die verschiedenen Formen der Ganztagsschulen ermöglichen dabei unterschiedlich große Spielräume für grundlegende Strukturveränderungen im
Schulleben. Während offene Ganztagsschulen zumeist auf ein Zusatzangebot
am Nachmittag beschränkt bleiben, kann in gebundenen Schulkonzepten eine
Rhythmisierung von Lern-, Spiel-, Aktions- und Freizeiten über den ganzen
Tag entfaltet werden. Letztere ermöglichen damit, dass „die sozialisatorischen,
entwicklungspsychologischen und pädagogischen Vorteile genutzt, Chancengerechtigkeit gefördert und tragfähige, nachhaltige Kooperationen zwischen
Schule und Jugendhilfe realisiert werden" (Popp 2006, S. 179) können. Voraussetzung einer solchen Kooperation ist dabei „eine fachpolitisch wie auch
pädagogisch tragfähige Rahmenperspektive der Gestaltung des ‚Gesamtzu-
sammenhangs von Bildung, Erziehung und Betreuung' im Bereich ganztägiger
Angebote für Kinder und Jugendliche im Schulalter" (Stolz 2007, S. 221).
Holtappels nennt acht gemeinsame Arbeitsfelder von Schule und Jugendarbeit,
bzw. Lehrkräften und Sozialpädagogen und Sozialpädagoginnen in Ganztagsschulen, die ein ganzheitliches Bildungskonzept ermöglichen:

- Intensivierung der Förderung kognitiver, motorisch-sensorischer und sozio-
  emotionaler Fähigkeiten
- differenzierte Arrangements für Lernen und Erfahrung durch handwerk-
  lich-kreative und musische Angebote, Sport- und Theater-Arbeitsgemein-
  schaften oder Schulprojekte
- Freizeit im Schulleben mit offenen, weitgehend nicht-kontrollierten Berei-
  chen und themenbezogengebundenen Angeboten zur Entfaltung individuel-
  ler Neigungen
- Schule als Raum für Gemeinschaftserfahrung, soziales und interkulturelles
  Lernen
- Schulleben als Feld für Partizipation und Demokratielernen
- Gemeinwesenarbeit und sozio-kulturelle Vernetzung
- Einzelfallhilfe und Beratung für die Lebensgestaltung
- Begleitung bei der Kompetenzentwicklung für Übergangssituationen und
  Berufsorientierung.

Die Umsetzung dieser Aufgaben erfordert eine Erweiterung der standortbezo-
genen Perspektive auf die Gestaltung einer dezentrierten, sozialraumorientier-

ten „Ganztagsbildung in regionalen Bildungslandschaften", in der Jugendarbeit und Schule als ebenbürtige Partner einer „institutionalisierten kommunalen Jugendbildung in gemeinsamer, arbeitsteiliger Trägerschaft" (Coelen 2004, S. 261; vgl. auch Stolz 2006; 2007) fungieren. Anknüpfungspunkte finden sich bei Ansätzen einer „Öffnung der Schule" und einer „sozialräumlichen Jugendarbeit" (vgl. Kap. 6.2).

5.2.7 Sozialraumorientierung als Grundlage der Kooperation

Ziel eines Modells „integrierter Ganztagsbildung" ist die Entwicklung von Konzepten, die eine rein „organisatorische Ausdehnung von Schule und eine Inklusion von Lebenszeit" (Kolbe 2006, S. 161) überwinden und ein breites Bildungsangebot für junge Menschen durch die Kooperation von verschiedenen pädagogischen Akteuren, Settings und Beteiligten beinhalten (vgl. Coelen 2004, S. 258). Eine umfassende Vernetzung schulischer und außerschulischer Bildungsangebote setzt eine Sozialraumorientierung sowohl der Schule als auch der Jugendarbeit voraus. Die Öffnung der Schule in die Gemeinde oder den Stadtteil kann nur gelingen, wenn sich der Sozialraum auch für die Schule öffnet. Wie in Kapitel 4.2 diskutiert, bedeutet Sozialraumorientierung in pädagogischen Belangen gleichzeitig auch Orientierung an jugendlichen Lebenswelten und deren subjektiven Aneignungsprozessen. Schule wird dann zu einem Lebensort im Sozialraum, in dem junge Menschen – insbesondere in Ganztagskonzeptionen – einen großen Teil ihrer Zeit verbringen. „[I]hre Bedeutung geht dabei weit über den Unterricht hinaus. Schule ist Treffpunkt von Cliquen, Ort des informellen Lernens und der Ort Schule bestimmt auch durch seine architektonischen strukturellen Gegebenheiten, in welchem Umfang Aneignungsprozesse möglich sind" (Deinet 2005b, S. 579). Aus der Öffnung der Schule in den Sozialraum resultiert, dass sich Themen und Aufgaben nicht mehr ausschließlich aus Lehrplänen, sondern auch „aus den Anforderungen, Problemen und Themen des Sozialraums, des Stadtteils und der Lebenswelten von Kindern und Jugendlichen" (ebd.) ergeben. Eine Sozialraumorientierung der Schule ermöglicht auf der einen Seite, dass Lehrer/innen und Schüler/innen Lern- und Erfahrungsräume im sozialen, natürlichen und kulturellen Umfeld der Schule in ihren Schulalltag integrieren, und andererseits, dass sich Akteure der Kommune am Schulleben beteiligen. Die Schule als Akteur des Stadtteils oder der Kommune bringt sich wiederum in regionale Entwicklungen ein und fördert die Partizipation der Schüler/innen, die sich so stärker mit ihrem Sozialraum identifizieren. Außerschulische Jugendarbeit kann die Schule bei diesem Entwicklungsprozess unterstützen, da ihre Anbieter und Einrichtungen „tendenziell sozialraumorientiert sind und die Lebenswelten von Kindern und Jugendlichen im Blick haben" (ebd.).

Sozialraumorientierte Ganztagsbildung

Konkret besteht die Expertise der Jugendarbeit u.a. in folgenden Ansätzen:

- individuelle Förderung und Beratung
- Themenbereiche wie Medien, Kunst, Umwelt, Bewegung, Abenteuer, Identität, Geschlecht
- kulturelle und politische Bildung
- Ermöglichung von Partizipation und Selbstorganisation der Jugendlichen
- Arrangement von Räumen für informelles und soziales Lernen, aber auch für Rückzug, Erholung und Entspannung.

Insbesondere der letzte Punkt verweist darauf, dass ganztägige institutionalisierte Bildung eine Haltung der Zurückhaltung der Akteure und Institutionen erfordert. Die umfassende Verfügbarkeit der Kinder und Jugendlichen darf nicht in ein übersteigertes Förderkonzept führen. Dies bedeutet für Schulen, den traditionellen Unterrichtsalltag im 45-Minuten-Rhythmus aufzubrechen und diesen „der Leistungsfähigkeit von Kindern, Jugendlichen und Lehrkräften entsprechend, rhythmisiert, in einer verschränkten Abfolge von Unterrichts-Förder-, Stillarbeits- und Freizeitphasen" (Popp 2006, S. 179) zu organisieren. Hierbei leisten Angebote der Jugendarbeit einen wichtigen Beitrag, „weil diese durch ihr Grundprinzip der Freiwilligkeit ein Maß an Selbstorganisation und Verständigungsorientierung ermöglichen, dass für die symbolische Reproduktion (in) der Lebenswelt unverzichtbar ist und in der Struktur des schulischen Aufsichts- und Beurteilungswesens (Schulpflicht, Beurteilungswesen, Zertifizierung von Zugangschancen) nicht ausreichend gewährleistet werden kann" (Coelen 2004, S. 261).

Eine nachhaltige und sozialraumorientierte Kooperation beinhaltet nach Arnoldt et al. folgende „Dezentralisierungspotenziale und pädagogische Innovationen":

Tab. 3: *„Dezentralisierungspotenziale und pädagogische Innovationen" einer Kooperation*
zwischen Schule und Außerschulischer Jugendbildung

Unterricht und Angebote im Ganztag	– systematischer Einbezug außerschulischer Partner, Lernorte und erfahrungsbezogener Lehrmethoden – fächerübergreifender Projektunterricht mit Anschluss an non-formale Angebote – Einsatz von Zweitkräften im Unterricht zur Stärkung der binnendifferenzierten Förderung – integrativ und rhythmisiert gestaltete Ganztagsangebote im „Tandembetrieb" durch lokal abgestimmte Bereitstellung von kommunalen Ressourcen (z.B. im Bereich der Jugendhilfe) und von Verfügungsstunden (durch die staatliche Schulaufsicht)

Schul-landschaft, Nah- und Sozialraum	– Schulübergreifende Planung und Öffnung von Ganztagsangeboten zur Steigerung der Angebotsvielfalt durch „Nischenangebote"
	  • Öffnung von nicht-unterrichtlichen Angeboten der Schule auch für Nicht-Schüler/-innen
	  • Schul- und schulformübergreifende Angebote im (lokalen) Nahraum, nicht nur im sozial ggf. bereits entmischten Quartier;
	  • Bildung jahrgangsgemischter, schul(form-)übergreifender Gruppen
	– Einbezug von Erwachsenen als Experten, Teilnehmer/-innen oder Klienten bzw. Klientinnen (z.B. „Service Learning")

Vernetzung und Koordinierung	– Schaffung stadtteilbezogener Netzwerke zur koordinativen und logistischen Unterstützung der Schulleitungen zwischen Schulen, Betrieben und sozialen Einrichtungen durch lokale Bildungsbüros – Schaffung einer inter-institutionell vernetzten Infrastruktur mit Steuerungsinstanzen auf lokaler, sozialräumlicher und einzelschul- bzw. einrichtungsbezogener Ebene – Inter-institutionelle Koordination der Fortbildungsplanung für Lehr- und pädagogische Fachkräfte

(Quelle: Arnoldt et al. 2010: Erg. M.N.)

Mit Deinet ist abschließend festzuhalten, dass durch eine integrierte Kooperation von Schule und Jugendarbeit Ganztagsangebote entstehen können, die „im Sinne von ‚Aneignungsräumen' [...] als Bindeglied zwischen dem Lebensort Schule und den Lebenswelten von Kindern und Jugendlichen [fungieren]" (Deinet 2005c, S. 149, Erg. M.N.).

Zusammenfassung:

Die verstärkte Diskussion hinsichtlich der Kooperation von Schule und Außerschulischer Jugendbildung resultiert aus der flächendeckenden Einführung von Ganztagsschulen im Zuge des Investitionsprogramms Zukunft Bildung und Betreuung (IZBB) der Bundesregierung (vgl. BMBF 2009). Aktuelle Modelle der Zusammenarbeit zeichnen sich zumeist durch nachmittägliche Angebote der Jugendarbeit am Standort Schule aus (additives Modell). Dabei tritt der Bildungsauftrag der Jugendarbeit zugunsten der Betreuungsfunktion in den Hintergrund. Dadurch wird das Potential ganztägiger Bildungsangebote nicht genutzt und die bestehenden Strukturen und Problemlagen des Schulsystems aufrechterhalten. Integrierte Modelle einer Ganztagsbildung in gebundener Form erfordern strukturelle Veränderungen: Eine kommunale bzw. stadtteilorientierte Bildungskonzeption basiert auf der Sozialraumorientierung von Schule und außerschulischer Jugendarbeit. Die Vernetzung von lokalen Einrichtungen und Akteuren ermöglicht die Entwicklung eines breiten Bildungsangebotes, das sich an den Sach- und Lebenslagen der Kinder und Jugendlichen in der Gemeinde bzw. im Stadtteil orientiert.

Übungen:
1. Welche Chancen und Probleme ergeben sich aus dem Begriff der „Ganztagsbildung"?
2. Wie kann eine konstruktive Zusammenarbeit von Lehrkräften und pädagogischem Personal der Außerschulischen Jugendbildung in der Praxis realisiert werden?
3. Welche Möglichkeiten und Grenzen resultieren aus der Sozialraumorientierung im Rahmen der Kooperation von Außerschulischer Jugendbildung und Schule?

Weiterführende Literatur:

Hartnuß, B./Maykus, S. (Hrsg.) (2004): Handbuch Kooperation von Jugendhilfe und Schule. Ein Leitfaden für Praxisreflexionen, theoretische Verortungen und Forschungsfragen. Gelsenkirchen: Verlag Soziale Theorie und Praxis.

Henschel, A./Krüger, R./Schmitt, C./Stange, W. (Hrsg.) (2008): Jugendhilfe und Schule. Handbuch für eine gelingende Kooperation. Wiesbaden: VS Verlag für Sozialwissenschaften.

Otto, H.-U. (Hrsg.) (2004): Grundbegriffe der Ganztagsbildung. Beiträge zu einem neuen Bildungsverständnis in der Wissensgesellschaft. Wiesbaden: VS Verlag für Sozialwissenschaften.

Schirp J./Schlichte, C./Stolz, H.-J. (Hrsg.) (2004): Annäherungen. Beiträge zur Zusammenarbeit von Jugendhilfe und Schule. Butzbach: Afra Verlag.

5.3 Heterogenität und Differenz in der Außerschulischen Jugendbildung

In diesem Kapitel werden die Begriffe Heterogenität und Differenz behandelt, da sie im Kontext der Außerschulischen Jugendbildung heute die Unterschiedlichkeit oder Diversität der Bedingungen des Aufwachsens von Jugendlichen beschreiben.

Der Begriff Heterogenität meint zunächst schlicht Verschiedenheit oder Uneinheitlichkeit (vgl. Duden 1997, S. 319). In pädagogischen Diskursen wird diese Verschiedenheit an bestimmten Merkmalen festgemacht. In der allgemeinen Erziehungswissenschaft wird der Begriff in der Hauptsache schul- und bildungsbezogen diskutiert. Schüler und Schülerinnen, so die Annahme, unterscheiden sich beispielsweise in Bezug auf kognitive Voraussetzungen, sprachliche Kompetenzen, soziale Kompetenzen, Interessen und Neigungen, in der Leistungsmotivation und in den Erwartungen an Lehrer, Gleichaltrige und Schulinhalte (vgl. Preuss-Lausitz 2004, S. 17). Referenzkategorie für das Benennen und Bewerten von Unterschieden hinsichtlich solcher Merkmale sind hier Normalitätskonstruktionen, also (historisch gewachsene) Vorstellungen über richtiges Verhalten, sprachliche Kompetenzen etc., an denen der Grad der Differenz bzw. Abweichung bemessen und die daraus resultierende pädagogische Handlungsstrategie abgeleitet wird. Da Abweichungen von Normalitätskonstruktionen hier in der Regel als Defizite angesehen werden, sind Maßnahmen darauf ausgerichtet, diese abzufedern und die Betroffenen in die Normgruppe zu (re-)integrieren.

In der interkulturellen Pädagogik wird der Begriff vor allem auf unterschiedliche ökonomische oder soziale Lebenslagen, aber auch auf individuelle Merkmale wie beispielsweise Gesundheitszustand, bezogen. Diese Lebenslagen, so die Annahme, beeinflussen die Entwicklung von Kindern und haben Konsequenzen für Bildungs- und Lebenschancen. Besonderes Augenmerk wird auf die Bedeutung unterschiedlicher Lebenslagen in Bezug auf kulturelle Merkmale gelegt (vgl. Gogolin/Potratz 2006, S. 12). Auch hier spielen Normalitätskonstruktionen eine große Rolle und das Verständnis dessen, was unter „kulturellen Merkmalen" zu verstehen ist, variiert mit dem unterlegten Kulturbegriff (vgl. Kap. 4.4).

In der Sozialarbeit/Sozialpädagogik ist der Begriff der Differenz weiter verbreitet und wird häufiger verwendet als der Begriff der Heterogenität. Er entstand im Umkreis politischer und sozialer Bewegungen wie beispielsweise der

Frauenbewegung und löste vielfältige theoretische Diskussionen in der Frauenforschung, Ausländerpädagogik, Sonderpädagogik und Sozialpädagogik aus
(vgl. Krüger-Potratz 1999, S. 150). Dementsprechend sind seine theoretischen
Bezüge und inhaltlichen Bedeutungen selbst sehr heterogen. Die Diskurse um
Differenz, Gleichheit, Pluralisierung und Normalisierung ähneln jedoch denen
um den Begriff der Heterogenität. Im Folgenden werden die beiden Begriffe
synonym benutzt, häufiger aber wird von Differenz als von Heterogenität die
Rede sein.

Differenz als beschreibende und analysierende Kategorie kann unterschiedliche Bedeutung haben und mit unterschiedlichen Zielen verbunden sein. Zunächst beschreibt Differenz schlicht „das Andere, das Nicht-Bekannte" (Diehm
2002, S. 163), das nur existiert bzw. als das Andere nur durch die Abgrenzung
zum Benannten reflektiert werden kann. Differenz wird dann oft bipolar definiert (Baum/Nicht-Baum, zugehörig/nicht zugehörig, modern/vor-modern,
christlich/islamisch, männlich/weiblich etc.). In der Bezeichnung als „das
Andere" kann sie rein beschreibende Funktion haben oder mit Normsetzungen,
also mit sozialen Relevanzsetzungen, verbunden werden. Sie kann dabei hierarchisch benutzt werden, im Sinne einer Wertung von Differenzen als Abweichung von einer anerkannten Norm oder im Sinne einer Analysekategorie für
gesellschaftliche Positionen im Raum, und damit für soziale Ungleichheiten,
die das Ergebnis „langer und heftiger Kämpfe um Ressourcen, Bedeutungen
und Machtpositionen" (Wenning 2001, S. 12) in und um diesen Raum sind
(vgl. Kapitel 4.2). Ausgangspukt der Analyse sind auch hier Normalitätskonstruktionen, die die Forderung einer Teilhabe für Benachteiligte an wichtigen
materiellen und sozialen Gütern beinhalten wie beispielsweise ein bestimmter
Schulabschluss oder geregelte Erwerbstätigkeit als Schlüssel für gesellschaftlich anerkannte Positionen .

In einer weiteren Perspektive wird Differenz lediglich als Verschiedenheit betrachtet und mit einem ‚Recht auf Verschiedenheit' im Sinne eines Pluralitätsbewusstseins verknüpft, das „nicht mehr die unbedingte Richtigkeit des Eigenen, sondern das prinzipielle Recht des Differenten – von dem das Eigene nur
ein Fall ist" als Basis der Weltsicht und des Handelns (Welsch 1994, S. 37) an-
sieht. Toleranz und Demokratie sind zentrale Bausteine einer solchen Perspektive, denn die Demokratie erscheint hier als die beste Form, „Rechte zum Dissens" (ebd., S. 39) zu garantieren.

Unterschiedliche Interpretationen des Differenzbegriffs führen zu voneinander
abweichenden Handlungsstrategien in pädagogischen Handlungsfeldern. Zum
einen kann, im Sinne der oben ausgeführten Abweichung von Normalitätskonstruktionen, Differenz als integrationsbedürftig angesehen werden. Pädagogische Handlungsstrategien laufen dann auf eine „Normalisierung", also auf
eine Anpassung/Angleichung der Differenz an eine unterstellte oder angenommene Norm hinaus. Wird Differenz dagegen lediglich als Verschiedenheit

betrachtet und dies mit einem ‚Recht auf Verschiedenheit' im Sinne eines Pluralitätsbewusstseins verknüpft (Wenning 2001), erscheint sie zunächst als nicht interventionsbedürftig. Pädagogen und Pädagoginnen sind in dieser Perspektive aufgefordert, sich eine offene und akzeptierende Haltung gegenüber der Vielfalt ihrer Adressaten und Adressatinnen anzueignen und eigene Vorstellungen von Normalität kritisch zu reflektieren. Die Gefahr in dieser Perspektivierung liegt aber darin, Ungleichheit, die auf Differenzkategorien beruht, nicht analysieren zu können, und damit auf ungleiche gesellschaftliche Teilhabe von Personengruppen mit bestimmten Merkmalen nicht reagieren zu können bzw. auch nicht zu wollen (Schütte-Bäumer 2010). Insbesondere Vertreter kulturalistischer und essenzialistischer Ansätze legitimieren über das Recht auf Dissens eine Absonderung bestimmter Gruppen (Prengel 1993) oder unterstellen die Unmöglichkeit ihrer Integration aufgrund des Dissenses bzw. der festgestellten Differenzen zu einer anderen Gruppe (beispielsweise die islamische Kultur sei unvereinbar mit der christlichen Kultur bzw. Tradition).

Es sollte deutlich geworden sein, dass die Diskussionslinien in der Hauptsache um die Begriffe Gleichheit (Allgemeingültigkeit) versus Differenz (Anerkennung von Unterschiedlichkeit bei Verneinung einer Allgemeingültigkeit) kreisen. Annedore Prengel (1993) setzt hier mit ihrer Pädagogik der Vielfalt an und plädiert für eine egalitäre Differenz, in der Egalität und Differenz nicht als „gegensätzlich, sondern als einander wechselseitig bedingend" (Prengel 2001, S. 94) angesehen werden. Zentral im Sinne der egalitären Differenz ist, „das plurale Miteinander der Verschiedenen auf der Basis gleicher Rechte und wechselseitiger Anerkennung" (ebd.) zu verwirklichen. Die Schwierigkeit liegt allerdings darin, genau zu sagen, an welchen Punkten von Gleichheit gesprochen werden soll bzw. wo das Gleichheitspostulat im Vordergrund steht und wo das Postulat der Verschiedenheit. Dies scheint bis heute ungelöst. So könnte man beispielsweise sagen, dass in Verfassungen – in Deutschland das Grundgesetz – nicht umgehbare Gleichheitspostulate festgelegt sind. Dazu gehören die Unantastbarkeit der Menschenwürde, die Gleichberechtigung von Männern und Frauen, aber auch die demokratische Verfasstheit unseres Staates und seine Ausrichtung als Sozialstaat. Ähnliche Werte sind auch in der UN-Menschenrechtscharta festgelegt. In der Diskussion um Demokratie als die ideale Staatsform, diese Gleichheitspostulate zu garantieren, zeigen sich aber schon Brüche. Der Versuch, sie global, also für alle Staaten und Gesellschaften weltweit als ideale Regierungsform festzulegen (hier in dem Begriff des Good Governance) wird von Staaten und Gesellschaften, die sich anders organisieren, als Zwang zur Gleichheit aufgefasst, als das nicht zulassen von Verschiedenheit und damit als Unterdrückung. Demokratie, wie sie in westlichen Ländern gelebt wird, auf alle Staaten übertragen zu wollen, so der Vorwurf, sei ein Beispiel für eurozentrisches Verhalten, dass Verschiedenheit nicht zulasse. Zentral ist hier, was unter Gleichheit verstanden wird. Gleichheit als Anspruch gleichberechtigter Teilhabe aller Menschen an für die jeweilige Gesellschaft wichtigen Ressourcen, will Unterschiede in diesen Möglichkeiten aufheben.

Unterschiedlichkeit wird dann schnell als bedrohlich empfunden, da sie zu eng
an die zu überwindende Ungleichheit gebunden erscheint (vgl. Prengel 2006,
S. 34). Anzustreben ist die Akzeptanz von Unterschiedlichkeit bei gleichzeitiger Teilhabeermöglichung aller an zentralen Ressourcen.

In diesem Zusammenhang ist wichtig zu bedenken, dass Gleichheit oder Differenz immer nur für ein partielles Verhältnis definiert werden kann, immer nur
in einer bestimmten Hinsicht, also nie das gesamte Verhältnis angesprochen
ist. „Die verglichenen Dinge sind in einigen Merkmalen gleich und in anderen
völlig verschieden" (ebd., S. 30). Der Mensch kann also nie auf Gleichheit
oder Differenz als Ganzes festgelegt werden. „Darum ist es erforderlich, einen
Maßstab des Vergleichens, die Hinsicht, in welcher etwas gleich oder verschieden sei, zu bestimmen. Es muss ein ‚tertium comparationis' klar definiert
werden" (ebd., S. 33). Der Vergleichsmaßstab wird von Menschen festgelegt,
es existiert also kein natürlicher Maßstab, durch den Menschen als gleich oder
verschieden beschrieben werden könnten. Standpunkt und Gesichtspunkt der
Person, die den Vergleichsmaßstab festlegt, bestimmen diesen (vgl. ebd.).

So lässt sich also an dieser Stelle zusammenfassen, dass in diesem Ansatz
Menschen nicht auf die Merkmale, die zur ihrer Beschreibung heran gezogen
werden, festgelegt werden können und die Beschreibung von Differenz nicht
zu einer oben/unten, wichtiger/unwichtiger Einteilung heran gezogen werden
darf. Dies sind grundlegende, nicht hintergehbare Prämissen des Ansatzes. Aus
diesem Grund wird auch allen Ansätzen eine Absage erteilt, die behaupten,
man könne aus Differenzen Hierarchisierungen ableiten (also auch ontologi-
sche Vorstellungen von Geschlechterdifferenzen, die beispielsweise das weibliche Geschlecht bzw. die weibliche Art oder Lebensweise als die bessere darstellen).

Das Konzept der Pädagogik der Vielfalt ist mit dem Bildungsbegriff, wie er in
diesem Buch für die Außerschulische Jugendbildung beschrieben wurde, gut
anschlussfähig, denn egalitäre Differenz als Zielsetzung bedeutet, dass sich Er-
ziehungs- und Bildungsprozesse nicht auf „eindimensional zielgerichtetes
Handeln zuspitzen lassen, sondern das Wechseln zwischen verschiedenen Perspektiven favorisieren" (Prengel 2001, S. 102). Daraus resultiert dann, dass
pädagogisches Handeln verschiedene Aspekte ausbalancieren muss. In der
Konsequenz bedeutet dies: „Offenheit für die Lebens- und Lernweisen der
kindlichen, jugendlichen oder erwachsenen Adressaten, Offenheit für ihre Verschiedenheit, Bemühen um ihren gleichberechtigten Zugang zu Bildungseinrichtungen, Bemühen um ihre Qualifikation für gesellschaftliche (ökonomische, kulturelle) Teilhabe, Präsentation des Profils (der Inhalte, Ziele, Arbeitsweisen, Anforderungen) der Bildungseinrichtung, Klärung des Beziehungsan-
gebots der Pädagoginnen und Pädagogen" (ebd.).

In besonderer Weise zeigen sich die oben angedeuteten Diskussionen und
Problematisierungen in der interkulturellen Pädagogik. Hier spielt der Diffe-

renzansatz bis heute eine große Rolle. Differenz, in diesem Zusammenhang gedacht als das „Anderssein" ausländischer Kinder, müsse Anerkennung finden, so der Konsens bis in die 80er Jahre. Dieses „Anderssein" bezog sich vornehmlich auf den sprachlichen und kulturellen Hintergrund. Dabei wurde in der Regel von einem essenzialistischen und statischen Kulturbegriff ausgegangen, der leider bis heute in den Diskussionen immer wieder auftaucht. Das heißt, der Begriff der Kultur bezog sich ausschließlich auf die ethnische bzw. nationale Zugehörigkeit und diese wurde mit Stereotypen und Klischees verbunden (türkische Jugendliche seien beispielsweise auf eine bestimmte, von deutschen Jugendlichen differente Art und Weise charakterisierbar) (siehe auch: Geiger/Lösche 1999, S. 108). Eppenstein beschreibt zudem, dass auch heute mit dem „kulturell Anderen" (Eppenstein 2010, S. 96) in der Regel nicht „an kulturrelevante Unterscheidungen (…) in verschiedenen Feldern gedacht wird, z.B. an unterschiedliche kulturelle Milieus jugendlicher Peers, ‚Kulturen' der Suchtabhängigkeit oder die Relevanz kultureller Differenzen zwischen Arbeiterhaushalten und Akademikerhaushalten im Kontext von Erziehungsfragen, sondern oft wie selbstverständlich eine Verbindung zu vermeintlichen oder tatsächlichen kulturellen Andersartigkeit von Migrantinnen und Migranten gezogen wird" (ebd., S. 96f.).

Kiesel zeigt, dass in der öffentlichen Diskussion Migranten und Migrantinnen unterstellt wird, eine mangelnde Anpassungsfähigkeit an die deutsche Gesellschaft aufzuweisen, die in der Hauptsache auf eine ‚uns' fremde und differente Kultur zurückgeht. Die ‚Kultur' der Zuwanderer weise zudem ein Modernisierungsdefizit auf (sie seien rückständig in Lebensweise und Ansichten) aufgrund ihres ethnisch-kulturellen Hintergrundes. Zuwanderer werden also unabhängig von Individualität und Biografie der Person betrachtet und die ihnen zugeschriebenen Defizite als überdauernd angesehen, das heißt, sie bleiben ihnen, so die Behauptung, auch wenn sie seit Jahren oder sogar seit Generationen in der BRD leben (vgl. Kiesel 2010, S. 50f.) Diese Thesen haben auch Einfluss auf die Wahrnehmung von Jugendlichen mit Migrationshintergrund durch die Pädagogen und Pädagoginnen in der Außerschulischen Jugendbildung. So werden Jugendliche mit Migrationshintergrund in der Außerschulischen Jugendbildung aufgrund ihrer Zugehörigkeit zu einer anderen Kultur oft als besondere Herausforderung für die pädagogische Arbeit angesehen (vgl. Scherr 2005, S. 181). Theoretische Bezüge spielen dabei weniger eine Rolle, im Vordergrund steht „ein veralltäglichtes soziales Deutungsmuster (…). Jugendliche werden vielfach als Angehörige nationaler („die Albaner", „die Türken", „die Russen") oder ethnischer („die Kurden") Gruppen klassifiziert" (ebd., S. 183). Der Migrationshintergrund der Jugendlichen wird dabei in der Regel als problemverursachend angesehen, in dem Sinne, dass unterstellt wird, Jugendliche mit Migrationshintergrund hätten Schwierigkeiten mit dem Leben zwischen den Kulturen. Auch eine prinzipielle Konflikthaftigkeit zwischen verschieden Gruppen nationaler oder ethnischer Zugehörigkeit wird unterstellt (vgl. ebd). Pädagogische Handlungsstrategien sollen in der Folge auf die unterstellten spezifischen Bedürfnisse der verschiedenen Gruppen eingehen.

Es stellt sich vor dem Hintergrund dieser Problematisierungen die Frage, ob Kultur überhaupt eine Kategorie sein kann, mit der Jugendliche und/oder pädagogische Situationen in der Außerschulischen Jugendbildung angemessen beschrieben werden können. Der Begriff ‚Kultur' als analytischer Begriff ist unscharf und der damit verbundene Gegenstand unklar. Er setzte sich erst mit dem Buchdruck durch und zwar als Ergebnis „einer intellektuellen Praxis des Vergleichens (…) Kultur ist das, was unvergleichbare Lebensweisen vergleichbar macht" (Baecker 1999, S. 56, in: Höhne 2001, S. 198). Voraussetzung dafür ist, dass etwas Gemeinsames formuliert wird, etwas, das die Funktion einer Identitätsbildung übernimmt, etwas, dass für alle benannten Mitglieder einer Kultur als gültig definiert wird. „Erst mit Bezug auf die ‚Nation-Form' (Balibar 1990) in Verbindung mit der Konstruktion weiterer Kollektivsubjekte (Klasse, Geschlecht, Rasse) kann die Festschreibung des ‚Eigenen' und des ‚Fremden' als Grunddifferenz des Kulturdiskurses verständlich gemacht werden" (Höhne 2001, S. 199). Auch das systematische Sammeln von Daten im Zusammenhang mit ethnologischen Forschungen (schon im 18. Jahrhundert) hat die Etablierung des Kulturbegriffs als Differenzierungskategorie zwischen ‚fremd/eigen' stark voran getrieben. Wichtig zu erwähnen ist immer auch, dass dieser Diskurs, wie viele andere, vom Bürgertum initiiert und getragen wurde, also von einer relativ kleinen Gruppe, aber für alle Mitglieder der Gesellschaft als gültig erklärt wurde. Wie hoch die (gesellschaftliche) Bindungskraft für einzelne Elemente des Kulturdiskurses ist (beispielsweise eine auf Humanität ausgerichtete Lebensweise als zu erreichendes Ziel für alle), ist dabei überhaupt nicht klar. Das Bürgertum hat aber die Deutungshoheit, ist im Diskurs hegemonial und hat durch entsprechende Mittel (Besitz und Kapital, später auch Militär) die Möglichkeit, die formale Bindung für alle durchzusetzen. Der zunehmende Wohlstand für alle ist ebenfalls eine wesentliche Konstante, um die gesellschaftliche Bindung an bürgerliche Diskurse zu garantieren.

> *„Diskurse über Kultur hatten seit dem 19. Jahrhundert drei wesentliche Funktionen: Distinktion, Identitätsbildung und Krisenartikulation (…) Die Gemeinsamkeit der drei Funktionen besteht in der Definition des ‚Anderen' respektive des ‚Fremden' im jeweiligen Kulturdiskurs" (ebd., S. 200).*

Höhne vertritt die These, dass im Diskurs um Kultur ein semantischer Wechsel von ‚Rasse' zu ‚Kultur' stattgefunden habe, „der die naturalisierende Funktion des Rassebegriffs auf ‚Kultur' übertrug" (ebd.). Er spricht auch von Kulturalisierung und meint damit, dass Unterschiede im Verhalten und in der sozialen Positionierung durch die Kategorie Kultur erklärt werden. Diese Kulturalisierung bedeute gleichzeitig „das Verschwinden des Sozialen" (ebd., S. 201), denn Unterschiede, die sich aufgrund von politischen, gesellschaftlichen und sozialen Rahmenbedingungen ergeben, werden zu Kulturunterschieden erklärt. Dies entbindet Verantwortliche (in Politik, Gesellschaft und in den Wissenschaften) davon, Verantwortung zu übernehmen und Maßnahmen einzuleiten.

In den Sozial- und Erziehungswissenschaften und damit auch in der Außerschulischen Jugendbildung, spielt der Kulturdiskurs eine herausragende Rolle. Er wurde, so Höhne (ebd.), zu einer „wesentlichen Interpretationsressource". Dies geht so weit, dass sich eine interkulturelle Spezialisierung herausgebildet hat, die sich auch in ihrer Institutionalisierung zeigt beispielsweise durch Einrichten von Lehrstühlen zur interkulturellen Pädagogik. Hamburger verweist schon in den 1980er Jahren kritisch darauf, dass ‚Probleme mit Ausländerkindern' durchgehend unter Hinzuziehung der Kategorie Kultur diskutiert werden. In Konflikten wird die Kulturdifferenzhypothese besonders erklärungsmächtig. „So verfestigen sich bestimmte Beschreibungsformen zu sozial-dominanten Mustern, wodurch andere Erklärungen bzw. Differenzen nicht mehr in den Blick kommen" (ebd., S. 203).

Kultur wird von Höhne als Differenzierungskategorie betrachtet, die vor allem dazu dient, andere Kulturen als ‚fremd' zur eigenen Kultur zu definieren. Er beschreibt dies am Beispiel von Schule: „Die Kulturdifferenz wird zum konstitutiven Bestandteil von Unterricht, die Differenz des ‚Eigenen/Fremden' systematisch zum Unterrichtsgegenstand gemacht. Das Wissen, das sich deutsche Schüler/innen so über Migrant/innen im Verlauf von zehn Schuljahren angeeignet haben, weist diese als kulturell Fremde aus, über deren Verhaltensweisen, Gebräuche, religiöse Sitten usw. man nur ‚genug' wissen muss (Höhne et al. 1999), um Konflikte zu vermeiden. Kultur als Differenzierungskategorie konstruiert auf diesem Weg die ‚Fremden' in Wirklichkeit, die zu ‚Ent-Fremden' Interkulturelle Didaktik vorgibt, ein Paradox, das sich bis heute gehalten hat und Ausdruck eines Kulturdispositivs ist, in dem die Rollen und Definitionsmacht eindeutig verteilt sind" (ebd., S. 208).

Gleichzeitig ist aber einzuwenden, dass die Tatsache, dass Menschen sich als different wahrnehmen, „und diese Differenz unterschiedliche und sich ausschließende Zugehörigkeiten einschließt (…) konstitutiv für Menschen und Sozialität" ist (Hamburger 2009, S. 126). Der Kulturbegriff versucht sich, wie oben ausgeführt, an diesem Vergleich und seine Verwendung erscheint unter Einbeziehung einiger wichtiger Voraussetzungen legitim. Dazu gehört, dass ein solcher Kulturbegriff ‚Kultur' nicht auf ethnische und/oder nationale Zugehörigkeiten reduziert. Individuen können nicht auf eine Kultur festgelegt werden, sondern sind Angehörige ganz unterschiedlicher Kulturen. Kultur kann als besondere und distinkte Lebensweise einer Gruppe oder Klasse aufgefasst werden. Diese Lebensweise enthält „die Bedeutungen, Werte und die Ideen, wie sie in den Institutionen, in den gesellschaftlichen Beziehungen, Glaubenssystemen, in Sitten und Gebräuchen, im Gebrauch der Objekte und im materiellen Leben verkörpert sind" (Clarke et al. 1979, S. 41). Die bestehenden kulturellen Muster bilden eine Art „historisches Reservoir – ein vorab konstituiertes ‚Feld der Möglichkeiten' – das die Gruppen aufgreifen, transformieren und weiterentwickeln" (ebd., S. 42). Festzuhalten ist also, dass Kultur immer groß- und kleinräumig zu denken ist. Das heißt, dass es beispielsweise in einer Verfassung festgelegte Werte gibt, die den Anspruch haben allgemeingültig zu sein, also für alle Menschen, die in der jeweiligen Verfassung eingeschlossen sind, Gültigkeit besitzen. Hinzuzufügen ist aber, und dass ist für das Arbeiten mit einem Kulturbegriff unabdinglich, dass diese Festlegung nichts über die Bindung des oder der Einzelnen an diese Werte aussagt. Sie stellen lediglich ein „Feld der Möglichkeiten" dar, dass von den Einzelnen subjektiv überformt wird.

Kultur muss zudem als ein dynamischer unabgeschlossener Prozess betrachtet werden. Kulturelle Muster sind nicht als natürlich, sondern historisch gewachsen zu betrachten, vor dem Hintergrund bestimmter gesellschaftlicher Entwicklungen und hegemonial getroffener Entscheidungen. Sie sind das Ergebnis bestimmter historisch gewachsener Machtkonstellationen. Damit sind kulturelle Muster aber auch prinzipiell veränderbar. Differenzen, die sich auf den Kulturbegriff beziehen, haben dann Anspruch auf Anerkennung, wenn sie als Ausdruck der Individualität aufgefasst werden. Eine Individualität, die sich aber vor dem Hintergrund der sie umgebenden kulturellen Muster herausbildet und von diesen nicht unabhängig ist. „Ansprüche auf intersubjektive Geltung haben sich jedoch dem Diskurs zu stellen. Dieser kann immer nur zu vorläufigen Ergebnissen kommen, sodass wir universalistische Vorstellungen mit einem eher schwachen Anspruch ausstatten sollten" (Hamburger 2009, S. 126).

Außerschulische Jugendbildung hat diese Prämissen zu beachten und in die Arbeit mit Jugendlichen einzubeziehen. Einem Ansatz der interkulturellen Pädagogik, der die Gruppe der Jugendlichen mit Migrationshintergrund als Sonderfall deklariert, der distinkte pädagogische Handlungsstrategien erfordere, ist eine Absage zu erteilen. Denn die Schwierigkeiten, die Jugendliche mit Migrationshintergrund haben und die sie in die Institutionen der Außerschulischen Jugendbildung hineintragen, sind keine kulturell bedingten Probleme, sondern ökonomischen, sozialen, politischen und rechtlichen Restriktionen und Nachteilen geschuldet. Die Praxis, „in Gleichaltrigengruppen mit ähnlichem Erfahrungshintergrund nach der Arbeit bzw. nach der Schule ‚abzuhängen', d.h. sich zu entspannen und über alltägliche Erlebnisse zu kommunizieren, ist keine kulturspezifische, sondern findet sich bei Jugendlichen mit ganz unterschiedlichen sozialen, kulturellen und nationalen Hintergründen" (Scherr 2005, S. 184).

Zusammenfassung:

Kultur als Begriff, mit dem in der Außerschulischen Jugendbildung gearbeitet wird, darf nicht essentialistisch sein, das heißt, ein Mensch darf auf dieses Merkmal nicht festgeschrieben werden. Jugendliche sind unterschiedlichen Kulturen zugehörig und diese Zugehörigkeit ist kein Merkmal, das Denken, Handeln und Fühlen deterministisch bestimmt.

Wichtig ist, differenzsensibel zu bleiben, ohne dabei den Differenzaspekt über zu betonen, es dürfen keine kulturalistischen Reduktionen vorgenommen werden. Die Handlungen, die mit dem Merkmal Kultur erklärt werden, können durch viele andere Merkmale (mit)bedingt sein. In intersektionalen Ansätzen wird schon lange darauf aufmerksam gemacht, dass „gender, class ans sexuality als Achsen der Ungerechtigkeit das Interesse und die Identität einer jeden Person berühren" (Mecheril 2004, S. 118). In Diskussionen um Interkulturelle Pädagogik wird diese multiaxiale Konstitution des Raumes (ebd.) oft nicht beachtet und damit die Realität von Individuen stark reduziert.

Kultur ist klein- und großräumig zu denken, die Kategorie Kultur ist keinesfalls auf nationale und ethnische Zugehörigkeit zu beschränken.

Das Gefühl der Fremdheit sagt zuallererst etwas aus über die Person, die diese Fremdheit empfindet, nicht über die Person die dieses Gefühl ausgelöst hat.

Pädagogisches Handeln hat seine Grenzen an dem Ort, an dem Differenz erzeugt wird, das heißt, gesellschaftliche und politische Strukturen, die Differenz erzeugen, können nur bedingt durch Interkulturelle Kompetenz oder durch kompetenten Umgang mit Differenz verändert werden.

Das eigene Denken, Handeln und Fühlen ist immer eingebunden in den eigen kulturellen Kontext.

Übungen:

1. Diskutieren Sie unterschiedliche Bedeutungen der Begriffe Heterogenität und Differenz!
2. Warum ist Kultur immer groß- und kleinräumig zu denken?
3. Diskutieren Sie die Frage, ob Kultur eine sinnvolle Kategorie sein kann, mit der Jugendliche und/oder pädagogische Situationen in der Außerschulischen Jugendbildung angemessen beschrieben werden können!

Weiterführende Literatur:

Dannenbeck, C./Eßer, F./Lösch, H. (1999): Herkunft (er)zählt: Befunde über Zugehörigkeiten Jugendlicher. Münster [u.a.]: Waxmann.

Engelmann, J. (Hrsg.) (1999): Die kleinen Unterschiede. Der Cultural Studies-Reader. Frankfurt/New York: Campus Verlag.

Kessl, F./Plößer, M. (Hrsg.) (2010): Differenzierung, Normalisierung, Andersheit. Soziale Arbeit als Arbeit mit Anderen. Wiesbaden: VS Verlag für Sozialwissenschaften.

Lutz, H./Wenning, N. (Hrsg.) (2001): Unterschiedlich verschieden. Differenz in der Erziehungswissenschaft. Opladen: Leske + Budrich

Prengel, A. (2006): Pädagogik der Vielfalt. Verschiedenheit und Gleichberechtigung in Interkultureller, Feministischer und Integrativer Pädagogik. Wiesbaden: VS Verlag für Sozialwissenschaften.

5.4 Werte und zivilgesellschaftliches Engagement[6]

5.4.1 Einleitung

Die Jugend liebt heutzutage den Luxus. Sie hat schlechte Manieren, verachtet die Autorität, hat keinen Respekt vor den älteren Leuten und schwatzt, wo sie arbeiten sollte. Die jungen Leute stehen nicht mehr auf, wenn ältere das Zimmer betreten. Sie widersprechen ihren Eltern, schwadronieren in der Gesellschaft, verschlingen bei Tisch Süßspeisen, legen die Beine übereinander und tyrannisieren ihre Lehrer.

Dieses Zitat, das dem griechischen Philosophen Sokrates nachgesagt wird und somit über tausend Jahre alt ist, hat an Aktualität nicht verloren. Die Klagen über einen Werteverlust in der jungen Generation und der Ruf nach einer konsequenten Werteerziehung haben sich bis heute gehalten und rücken immer wieder in das Zentrum öffentlicher Diskussionen. Zuletzt beispielsweise in Streitschriften über die Disziplin- und Respektlosigkeit der heutigen Jugend (vgl. Bueb 2006; Winterhoff 2008). Diese können zum einen als Reaktion auf Gewaltexzesse und Amokläufe betrachtet werden, zum anderen aber auch im Kontext um die Sorge über das gegenwärtige und zukünftige gesellschaftliche Leitbild. Jugend gilt als Zukunft der Gesellschaft, „als ‚Seismograf' für kulturelle Veränderungen" (Gensicke 2009, S. 580). Die gesellschaftlichen Entwicklungen der Individualisierung und der daraus resultierenden Pluralisierung von Lebensmustern führen zu einer Verunsicherung über die Gültigkeit gemeinsamer Wert- und Normvorstellungen. Darüber hinaus erfordert das Leitbild einer Zivilgesellschaft die Eigeninitiative und Bereitschaft der Menschen, sich in die Gesellschaft beispielsweise im Rahmen sozialen Engagements, ein-

---

[6] Dieser Beitrag wurde von Myriam Nicolaus-Pannke verfasst.

zubringen. Die Sorge um einen Wertverlust in der Jugend resultiert nicht zuletzt aus der Befürchtung um die gesellschaftliche Stabilität und um die Zukunft der Demokratie in Folge einer unterstellten mangelnden Bereitschaft der jungen Generation sich zivilgesellschaftlich zu engagieren.

Da Außerschulische Jugendbildung zum Ziel hat, junge Menschen auf dem Weg zu einer selbstbestimmten und gemeinschaftsfähigen Persönlichkeit zu unterstützen, stellt sich insbesondere für Akteure der Jugendbildung die Frage, ob tatsächlich ein Verlust von wertorientiertem Denken und Handeln bei der heutigen Jugend zu beobachten ist und infolgedessen auch soziales Engagement bei jungen Menschen rückläufig ist. Zur Beantwortung dieser Fragen werden nach einer einleitenden Begriffsklärung und der Skizze des gesellschaftlichen Wertewandels die Ergebnisse ausgewählter empirischer Untersuchungen zu jugendlichen Wertorientierungen und der Beteiligung Jugendlicher an zivilgesellschaftlichem Engagement aufgezeigt.

5.4.2 Werte und Wertewandel im 20. Jahrhundert

Werte sind „Vorstellungen von persönlich wie gesellschaftlich Wünschenswertem…, die das menschliche Handeln beeinflussen und ihm Orientierung geben" (Schubarth 2010, S. 25).

Zur Klärung des Wertebegriffs sind zwei begriffliche Differenzierungen von Bedeutung. Zunächst bestehen Werte unabhängig von einer Person als abstrakte positiv konnotierte Prinzipien (vgl. Helmken 2008, S. 37). Dazu zählen *Freiheit, Gleichheit, Freundschaft, Leistung* etc. Die Zustimmung einer Person zu einem bestimmten Wert führt dann zu einer individuellen Werthaltung. Die Unterscheidung zwischen individuellen und gesellschaftlichen Wertvorstellungen ist im Zusammenhang mit dem Diskurs über Wertewandel und Werteverlust bedeutsam. Gesellschaftlich geteilte Werte sind „Grundlage für Normen (Soll-Vorstellungen) und Tugenden (Verhaltensweisen)" (Schubarth 2010, S. 25) und somit Vorgabe für die Vorstellung von moralischem Handeln. Die Wertorientierungen des Einzelnen sind zumeist an dieser orientiert, da sie „über zentrale Sozialisationsagenturen wie Familie, Schule, Peers, Medien und anderen gesellschaftliche Institutionen vermittelt werden" (Gille 2006, S. 136). Wird über jugendlichen oder gesellschaftlichen Werteverfall geklagt, so befürchtet man vor allem ein Abweichen individueller Wertorientierungen von gesellschaftlichen Moralvorstellungen und daraus resultierend, einen Stabilitätsverlust der Gesellschaftsordnung.

Begriffliche Differenzierungen

Die These eines gesellschaftlichen Werteverfalls konnte inzwischen durch intensive Forschungsarbeit zugunsten der Annahme eines Werte*wandels*, einer Werte*pluralisierung* und eines Werte*pragmatismus* widerlegt werden (vgl. Speck 2010). Werte verfallen nicht, sie gewinnen oder verlieren im Rahmen sozio-historischer Entwicklungen an Bedeutung (vgl. von Hentig 1999, S. 68).

Wertewandel im 20. Jhd.

Der gesellschaftliche Wertewandel im 20. Jahrhundert in Deutschland wird anhand der beiden komplementären Wertedimensionen Pflicht- und Akzeptanzwerte versus Selbstentfaltungs- und Engagementwerte beschrieben (vgl. Burkert/Sturzbecher 2010, S. 45). Während in den 1950er und 1960er Jahren Pflichtwerte und Sekundärtugenden wie Disziplin, Treue, Pflichterfüllung, Sicherheit, Leistung, soziale Konventionen, Selbstbeherrschung und Anpassungsbereitschaft große Bedeutung im gesellschaftlichen Leben spielten, wurden nicht zuletzt aufgrund der 68er-Revolution in den 1970er und 1980er Jahren Selbstentfaltungswerte wie Autonomie, Genuss, Gleichheit, Partizipation und Kreativität wichtiger. Allerdings wurden die traditionellen Wertvorstellungen nicht vollständig verdrängt, vielmehr verlagerten sich die Bevölkerungsanteile, die diese Wertdimensionen vertreten. Sichtbar wurde dies zum Ende des 20. Jahrhunderts, als bei einem wachsenden Bevölkerungsanteil eine Verknüpfung der scheinbar widersprüchlichen Wertorientierungen im Sinne einer Wertesynthese aus Pflicht- und Selbstentfaltungswerten festgestellt wurde (vgl. Klages 2001). Klages beschrieb diesen Wertetypus der *Aktiven Realisten,* die sich dadurch auszeichnen, „auf verschiedenartigste Herausforderungen pragmatisch zu reagieren, gleichzeitig aber auch mit starker Erfolgsorientierung ein hohes Niveau an ‚rationaler‘ Eigenaktivität und Eigenverantwortung zu erreichen" (Klages 2001, S. 10). Dieser gut an moderne gesellschaftliche Bedingungen angepasste Typus nimmt anteilig in der Bevölkerung zu und stellt inzwischen gegenüber den sogenannten *ordnungsliebenden Traditionalisten,* den *perspektivenlosen Resignierten,* den *hedonistischen Materialisten* sowie den *nonkonformen Idealisten* die größte Teilgruppe dar.

Wertewandel in der Jugend

Der skizzierte gesellschaftliche Wertewandel der letzten sechzig Jahre in Deutschland lässt sich mit Bildern verschiedener Jugendgenerationen nachzeichnen, denn zumeist ist es die junge Generation, die einen Wandel in den Einstellungen und Orientierungen vorantreibt. So wurde die Nachkriegsjugend der 1950er Jahre von Helmut Schelsky als *skeptische Generation* bezeichnet und als „ehrgeizige und leistungsbereite, aber teils zynische und unpolitische Generation" (Gensicke 2010, S. 188) umschrieben. Darauf folgte die Beschreibung der Jugend als *politisierte Jugend* der 1960er und 1970er Jahre und das Bild einer *hedonistisch, genuss-orientierten Jugendgeneration* in den 1980er und 1990er Jahren (vgl. ebd.).

5.4.3   Wertorientierungen im Jugendalter

Einflussfaktoren auf jugendliche Werthaltungen

Betrachtet man die Entwicklung individueller Wertorientierungen, so stellt Adoleszenz die Lebensphase dar, in der vorherrschende Wertvorstellungen des sozialen Umfelds und der Gesellschaft auf ihre Bedeutung hinsichtlich des eigenen Lebensentwurfs überprüft werden (vgl. Kap. 2.2). Nach dem schon erwähnten Konzept der Entwicklungsaufgaben sind die wichtigsten Bezugspunkte für die Entwicklung eigener Wertvorstellungen Werte und Normen der primären und sekundären Sozialisationsinstanzen. „Ausgehend von den personalen Dispositionen, z.B. Temperament, verläuft die primäre Wertesozialisation in der Familie, die sekundäre in Kita und Schule und parallel die tertiäre innerhalb der Gleichaltrigengruppe sowie durch Medien und Freizeitorganisationen" (Schubarth 2010, S. 29f.). Wertorientierungen der Herkunftsfamilie werden dabei zunehmend kritisch hinterfragt, wohingegen vor allem diejenigen der Peers wachsende Bedeutung für die Jugendlichen erhalten. Daneben spielt auch die intendierte Werteerziehung in schulischen und außerschulischen Bildungseinrichtungen eine Rolle für die jugendliche Werteentwicklung. Während die Schule einen expliziten gesetzlichen Auftrag zur Wertevermittlung hat, ergibt sich die Aufgabe der Wertebildung für die Außerschulische Jugendbildung implizit aus ihren Zielvorgaben der Förderung der selbstbestimmten und gemeinschaftsfähigen Persönlichkeit (vgl. Kap. 2), durch die Peer-Interaktionen in ihren Institutionen und nicht zuletzt durch die Interaktion mit den Pädagogen (vgl. Kap. 4).

Welche Wertvorstellungen entwickeln Jugendliche heute? Inwiefern stehen diese im Zusammenhang mit gesellschaftlichen Bedingungen des Aufwachsens? Zeigt sich auch bei der jungen Generation ein Trend zur Wertesynthese? Wichtige Quellen für diese Fragen sind zum einen die Shelljugendstudien, die unter methodischen Gesichtspunkten schon in Kapitel 3 vorgestellt wurden. Im Rahmen der Erhebungen werden auch die Wertorientierungen der jungen Menschen erfragt (vgl. Gensicke 2003, 2006, 2009, 2010). Darüber hinaus untersuchte das Deutsche Jugendinstitut (DJI) im Rahmen des Jugendsurvey in drei Erhebungswellen (1992-1997-2003) ebenfalls die Lebensverhältnisse, Werte und gesellschaftliche Beteiligung junger Menschen zwischen 16 und 29 Jahren (vgl. Gille et al. 2006).

Empirische Untersuchung jugendlicher Werthaltungen

Zur Analyse jugendlicher Wertorientierungen werden in den Studien mehrere Wertbereiche in jeweils unterschiedlicher Akzentuierung unterschieden:

- Selbstentfaltungswerte, z.B. Unabhängigkeit, Selbstverwirklichung, Kritikfähigkeit
- materialistische Werte, z.B. Leistung, Wohlstand, Macht
- konventionelle Werte, z.B. Leistung, Sekundärtugenden, wie Pflichtbewusstsein, Disziplin, Treue
- hedonistische Werte, z.B. Genuss, Aufregung, Selbstbestimmung
- prosoziale, idealistische Werte, z.B. Verantwortungsbewusstsein, Solidarität, Hilfsbereitschaft

Grundsätzlich ist festzuhalten, dass die Wertewandelforschung auch bei der jungen Generation keinen generellen Werteverfall nachweisen kann. Der Großteil der befragten Jugendlichen stimmt der Aussage zu, dass *es für alle Menschen gültige moralische Maßstäbe geben muss, da sonst die Gesellschaft nicht funktionieren kann* – nur sechs Prozent lehnen dies ab (vgl. Gensicke 2010, S. 214). Es zeigt sich, was Schubarth schon beschrieben hat: „Jugendlichen ist – ähnlich wie älteren Menschen – vieles wichtig, sie haben einen brei-

Private Harmonie von höchstem Wert

ten ‚Werteraum', in dem sehr unterschiedliche Werte miteinander vereinbar sind" (Schubarth 2010, S. 27). Ganz oben in der Rangliste stehen persönliche Bindungen im mikrosozialen Raum und ihre traditionell hohe Bedeutung hat in den letzten zehn Jahren noch zugenommen. Für die Jugendlichen spielen gute Freunde und Partner/innen und ein gutes Familienleben eine zentrale Rolle in ihrem Alltag (vgl. Gensicke 2010, S. 196f). Zusätzlich wird deutlich, was in Kapitel 4 schon beschrieben wurde: Entgegen der Annahme, dass die unterschiedlichen Wertorientierungen in Freundeskreis und Familie einen zentralen Konfliktherd im Jugendalter darstellen, steuert heute eine „überwältigende Mehrheit … [der Jugendlichen, M.N.] auf einen Kompromiss von Lebens- und Wertemustern zwischen Herkunftsfamilie und Gleichaltrigen oder sogar auf eine Harmonie hin" (Albert et al. 2010, S. 46). *Frieden im sozialen Nahbereich* ist von zentralem Wert für die Jugend (vgl. Helmken 2008, S. 95).

Bedeutungszunahme der Sekundärtugenden

Ähnlich wichtig ist für Jugendliche auf der einen Seite eigenverantwortlich zu leben und zu handeln und von anderen Menschen unabhängig zu sein, aber ebenso Gesetz und Ordnung zu respektieren und fleißig und ehrgeizig zu sein (vgl. Gensicke 2010, S. 197). Insbesondere Pflicht- und Akzeptanzwerte haben an Wert gewonnen. Es wird aber deutlich, dass der Bedeutungszuwachs dieser sogenannten Sekundärtugenden nicht auf Kosten der postmateriellen Werte wie Selbstentfaltung, Lebensgenuss und Kritikfähigkeit geht. Vielmehr stellen auch Jugendliche eine Wertesynthese aus unterschiedlichen Wertvorstellungen

allgemeine Tendenz zur Wertesynthese

her (vgl. Gensicke 2003; Gille et al. 2006, S. 159ff). Private Harmonie, persönliche Profilierung und die Akzeptanz gesellschaftlicher Spielregeln spielen im Leben der jungen Menschen eine ähnlich wichtige Rolle. Dabei scheint es sich bei dieser „neue[n] Komposition eines ‚Wertecocktails'" (Albert et al. 2010, S. 47) um einen generellen Trend zu handeln. Die Synthese aus konventionellen Werten, dem Streben nach Selbstentfaltung und materiellem Erfolg kann „als Leitmotiv der Jugendkultur angesehen werden, an das sich die Mehrheit der Jugend anlehnt" (Gensicke 2003, S. 160). Allerdings ist auch eine Tendenz zum Konsumismus zu beobachten. Während übergreifende Themen wie Religion, Ökologie und Gesundheit für die Jugend vor 20 Jahren deutlich wichtiger waren als Konsum und Wettbewerb, besteht heute hinsichtlich der Wertung ein Gleichgewicht. Werte des übergreifenden Bewusstseins und des gesellschaftlichen Engagements haben an Bedeutung verloren, Konsum und Wettbewerb

Viel Konsum und wenig Toleranz?

werden deutlich höher bewertet (vgl. Gensicke 2009, S. 588).

Konformität und Tradition hingegen haben im Leben der Jugendlichen eine nur geringe Bedeutung. Das zu *tun, was die anderen auch tun* und *am Althergebrachten festzuhalten,* ist für den kleinsten Teil der befragten Jugendlichen von Wert. Problematisch erscheint vor allem der Befund, dass auch die *Toleranz anderen Meinungen gegenüber* unter den Jugendlichen, insbesondere in den letzten Jahren, deutlich an Bedeutung verloren hat. Dies wird als mögliche Abwehrhaltung gegenüber der „durch die Medien vermittelten Präsenz unduldsamer Ideologien … wie der des militanten Islamismus, vielleicht auch des Rechtsextremismus" (Gensicke 2010, S. 202).

Aus dem skizzierten Werteprofil resultiert die Beschreibung einer *pragmatischen Jugendgeneration*, die einerseits nach beruflichem Erfolg strebt, andererseits großen Wert auf soziale Beziehungen in ihrem persönlichen Umfeld legt. Diese leistungsorientierte und produktive Haltung der Jugend ist seit der zweiten Hälfte der 1990er Jahre zu beobachten. Sie wird zum einen als Reaktion auf ökonomische und gesellschaftliche Entwicklungen – insbesondere der materiellen Stagnation und der Globalisierung – gedeutet, aus denen „Bedrohungsgefühle ökonomischer, sozialer und kultureller Art" (Gensicke 2009, S. 581) entstehen, zum anderen als wachsende Internalisierung der vorherrschenden Leistungs- und Konsumorientierung in der Gesellschaft. Die Jugendlichen reagieren auf die unterschiedlichen Krisenszenarien mit einer „egotaktischen Grundeinstellung, die die Umwelt nach eigenen Interessen sondiert und entsprechende Anpassungs- und Bewältigungsstrategien entwickelt" (Schubarth 2010, S. 26). Sie fokussieren eigene Kräfte und Fähigkeiten, legen großen Wert auf ihr soziales Netzwerk und engagieren sich im unmittelbaren Umfeld.

Die Beschreibung und Typisierung der Wertorientierung einer Jugendgeneration darf nicht zur verallgemeinerten Sicht auf die Jugend führen. Nicht zuletzt aufgrund der sehr unterschiedlichen Bedingungen des Heranwachsens, unterscheiden sich Jugendliche auch in ihren Werthaltungen. In der Shelljugendstudie 2002 wurden vier jugendliche Wertetypen ermittelt, die sich zwischen sozialem Idealismus oder einem robustem Materialismus verorten. Zu berücksichtigen ist, dass es sich hierbei um idealtypisch konstruierte Muster handelt, „die in der Realität nur selten in Reinform vorkommen, sondern in einer großen Vielfalt und Variation" (Gensicke 2006, S. 187).

Tab. 4: Schema der vier Wertetypen

	Pragmatische Idealisten 26%	Robuste Materialisten 22%	Selbstbewusste Macher 27%	Zögerliche Unauffällige 25%
Idealismus/ Engagement	++	---	++	---
Materialismus/ Hedonismus	---	++	++	---
Sekundärtugenden	+	---	++	---

(Quelle: Gensicke 2006, S. 187)

Jugendliche, die den *Pragmatischen Idealisten* und den *Selbstbewussten Machern* zugeordnet werden können, zeichnen sich durch eine hohe Lernbereitschaft und Tatendrang aus und werden als Leistungs- und Engagementelite bezeichnet (vgl. Deutsche Shell 2003, S. 20). Insbesondere hinsichtlich der

Die pragmatische Jugend

Gruppe der *Selbstbewussten Macher* sind Parallelen zu den *Aktiven Realisten* nach Klages festzustellen. Sie gehen konstruktiv mit den gesellschaftlichen Bedingungen um, indem sie „ihre soziale Umwelt aufmerksam auf Chancen und Risiken [überprüfen], wobei sie Chancen ergreifen und Risiken minimieren wollen" (ebd., S. 19, Erg. M.N.). Dies scheint Jugendlichen der beiden anderen Wertetypen nicht so gut zu gelingen. Diese blicken vergleichsweise pessimistisch in die Zukunft und werden den Leistungserwartungen weniger gerecht. *Robuste Materialisten* sind stärker genuss-, konkurrenz- und durchsetzungsorientiert, *Unauffällige* vermehrt schüchtern, einsam und gehemmt (vgl. Gensicke 2006, S. 189f).

Geschlecht und sozialer Status

Da den verschiedenen Typen mehr oder weniger gute Erfolgschancen im gesellschaftlichen Leben zugeschrieben werden, ist von besonderer Bedeutung, inwiefern die Typenzugehörigkeit in Zusammenhang mit Geschlecht, Bildung und sozialem Status steht. Hinsichtlich geschlechtsspezifischer Unterschiede sind Mädchen in der Gruppe der *Idealisten* überrepräsentiert. Mädchen tendieren häufiger zu einer prosozialen und konventionellen Orientierung, die noch immer auf geschlechtsspezifische Sozialisationsprozesse zurückgeführt werden kann (vgl. Gille 2006, S. 158f.). Während junge Frauen stärker an übergreifenden Lebensorientierungen ausgerichtet sind, tendieren männliche Jugendliche hingegen stärker zu einer konsum- und wettbewerbsorientierten Lebenseinstellung. Sie sind demzufolge auch in der Gruppe der *robusten Materialisten* überrepräsentiert (vgl. Gensicke 2002, S. 165). Zusätzlich steht eine überdurchschnittlich materialistische Orientierung auch mit der gesellschaftlichen Platzierung im Zusammenhang: Jugendliche, die den unteren sozialen Schichten zugeordnet werden, zeigen höhere Werte im Bereich der materialistischen und hedonistischen Werte und sind eher in den Gruppen der ‚weniger erfolgreichen' Wertetypen zu finden. In engem Zusammenhang mit dem sozialen Status steht in Deutschland die Bildungsbeteiligung junger Menschen. Und so zeigt sich auch ein Zusammenhang zwischen der besuchten Schulform und der Tendenz zu hedonistischen und konventionellen Wertorientierungen bei den Jugendlichen. „Während mit steigendem Bildungsniveau Werte der Pflicht, Anpassung, Leistung und Sicherheit in ihrer Wichtigkeit abnehmen, steigt die Kritikbereitschaft" (Gille 2006, S. 158). Dieser Befund ist bedeutsam, da Kritikfähigkeit als Grundvoraussetzung für eine selbstbestimmte Lebensweise und konstruktive Teilhabe an der Gesellschaft betrachtet werden kann. Wird diese in den verschiedenen Schularten unterschiedlich stark gefördert, so führt dies zur systematischen Benachteiligung der jugendlichen Hauptschüler/innen.

Für die Ausprägung jugendlicher Wertorientierungen lässt sich zusammenfassend festhalten, dass die Sorge um einen Werteverfall in der Jugend empirisch nicht haltbar ist. Das jugendliche Wertesystem beinhaltet einen breiten Werteraum und ist „durch eine stabile und klare Hierarchie von Grundorientierungen gekennzeichnet" (Gensicke 2009, S. 584). Trotz der Unterschiede innerhalb der Jugendgeneration, steht für einen Großteil der Jugendlichen an oberster

Stelle private Harmonie. Dabei verknüpfen sie diese konventionelle Wertorientierung mit dem Wunsch nach Selbstentfaltung ebenso, wie mit Pflicht- und Akzeptanzwerten und einer hedonistischen Haltung. Allerdings lässt sich eine Mentalitätsverschiebung mit der Tendenz zu Konsumismus und kultureller Verflachung feststellen, „die zu einer Aufwertung der Bedürfnisbefriedigung und zu einer Abwertung übergreifender Lebensdimensionen im Sinne eines Kosten-Nutzen-Denkens führt" (Schubarth 2010, S. 27). Dieser Trend ist insbesondere hinsichtlich der zunehmenden Bedeutung von reflexivem und nachhaltigem Denken und Handeln in globalen Zusammenhängen zu problematisieren.

5.4.4 Zivilgesellschaftliches Engagement der Jugendlichen

Im Zusammenhang mit den Klagen der kulturellen Verflachung und fehlender Moral unter den Jugendlichen steht auch die Behauptung, Jugendliche seien ausschließlich mit sich selbst beschäftigt und lediglich um die Befriedigung der eigenen Bedürfnisse bemüht. Das Wohl Anderer sei für junge Menschen sekundär und ihre Bereitschaft, sich für gesellschaftliche und gemeinschaftliche Anliegen zu engagieren, nur gering. Insbesondere im Hinblick auf die Entwicklung demokratischer Strukturen einer Gesellschaft erscheint dies besonders brisant. Dieser egozentrischen und politikverdrossenen Haltung wird die „Wertidee einer Zivilgesellschaft" gegenübergestellt (vgl. BMFSFJ 2010, S. 50). Sie beruht auf den demokratischen Grundhaltungen des Bürgersinns, der Zivilcourage und der Solidarität und zielt auf die Unterstützung der Selbstorganisation der Bürgerinnen und Bürger. Dazu bedarf sie der Bereitschaft des Einzelnen, sich über die eigenen Interessen hinaus für das Gemeinwohl einzusetzen und zu engagieren.

In Zeiten der Individualisierung und Enttraditionalisierung, in denen „traditionelle Muster und Leitbilder ihre einerseits verbindliche (sozial-kontrollierende), andererseits orientierende (und damit entlastende) Funktion verloren haben" (Münchmeier 2005, S. 101), soll die Einbindung und aktive Beteiligung des einzelnen Bürgers an der gemeinwohlorientierten Gestaltung gesellschaftlicher Strukturen und politischer Entscheidungen den sozialen Zusammenhalt fördern und die Demokratie stärken. Die Chance eines zivilgesellschaftlichen Leitbildes liegt in der Entwicklung einer lebendigen demokratischen Gesellschaft, die eine chancengleiche Beteiligung und Mitgestaltung aller Bürgerinnen und Bürger an politischen und gesellschaftlichen Prozessen hervorbringt. „Prosoziale Einstellungen werden zu öffentlicher Aktivität und diese geht in eine dauerhafte Übernahme von Aufgaben und Arbeiten in der Zivilgesellschaft über" (BMFSFJ 2011, S. 91). Hier rückt insbesondere die Jugend ins Zentrum des Interesses, da sie die zukünftige Erwachsenengeneration und

Leitbild Zivilgesellschaft

ihre Bereitschaft zum zivilgesellschaftlichen Engagement die humane Ressource für die Verwirklichung der Zivilgesellschaft darstellt.

Inzwischen wurde die Beteiligung Jugendlicher am gesellschaftlichen Engagement mehrfach untersucht. Neben den schon erwähnten Studien (Shell und Jugendsurvey) ist hier der durch das Bundesministerium für Familie, Senioren, Frauen und Jugend (BMFSFJ) in Auftrag gegebene Freiwilligensurvey zentral. In mittlerweile drei Erhebungswellen (1999, 2004, 2009) wurde die Beteiligung der deutschen Bevölkerung ab 14 Jahren am zivilgesellschaftlichen Engagement ermittelt. Aufgrund der Unschärfe des Konstrukts *gesellschaftliches, soziales oder freiwilliges Engagement* (vgl. van Santen 2005) kommt in den zugrunde liegenden Studien ein weiter Begriff von zivilgesellschaftlicher Aktivität zur Anwendung, um möglichst vielfältige Beteiligungsformen zu erfassen.

Zivilgesellschaftliches Engagement

Freiwilliges Engagement umfasst gemeinwohlorientierte Tätigkeiten, wozu auch Aktivitäten für soziale und politische Veränderungen und Engagement in Parteien gezählt wird (vgl. Schneekloth 2006, S. 123ff). Im Freiwilligensurvey wird allerdings eine wichtige Einschränkung vorgenommen: „[D]ie genaue Abgrenzung des freiwilligen Engagements von (nur) teilnehmenden öffentlichen Aktivitäten" (BMFSFJ 2011, S. 91). Somit werden passive Mitgliedschaften nicht berücksichtigt, dafür rücken öffentliche Tätigkeiten ins Blickfeld, die unabhängig von Mitgliedschaften ausgeübt werden.

Beteiligungsquoten

Sich politisch oder sozial zu engagieren, steht nicht an erster Stelle der Freizeitbeschäftigungen junger Menschen. Während fast alle Jugendlichen angeben, in ihrer Freizeit *etwas mit Freunden zu unternehmen* und zumindest zwei Drittel der Jugendlichen *sich mit elektronischen Medien beschäftigen, Sport treiben, Fernsehen, Lesen* oder *kreativ* sind, ist nur gut ein Drittel der Jugendlichen am zivilgesellschaftlichen Engagement beteiligt. Im Vergleich zu anderen Lebensaltern galt die Gruppe der Jugendlichen damit aber zu den aktivsten Altersruppen in der Bevölkerung. Im zeitlichen Verlauf zeichnet sich jedoch eine leichte Abnahme im Engagement der Jugendlichen ab. So zeigt sich, dass „die verbindlichen Beiträge (längerfristige Übernahme von freiwilligen Tätigkeiten) der Jugendlichen in den letzten 10 Jahren von einem überdurchschnittlichen Niveau auf ein nur noch durchschnittliches Niveau gesunken (von 38 % auf 36 %)" sind (BMFSFJ 2011, S. 148). Die Veränderungen über die Zeit sind jedoch gering, sodass man von einer stabilen Quote engagierter Jugendlicher sprechen kann.

Dabei lässt sich eine große Vielfalt hinsichtlich der Engagementfelder beobachten. Wichtigste Bereiche sind der Einsatz für die *Freizeitgestaltung und Interessen Jugendlicher,* der Sportbereich und Rettungsdienste. Die geringsten Beeiligungsquoten finden sich bei *Aktivitäten für soziale und politische Veränerungen* (vgl. Schneekloth 2006, S. 122; Gaiser/de Rijke 2006, S. 215, Reinders 2005, S. 43). Wichtigste Räume für das jugendliche Engagement sind

Vereine, Schulen und die Jugendarbeit. Fast die Hälfte der Jugendlichen ist in schulischen Zusammenhängen und traditionellen Organisationen und Verbänden engagiert, wobei für letztere gilt, dass der Großteil der Jugendlichen in Sportvereinen aktiv ist (32%). Etwas geringer ist die Tätigkeit in informellen Gruppierungen, wie Umweltschutz- und Menschenrechtsgruppen, Friedens- und Entwicklungshilfe-Initiativen etc. Trotz hoher Wertschätzung dieser Gruppierungen engagiert sich hier nur ein Viertel der Jugendlichen (vgl. Gaiser/de Rijke 2006, S. 234f).

Die explizite Untersuchung der politischen Aktivität ergibt, dass die Beteiligung an Wahlen die mit Abstand häufigste Form der Partizipation darstellt. 80% der befragten Jugendlichen ab 18 Jahren gehen wählen. 60% der 16-29-Jährigen beteiligen sich noch an Unterschriftensammlungen, ein Drittel an genehmigten Demonstrationen und gut ein Viertel an Mitbestimmungsgremien in Betrieb, Schule oder Ausbildungsstätte (vgl. ebd., S. 244). Nur geringe Bereitschaft besteht hinsichtlich der aktiven Mitarbeit in politischen Gruppierungen oder der Beteiligung an „politischen Aktionen, die sich an der Legalitätsgrenze bewegen: [...] bei der Besetzung von Häusern, Fabriken, Ämtern, bei ‚wilden Streiks' oder politischen Aktionen, bei denen nicht auszuschließen ist, dass Sachen oder Personen dabei Schaden nehmen könnten" (Gaiser, de Rijke 2006, S. 242).

Politische Partizipation

Auch die Beteiligung der Jugendlichen am zivilgesellschaftlichen Engagement ist in Bezug auf soziodemografische Faktoren, wie das Geschlecht, die besuchte Schulform und der sozioökonomische Status, unterschiedlich stark ausgeprägt. Es zeigt sich in den Untersuchungen, dass „[d]ie Zugangschancen Jugendlicher zu bürgerschaftlichem Engagement und somit auch ihre Möglichkeiten zur Platzierungsinklusion über ein solches Engagement ... in Deutschland ungleich verteilt" (Braun 2007, S. 91) sind.

Engagement, Geschlecht und sozialer Status

Geschlechtsspezifische Unterschiede zeigen sich insbesondere hinsichtlich der Vereinstätigkeit. Vor allem „bei den Sport- und bei den Heimatvereinen sind es überwiegend männliche Jugendliche und junge Erwachsene, die Mitglieder sind und sich beteiligen" (Gaiser/de Rijke 2006, S. 226). Nur in kirchlichen Organisationen ist der Anteil engagierter Mädchen geringfügig höher. Dies gilt auch für die Aktivität in informellen Gruppen.

Übereinstimmend ergibt sich aus den Studien, dass die besuchte Schulform und der (angestrebte) Bildungsabschluss im Zusammenhang mit dem Beteiligungsgrad stehen. Schüler/innen des Gymnasiums und Studierende sind durchschnittlich häufiger zivilgesellschaftlich aktiv. Es zeigt sich dabei nicht nur, dass Haupt- und Mittelschüler/innen die geringsten Beteiligungsquoten haben, sondern auch, „dass deutliche Rückgänge des Engagements bei Haupt- und Mittelschülerinnen und -schülern zu verzeichnen sind, während die Gymnasiastinnen und Gymnasiasten sehr engagiert geblieben sind" (BMFSFJ 2011, S. 149). Dies gilt in gleichem Maße für die Aktivität in Vereinen und in informellen, politisch orientierten Gruppen. „Je höher das Bildungsniveau ist, desto stärker ist die Involvierung [...] in Gelegenheitsstrukturen, die gesellschaftliche Betätigung, Beteiligung an demokratischen Strukturen und sozialen Netzen sowie Interaktion, Kommunikation und soziales Lernen ermöglichen" (Gille et al. 2006, S. 286).

Dies gilt auch für den Zusammenhang von sozialem Status und freiwilligem Engagement. So sind Jugendliche, die der oberen Mittelschicht und der Oberschicht zugeordnet werden, häufiger sozial und politisch aktiv als Jugendliche, die sozial schlechter positioniert sind (vgl. Schneekloth 2006, S. 123f.). Dadurch besteht die Gefahr „einer Verstärkung sozialer Unterschiede in der zivilgesellschaftlichen Einbindung der Jugend" (BMFSFJ 2011, S. 149).

Werte und zivilgesellschaftliches Engagement Auch die unterschiedlichen Wertorientierungen der Jugendlichen haben Auswirkungen auf ihre zivilgesellschaftliche Beteiligung. Es zeigt sich, dass sich Jugendliche stärker engagieren, wenn sie zu den *pragmatischen Idealisten* und den *selbstbewussten Machern* zu zählen sind (vgl. Schneekloth 2006, S. 124). *Sozial Benachteiligten zu helfen* und – wenn auch auf niedrigerem Niveau – *sich politisch zu engagieren* ist für *Idealisten* und *Macher* deutlich wichtiger als für *Unauffällige* und *Materialisten* (vgl. Gensicke 2006, S. 191). Materialistisch orientierte Jugendliche haben die niedrigsten, postmaterialistisch Orientierte die höchsten Beteiligungsquoten in Vereinen wie auch in informellen Gruppierungen (vgl. Gaiser/de Rijke 2006, S. 260f.). Allerdings gilt es hier zu betonen, dass Jugendliche aus materialistischen und hedonistisch geprägten Milieus zum Teil in prekären sozialen Lebenslagen heranwachsen und mangelndes Engagement der Jugendlichen auch darauf zurückzuführen ist, dass sie sich vermehrt mit eigenen Problemlagen auseinandersetzen müssen und über weniger personale und soziale Ressourcen für soziale Aktivitäten verfügen.

Die Untersuchungen zum zivilgesellschaftlichen Engagement Jugendlicher machen deutlich, dass die Jugendarbeit einen wichtigen Raum für die aktive Beteiligung junger Menschen am zivilgesellschaftlichen Leben darstellt. Insofern interessiert auch der Einfluss zivilgesellschaftlichen Engagements auf Werte und Einstellungen der Jugendlichen. Dieser Zusammenhang ist aber noch wenig untersucht. Erste Studien zeigen, dass sich die Übernahme gemeinwohlorientierter Tätigkeiten positiv auf die Ausbildung politischer, prosozialer, konventioneller und postmoderner Werte auswirkt. Besonders deutlich ist der Einfluss auf die *Bereitschaft zu politischem Engagement* und der Entwicklung von *Werten des fairen Umgangs mit Anderen*. Wichtige Bedingungsfaktoren sind dabei die Häufigkeit der sozialen Aktivität und die Erfahrungsqualität. „Je häufiger sich Jugendliche engagieren und je positiver die dabei gemachten Erfahrungen ausfallen, desto wichtiger sind den Befragten Werte der Berufsvorbereitung, der Fairness etc." (Reinders 2005, S. 56).

5.4.5 Konsequenzen für die Außerschulische Jugendbildung

Die Untersuchung der Wertorientierungen und des zivilgesellschaftlichen Engagements der Jugendgeneration führt zu zwei grundlegenden Erkenntnissen. Zum einen kann die Annahme eines grundlegenden Werteverfalls in der Jugend widerlegt werden. Außerdem engagieren sich Jugendliche ebenso wie andere Bevölkerungsgruppen im sozialen und politischen Bereich. Allerdings differieren diese Wertorientierungen und die zivilgesellschaftliche Beteiligung der Jugendlichen im Zusammenhang mit ihrer sozialen Lebenslage und ihrer Milieuzugehörigkeit. Junge Menschen aus benachteiligten sozialen Milieus entwickeln vermehrt materialistische und konsumorientierte Werthaltungen und sind in einem geringeren Ausmaß über soziales und politisches Engagement in zivilgesellschaftliche Prozesse eingebunden. Hieraus ergeben sich wichtige Schlussfolgerungen für die außerschulische Bildungsarbeit mit Jugendlichen. Sie darf an dieser Stelle nicht im Sinne einer Moralinstanz auftreten und vermeintlich „richtige Werte" vorgeben. Jugendbildung, die die Förderung der eigenständigen Persönlichkeit verfolgt, hat vielmehr den Auftrag dem Jugendlichen subjekt- und lebensweltorientiert Möglichkeiten anzubieten, „seinen Interessen und Neigungen nachzugehen, sich auszuprobieren, Werte im Alltag erfahrbar zu machen, Gruppen als ‚Wertemilieus' zu erleben, sich an Jugendarbeiter/innen als ‚Lernmodelle' zu orientieren bzw. zu reiben, Lern-, Kommunikations- und Reflexionsangebote wahrzunehmen, (Wert-)Konflikte eigenverantwortlich zu regeln, Verantwortung für sich und andere zu übernehmen, Erfolg, Wertschätzung, Freundschaft, Solidarität und Gemeinschaft zu erfahren, sein Subjekt- und Selbstbewusstsein zu stärken usw." (Schubarth 2010, S. 36).

Übungen:
1. Inwiefern können die jugendlichen Werthaltungen als Spiegelbild der Gesellschaft verstanden werden?
2. Wie lässt sich Wertebildung in der Außerschulischen Jugendbildung theoretisch begründen?
3. Welche Möglichkeiten und Grenzen einer intendierten Wertebildung lassen sich feststellen
4. Welche Potenziale für zivilgesellschaftliches Engagement bietet die Außerschulische Jugendbildung?

Weiterführende Literatur:
Bertelsmann Stiftung (Hrsg.) (2007): Vorbilder bilden – Gesellschaftliches Engagement als Bildungsziel. Gütersloh: Verlag Bertelsmann Stiftung.

Gensicke, T. (2009): Jugendlicher Zeitgeist und Wertewandel. In: Zeitschrift für Pädagogik, 55. Jg., Heft 4.

Gille, M./Sardei-Biermann, S./Gaier, W./de Rijke, J. (2006): Jugendliche und junge Erwachsene in Deutschland. Lebensverhältnisse, Werte und gesellschaftliche Beteiligung 12- bis 29-Jähriger. Wiesbaden: Verlag für Sozialwissenschaften.

Schubarth, W./Speck, C./Lynen von Berg, H. (Hrsg.) (2010): Wertebildung in Jugendarbeit, Schule und Kommune. Wiesbaden: Verlag für Sozialwissenschaften.

5.5   Professionalisierungsprozesse in der Außerschulischen Jugendbildung[7]

Unter dem Stichwort „Professionalisierung" wird der Prozess der Verberuflichung eines Arbeitsfeldes mit gleichzeitiger Akademisierung der Wissensbestände einer Berufsgruppe verstanden (vgl. Nittel 2000, S. 53). Die Diskussion um Professionalisierung, Profession und Professionalität sind dabei die Elemente, die das Gros der pädagogischen Berufsfelder und die Erziehungswissenschaft insgesamt seit geraumer Zeit bestimmen. Für die Außerschulische Jugendbildung sind hierbei verschiedene Aspekte relevant, die an die Diskussion um die Professionalisierung des Arbeitsfeldes anknüpfen. In diesem Kapitel wird zunächst der Begriff der Professionalisierung in seinen theoretischen Zusammenhängen dargestellt. Zweitens wird die historische Entwicklung der Professionalisierung des Arbeitsfeldes Jugendbildung nachgezeichnet. Für die Diskussion ist festzustellen: die „Kinder- und Jugendhilfe ist geprägt durch ein *Neben-, In- und Miteinander von beruflich und ehrenamtlich organisierten Angeboten und Hilfen"* (Bissinger et al. 2000, S. 13). Abschließend ist entsprechend ie Frage nach dem Verhältnis zwischen professioneller Arbeit und ehrenamtlich geleisteter Arbeit vor dem Hintergrund des aktuellen Standes der Professionalisierung zu diskutieren.

5.5.1   Zum Begriff „Professionalisierung"

Begriff: Professionalität

Die Diskussion um die „Professionalisierung" der Außerschulischen Jugendbildung ist zunächst abzugrenzen von den Diskursen der Profession oder der Professionalität. „Professionalität" wird dabei „in der Regel als gekonnte Beruflichkeit, als Indikator für qualitativ hochwertige Arbeit verwendet" (Nittel 2000, S. 85). Eine weitere Bedeutungsdimension erhält der Begriff durch die

---

[7]   Dieser Beitrag wurde von Susanne Gruber verfasst.

Abgrenzung zwischen dem professionell Tätigen und einem Laien oder Klienten. Charakteristisch ist, dass Professionalität sich sowohl als Ergebnis einer individuellen beruflichen Reifung manifestiert, wie sie auch in konkreten Situationen jeweils von Neuem unter Beweis gestellt werden muss (ebd.).

Als ein weiterer verwandter Begriff ist zudem derjenige der „Profession" zu nennen. Im Zuge der Differenzierung der Gesellschaft wird damit eine Gruppe beruflich Tätiger beschrieben, die eine gesellschaftlich relevante Problemlösung beruflich erbringt und hierzu systematisches Wissen anwendet. Eine gemeinsame Berufsethik sowie ein gemeinsamer Berufsverband werden darüber hinaus als wesentliche Merkmale einer „Profession" dargestellt (Giesecke 2009).

Begriff: Profession

Der Begriff der „Professionalisierung" umschreibt im Gegensatz zu den beiden vorweg genannten einen mehrdeutigen Prozess der Verberuflichung einer Berufsgruppe, „im gesellschaftlichen Leben eine kollektive Durchsetzungsstrategie zur Sicherung und Steigerung der Entschädigungschancen […] und im wissenschaftlichen Kontext u.U. einen davon unterschiedenen Bedeutungsgehalt (Verschränkung von individuellen und kollektiven Qualifizierungsprozessen)" (Nittel 2000, S. 50). Eine große Rolle im Prozess der Professionalisierung spielt die Akademisierung des Berufswissens. Insgesamt soll damit eine gesellschaftlich sanktionierte Autonomie im Handeln einhergehen (vgl. Hesse 1972, S. 69). Professionalisierung ist damit als eine besondere Art der Verberuflichung gekennzeichnet, die sich durch einen Machtzuwachs sowie durch die Verwissenschaftlichung der beruflichen Wissensbestände und damit auch der Ausbildung beschreiben lässt.

Begriff: Professionalisierung

In diesem Kapitel ist die Professionalisierung der Außerschulischen Jugendbildung das Thema. Im Folgenden wird zunächst die Entwicklung der Professionalisierung im Verlauf der letzten Jahre nachgezeichnet, bevor aktuelle Diskussionen aufgegriffen werden.

5.5.2 Professionalisierung in der Außerschulischen Jugendbildung

Zur Beschreibung des Ausmaßes der Professionalisierung in der Außerschulischen Jugendbildung sind entsprechend der Definition zwei Prozesse zu analysieren: Zum einen ist die Akademisierung des Berufswissens und damit die Ausbildung der entsprechenden Berufsgruppe von Belang. Zum anderen ist der Professionalisierungsgrad, also der Anteil des professionalisierten Personals an allen Beschäftigten zu prüfen.

Zunächst wird der Übergang von der rein ehrenamtlichen Struktur zu einem Arbeitsfeld, in dem spezifisch und standardisiert Ausgebildete tätig sind, beschrieben. Dieser Professionalisierungsprozess der Außerschulischen Jugendbildung beginnt bereits zu Beginn des 20. Jahrhunderts, als in den Kirchen über die Anstellung von *„berufsmäßigen Jugendpflegern als Vereinsleiter"* (Hafeneger 1992, S. 28) nachgedacht wird. Eine spezielle Ausbildung für die Arbeit mit jungen Menschen existiert lediglich in Sonderausbildungen von Diakonen. Bereits 1911 gründen Mitarbeiter der Jugendpflege Jugendhelfer- vereinigungen, auf deren Tagungen u.a. berufspolitische Fragen diskutiert werden. In der Folge werden verschiedene Ausbildungskurse im Umfang we- niger Tage organisiert, um die Diakone auf die Tätigkeit mit jungen Menschen vorzubereiten.

Die Ausbildungsstrukturen für die Jugendarbeit und die Außerschulische Ju- gendbildung werden in den Jahren der Weimarer Republik ausdifferenziert, in der Zeit des Nationalsozialismus jedoch durch ideologische Intentionen überla- gert. Nach dem Ende des Zweiten Weltkrieges gewinnt aus dem Bereich der Jugendbildung unter dem Stichwort der Demokratisierung vor allem die Politi- sche Bildung sehr schnell an Bedeutung. In den sich neu gründenden Jugend- verbänden sind hauptamtliche Mitarbeiter/innen zunächst sehr rar gesät. Durch die finanzielle Förderung des Bundesjugendplanes zur Einstellung hauptamtli- cher Jugendsekretäre verändert sich diese Situation. Die Jugendsekretäre wer- den aus verschiedensten Berufsgruppen rekrutiert. Ein einheitlicher Ausbil- dungsgang für die Jugendarbeit existiert zu Beginn der 50er Jahre aber nicht, professionell Tätige in der Jugendarbeit und Jugendpflege sehen sich eher der Vermutung ausgesetzt, dass ihre Tätigkeit keine Ausbildung benötige. Inner- halb der Jugendverbände vollzieht sich gleichzeitig eine rege Diskussion um die Konsequenzen der Abhängigkeit der freien Jugendarbeit von öffentlichen Finanzierungen. Parallel werden in Jugendleiterschulen und Jugendhöfen di- daktische Konzepte und experimentelle Methoden für die Ausbildung von ehrenamtlichen und hauptamtlichen Mitarbeiter/innen der Jugendarbeit entwi- ckelt.

Eine Begründung für die Professionalisierung der Jugendarbeit erfolgt in erster Linie durch die kommunale Jugendpflege. Sie soll die große Anzahl nicht or- ganisierter junger Menschen erreichen und zum einen diesen jungen Menschen eigene Angebote offerieren, zum anderen die ehrenamtliche Jugendverbands- arbeit unterstützen. Im Rahmen der fachlichen Diskussion um die Aufgaben der Jugendpflege treten auch erste Stimmen auf, die im Bildungsgedanken der Jugendpflege einen zentralen Auftrag sehen. Die ersten hauptamtlichen Ju- gendpfleger werden bereits bis Ende der 40er Jahre eingestellt, zugleich wird intensiv über den Bedarf an Ausbildung für diese Tätigkeit diskutiert. Anfang der 50er Jahre sind hauptamtliche Jugendpfleger in den deutschen Landkreisen immer noch nur selten vertreten, viele Landkreise greifen auf ehrenamtliche Helfer zurück. Von den hauptamtlichen Jugendpflegern verfügt nur rund ein Viertel über eine einschlägige Ausbildung als Fachkraft (vgl. Hafeneger 1992, S. 123). In Bayern wird im Jahr 1949 ein Berufstyp „Jugendpfleger" per Ge- setz eingeführt: „ein Helfer der Jugend, dessen Platz nicht in einer Behörde, sondern im Kreisjugendring ist" (Bayerischer Jugendring o.J, S. 50). Für diese Tätigkeit werden Zusatzausbildungskurse angeboten. Nach dem bayerischen Vorbild werden auch andere Länder in dieser Richtung aktiv. Diese öffentlichen Festlegungen des Berufsbildes eines Jugendpflegers lenken die Diskussion zugleich auch auf das Verhältnis von professionellen Jugendpflegern und ehrenamtlichen Jugendgruppenleitern. Brenner z.B. definiert die Aufgabe des professionellen Jugendpflegers dahingehend, dass er die Tätigkeit des ehrenamtlich Tätigen anregen und unterstützen soll (vgl. Brenner 1957, S. 534).

Seit Ende der 40er Jahre wird über die Ausbildung der hauptamtlichen Kräfte in ihrer Form und Inhalt also kontrovers diskutiert. Die Ausbildung soll den hauptamtlich Tätigen helfen, ihrem Berufsprofil im Spannungsfeld von Persönlichkeit und fachlicher Qualifikation nachzukommen. Ende der 50er Jahre ist die Zahl der sozialpädagogischen Ausbildungsstätten in der Bundesrepublik auf 170 angestiegen. Zur Finanzierung der Aus- und Fortbildung von Fachkräften in der Jugendarbeit werden öffentliche Mittel durch den Bundesjugendplan zur Verfügung gestellt. Ende der 50er Jahre werden Forderungen nach einer dreijährigen akademischen Ausbildung in Verbindung von Lehre, Forschung und Praxis laut.

Mit den 60er Jahren des 20. Jahrhunderts beginnt eine Neubestimmung der Jugendarbeit in Richtung einer bildungspolitischen Ausrichtung der Jugendlichen mit dem Ziel, „eine Beziehung zur heute gültigen Kultur der Erwachsenen […] herzustellen" (Giesecke 1963, S. 145). Die ausgeweiteten Ansprüche an die Praxis der außerschulischen Jugendarbeit mit einem Erziehungs- und Bildungsauftrag stellen ein theoretisches Fundament für eine weitere Professionalisierung zur Verfügung. Dies schlägt sich auch in der Jugendverbandsarbeit nieder, in der Ende 1966 etwa 1.000 hauptberufliche Mitarbeiter unter anderem als Jugendbildungsreferenten beschäftigt sind (Rauschenbach 1991, S. 627). Konträr dazu fehlen in der kommunalen Jugendpflege professionell ausgebildete Fachkräfte. Im Sinne des Subsidiaritätsprinzips geht die Zahl der als kommunale Jugendpfleger Beschäftigten sogar zurück.

Insgesamt herrscht ein „Mangel an entsprechend ausgebildeten Fachkräften für die wachsende Vielfalt der Aufgaben der Jugendverbände und der Jugendpflege" (Hasenclever 1978, S. 261). Diesem Mangel wird u.a. durch die Akademisierung der Ausbildungsgänge entgegengearbeitet (vgl. Hafeneger 1992, S. 161), die sich zunächst in einer dreijährigen Ausbildung an den Höheren Fachschulen für Sozialarbeit konkretisiert. Die Ausbildung, an die sich ein Jahr Berufspraktikum anschließt, endet mit der Berufsbezeichnung „Sozialarbeiter". Diese Akademisierung der Ausbildung beinhaltet auch eine Diskussion um Inhalte und Selbstverständnis von Jugendarbeit sowie um professionelle Methoden (ebd., S. 163). Sie greift auch Kritikpunkte aus dem zweiten Jugendbericht der Bundesregierung auf, der den hauptamtlichen Mitarbeitern in der Jugendarbeit hohe Fluktuation und hohe Heterogenität der Bildungsvoraussetzungen bescheinigt (Dt. Bundestag 1968, S. 68). Ende der 60er Jahre wird die Forderung nach einer akademischen Ausbildung im Sinne einer eigenständigen sozialpädagogischen Hochschulausbildung erneut formuliert, wie sie bereits vor 1933 von „Pionieren der Sozialarbeit und Sozialpädagogik angeegt" (Hafeneger 1992, S. 161) worden war. Durch die Veränderung der Hochchulen Ende der 60er/Anfang der 70er Jahre wird die bisherige Ausbildung für Sozialarbeiter in die entstehenden Fachhochschulen integriert, 1969 wird der Universitätsstudiengang „Diplom-Pädagogik", unter anderem mit dem möglichen Schwerpunk Jugendarbeit/Außerschulische Jugendbildung" eingerichtet. Die Jugendarbeiter/-bildner erreichen damit auf der Basis eines wissenschaftlichen Ausbildungsweges einen professionellen akademischen Status. Das Ausbildungswissen wird theoriegeleitet zusammen gestellt und reflektiert zudem die gesellschaftlichen Bedingungen der Praxis der Jugendbildung.

Mit diesem Professionalisierungsschub der Ausbildung gehen Forderungen nach einer adäquaten finanziellen Ausstattung der Jugendarbeit mit Personalkostenzuschüssen einher (z.B. Grundsatzpapier des DBJR von 1972 in DBJR 1979, S. 230ff.). Dem liegt auch ein Anliegen nach einer fachlichen Legitimation der Jugendarbeit als eigenständiger Träger von Bildung zugrunde (Hafeneger 1992, S. 175). In den 70er Jahren erfolgt ein professioneller Ausbau, um „die Voraussetzungen für eine qualifizierte Bildungsarbeit" (Krafeld 1991, S. 97) zu schaffen. Vor allem auch durch die Jugendbildungsgesetze steigt die Zahl der Professionellen in den Jugendverbänden sprunghaft an. Weitere Professionalisierungsnotwendigkeiten ergeben sich in den 80er Jahren durch den Strukturwandel und die Folgen der gesellschaftlichen Individualisierungs- und Pluralisierungsprozesse. Im Zuge dieser Veränderungen wird die Jugendarbeit mit sozialen Problemen bzw. deren Folgen (z.B. Arbeitslosigkeit), bzw. sozial benachteiligten Gruppen (z.B. Kinder und Jugendliche aus sozialen Brennpunkten) konfrontiert. Entsprechend erfolgt ein weiterer Paradigmenwechsel, als dessen Kategorien sich „Aneignung, sozialökologische Orientierung, sozialräumliche Verortung" (Hafeneger 1992, S. 179) charakterisieren lassen. Die professionelle Etablierung erfolgt unter anderem in der Abgrenzung zwischen Ehren- und Hauptamtlichkeit in der Jugendarbeit und Jugendbildung.

Insgesamt kann dem Professionalisierungsdiskurs in der Jugendarbeit bzw. der Professionalisierungsgeschichte der Jugendarbeit/Jugendbildung damit ein Ausbalancieren zwischen verschiedenen Widersprüchen attestiert werden. Zu diesen Antinomien zählt Hafeneger z.B. die Begriffspaare „Nähe und Distanz, Vermittlung und Aneignung, Gewissheit und Ungewissheit […], Verantwortlichkeit des Professionellen für sein Handeln und Vertrauen in die Kompetenz des Klienten (Laien)" (Hafeneger 2007, S. 14). Sie konstruieren ein berufliches Rollenbild für professionelle Jugendbildner, das geprägt ist von situativem Ausdeuten widersprüchlicher Anforderungen. Hierzu gehört z.B. die Aneignung einer „charmanten Autorität" (ebd.): Sie dringt einerseits auf die Einhaltung gültiger Regeln und zeigt sich gleichzeitig in der Lage, tradierte Regeln zu hinterfragen, zu diskutieren und auf diese Weise transparent und nachvollziehbar zu machen. Auf der Ebene der Beziehung zu den jungen Menschen muss der Professionelle die Balance zwischen nötigem Abstand und notwendiger Nähe in den Begegnungen halten, sodass er seine eigenen Interessen und diejenigen des Trägers wahren und gleichzeitig in Beziehung mit den jungen Menschen treten kann. Andere professionelle Profile betonen „eine spezielle Funktion [...], nämlich Lernprozesse zum Gelingen zu bringen" (ebd, S. 17). Ein weiterer Diskurs betont die Notwendigkeit adäquater Rahmenbedingungen (Bezahlung, Arbeitsplatzstrukturen) für gelingendes professionelles Handeln. Auch eine Orientierung an verschiedenen sozialpädagogischen Kernaktivitäten, die das professionelle Handeln ausmachen, wird unternommen (Schumann 1998, S. 181).

Allen Diskursen gemeinsam ist die Gewissheit, dass die pädagogische Praxis in ihrer Ko-Produktion durch die jungen Menschen ungewiss und mit Risiken verbunden ist: „Bei noch so viel Professionalität in Planung und Rationalität, didaktischem Geschick und methodischer Flexibilität auf Seiten der Lehrenden bleiben die Lernenden immer eigensinnige Subjekte" (Hafeneger 2007, S. 18). Die Praxis der außerschulischen Jugendarbeit ist entsprechend notwendig angewiesen auf die Reflexion des Tuns und die Evaluation von Wirkungen. So haben – unter Berücksichtigung der Herausforderung der (Nicht-)Messbarkeit vieler Ziele – auch in die Jugendarbeit und Jugendbildung Evaluationsprozesse Eingang gefunden (vgl. z.B. Leser et al. 2009; Lutz 2009).

In der aktuellen Diskussion ist ein Gegentrend zur bisherigen Professionalisierung zu beachten: Die Beschäftigung mit konzeptionellen oder theoretischen Inhalten ist in der Jugendarbeit insgesamt eher rückläufig (Thole 2000, S. 277). An ihre Stelle tritt eine von Pragmatismus inspirierte Orientierung an betriebswirtschaftlicher Organisationsentwicklung. Neben ihrer Abgrenzung vom Potenzial und möglichen Aufgaben der ehrenamtlich Tätigen sehen sich (sozial-)pädagogische Aufgabenfelder in Zeiten knapper finanzieller Ressourcen nun auch den aktiven Bürgern einer „Bürgerarbeit" gegenüber (vgl. ebd.), gegen die sie ihre professionellen Ansprüche geltend zu machen haben. Dem gegenüber stehen erste qualitative Untersuchungen, die „berufliche Habitusprofile" professioneller Jugendarbeiter und Jugendbildner herausarbeiten und damit die professionelle Jugendarbeit und Jugendbildung weiter legitimieren (z.B. Thole/Küster-Schapfl 1998).

5.5.3 Der aktuelle Stand der Professionalisierung der Außerschulischen Jugendbildung in Deutschland

Eine fundierte quantitative Beschreibung der Professionalisierung in der Jugendarbeit und Jugendbildung ist vor dem Hintergrund vielfach mangelhafter Datenquellen nicht leicht durchzuführen. Vor allem im Hinblick auf die ehrenamtlich Tätigen sind valide Informationen nur auf der Basis von Schätzungen möglich (Pothmann 2002, S. 2).

Die Zahl der ehrenamtlich Tätigen in der Außerschulischen Jugendbildung wird in keiner öffentlichen Statistik erfasst. Auch der Freiwilligensurvey, die Erhebungen der Shell Jugendstudie oder die Zeitbudgetstudien geben keinen nachhaltigen Aufschluss über ihre Tätigkeiten (ebd.). Eine erste Annährung kann über Auswertungen der Statistik zu Besitzern von Jugendleitercards (Juleica) vorgenommen werden. Diese Cards werden ausgestellt für ehrenamtlich tätige, ausgebildete Jugendleiter/innen und dienen als Nachweis ihrer Tätigkeit und Qualifikation. Sie sind zudem gekoppelt an ein System verschiedener Vorteile und Rabatte. Hier zeigt sich zum einen, dass sich deren Zahl in den letzten acht Jahren für Deutschland insgesamt relativ stabil verhalten hat, sie in den einzelnen Bundesländern jedoch unterschiedlich weit verbreitet sind. Diese Jugendleiter/innen sind überwiegend weiblich und zumeist (in über der Hälfte der Fälle) jünger als 20 Jahre alt. In der Differenzierung nach Verbandsarten zeigt sich, dass männliche Jugendleiter vor allem in technisch-hilfeorientierten Organisationen tätig sind. Es handelt sich im Allgemeinen um junge Menschen, die einen höheren Bildungsabschluss anstreben oder bereits erreicht haben. Die Ehrenamtlichen setzen dabei durchaus viel Zeit für ihr Engagement ein – mehr als ein Drittel sind mehr als einmal pro Woche tätig, ein weiteres Viertel einmal pro Woche (Pothmann/Sass 2011, S. 23). Von der Seite der ehrenamtlich Tätigen kann aus diesem Einblick geschlossen werden, dass es sich meist um junge, gebildete Mädchen handelt, die in enger Bindung an die Organisationen tätig sind.

Von Seiten der professionell Tätigen in der Außerschulischen Jugendbildung zeigen sich Unzulänglichkeiten der öffentlichen Statistik. Die amtliche Statistik der in der Kinder- und Jugendhilfe tätigen Personen wird in einem vierjährigen Turnus fortgeschrieben, die letzte amtliche Publikation bezieht sich auf das Datenjahr 2006. Insgesamt werden der Kinder- und Jugendhilfe als soziales Berufsfeld weiterhin Wachstumsprozesse attestiert. Das Stellenvolumen der Sozialarbeiter/innen und der Erzieher/innen ist nach den Auswertungen des Mikrozensus im Verlauf der letzten Jahre deutlich angewachsen (Fuchs-Rechlin 2011). Dieser Ausbau des Stellenvolumens hat sich allerdings nicht in allen Arbeitsfeldern der Kinder- und Jugendhilfe gleichmäßig entwickelt (Pothmann 2008). Auch in der regionalen Analyse zeigen sich deutliche Disparitäten vor allem zwischen den westlichen und östlichen Bundesländern. Während die Zahl der Beschäftigten, gemessen in Vollzeitäquivalenten, in den westdeutschen Bundesländern stark angestiegen ist, hat sich hier in den östlichen Bundesländern nach 1991 ein dramatischer Einbruch in den Beschäftigtenzahlen ereignet. Gleichzeitig ist die Fachlichkeit in der Kinder- und Jugendhilfe insgesamt deutlich angestiegen: Der Anteil der Personen, die ohne einschlägige Berufsausbildung in der Kinder- und Jugendhilfe beruflich tätig sind, ist deutlich zurück gegangen, während der Anteil der Personen, mit einschlägigem sozialpädagogischem oder pädagogischem Studium kontinuierlich angestiegen ist. Insgesamt zeigt sich eine deutlich geschlechtsspezifische Verteilung der Angestellten, mit einem sehr hohen Anteil (fast 80%) an weiblichen Beschäftigten.

Das Arbeitsfeld der Kinder- und Jugendarbeit stellt hierbei eine deutliche Ausnahme dar: Fast die Hälfte der in diesem Arbeitsfeld Tätigen sind Männer. Auch zeichnet sich die Kinder- und Jugendarbeit durch einen vergleichsweise sehr hohen Akademisierungs- und Professionalisierungsanteil aus. Als eine weitere Besonderheit zeichnet dieses Arbeitsfeld aus, dass der Ausbau in der Kinder- und Jugendhilfe insgesamt dieses Arbeitsfeld nahezu nicht tangiert hat. „Das Ende des Wachstums" (Bissinger et al. 2002, S. 68) lässt sich in der Kinder- und Jugendarbeit empirisch sichtbar machen. Gleichzeitig zeigen sich hier die Auswirkungen des Professionalisierungsprozesses sehr deutlich: „von einer dominant verbandlichen Jugendarbeit zu einem gleichwertigen Nebeneinander von kommunaler und verbandlicher Jugendarbeit einerseits und von einer fast ausschließlich ehrenamtlichen Jugendarbeit zur Jugendarbeit als Beruf andererseits" (ebd). Auch hier weichen die Befunde für die östlichen Bundesländer ab: nach einem völligen Zusammenbruch der Jugendarbeit mit der Auflösung der FDJ wurde der Ausbau der beruflichen Jugendarbeit vorangetrieben. Der Professionalisierungsanteil im Osten Deutschlands liegt allerdings weiterhin hinter demjenigen der westlichen Bundesländer. Auffällig ist ein besonders hoher Anteil an befristeten Beschäftigungsverhältnissen in den ostdeutschen Bundesländern. Auch hier unterscheiden sich die einzelnen Arbeitsfelder deutlich voneinander: Während in der Jugendverbandsarbeit vergleichsweise ein geringer Anteil der Beschäftigungsverhältnisse befristet ist, sind dies in der kulturellen Jugend(bildungs-)arbeit knapp 60%, in der Außerschulischen Jugendbildungsarbeit die Hälfte (Bissinger et al. 2002, S. 58). Auch im Hinblick auf die Teilzeitquote der pädagogisch Beschäftigten zeigen sich für Gesamtdeutschland bemerkenswerte Befunde: Der Anteil der in Teilzeit Beschäftigten ist insgesamt sehr hoch. Zum Teil ist dieses Arbeitszeitvolumen auf eine Entscheidung aufgrund einer Lebenssituation zurückzuführen, zum Teil allerdings auch auf strukturelle Bedingungen im Arbeitsfeld (Fuchs-Rechlin 2011).

Für die gesamte Kinder- und Jugendhilfe kann von einem qualitativen und quantitativen Wachstum für das professionelle Personal gesprochen werden, zusätzlich zur Akademisierung der Ausbildung also von einer deutlichen Professionalisierung des Arbeitsfeldes. Allerdings ist diese Entwicklung als „Spaltung der Kinder- und Jugendhilfe" (Rauschenbach/Schilling 2008) zu kennzeichnen. Dem quantitativen Wachstum im Sinne einer steigenden Zahl von Beschäftigten in der Kinder- und Jugendhilfe steht eine Stagnation der Zahl der Beschäftigten in der Kinder- und Jugendarbeit sowie ein deutlicher Anstieg prekärer Beschäftigungsverhältnisse gegenüber. Auch in der regionalen Analyse zeigen sich starke Differenzen zwischen den empirischen Daten in den östlichen und in den westlichen Bundesländern. Aus qualitativer Sicht wird also der Ausbau der Professionalisierung auch in der Analyse der empirischen Daten deutlich sichtbar. Allerdings hat auch hier in der Jugendarbeit bereits eine Stagnation eingesetzt.

Zusammenfassung:

Unter dem Stichwort „Professionalisierung" wird eine Akademisierung der Ausbildung sowie wachsendes gesellschaftliches Ansehen verstanden. In der Jugendarbeit und Jugendbildung zeigen sich Professionalisierungsprozesse, die sich seit längerer Zeit entwickeln und in den aktuellen amtlichen Daten erfolgreich niederschlagen. Die Kehrseite des qualitativen und quantitativen Ausbaus hingegen ist ein Anwachsen prekärer Beschäftigungsverhältnisse im Sinne des Ausbaus befristeter Beschäftigungen oder Beschäftigungen auf Teilzeitbasis. Für die Zukunft, vor allem im Hinblick auf die demografische Entwicklung, ist hier ein weiterer Entwicklungs- und Professionalisierungsbedarf zu konstatieren.

Übungen:
1. Grenzen sie professionelle Außerschulische Jugendbildung von Außerschulischer Jugendbildung durch Laien vor dem Hintergrund der Widersprüche der Tätigkeit ab!
2. Zeichnen sie die Gründe für den Professionalisierungsprozess in der Außerschulischen Jugendbildung nach! Welche Auswirkungen können sie für die heutige Situation der professionellen Außerschulischen Jugendbildung konstatieren?

Weiterführende Literatur:

Fuchs-Rechling, K. (2011): Wachstum mit Nebenwirkung, oder: Nebenwirkung Wachstum? Die Beschäftigungsbedingungen des Personals in der Kinder- und Jugendhilfe, in: Rauschenbach, T./ Schilling, M. (Hg.): Kinder- und Jugendhilfereport 3. Bilanz der empirischen Wende, Weinheim und München: Juventa.

Hafeneger, B. (1992): Jugendarbeit als Beruf. Geschichte einer Profession in Deutschland, Opladen: VS Verlag für Sozialwissenschaften.

Thole, W./Küster-Schapfl, E.-U. (1998): Die MitarbeiterInnen. Könnte Jugendarbeit auch „'n Maurer machen"?. In: Kiesel, D./Scherr, A./Thole, W. (Hrsg.): Standortbestimmung Jugendarbeit. Theoretische Orientierungen und empirische Befunde, Schwalbach: Wochenschau-Verlag.

Hafeneger, B. (2007): Professionsbilder und -merkmale in der Jugendarbeit/Pädagogik. In: Deutsche Jugend, 55 (2007) 1, S. 13-20

5.6 Zur Zukunft der Außerschulischen Jugendbildung: demografische Aspekte [8]

Die Auswirkungen der Bevölkerungsentwicklung sind für die Außerschulische Jugendbildung in mehrfacher Hinsicht von hoher Relevanz: in quantitativer Hinsicht ergeben sich daraus Hinweise auf die zukünftige Anzahl potentieller Nutzerinnen und Nutzer der Angebote der Außerschulischen Jugendbildung. Aus der Sicht der Gesamt- und Planungsverantwortung der öffentlichen Träger der Jugendhilfe ist dies für den zukünftigen Auf-, Aus- oder Abbau von Einrichtungen und Angeboten eine wichtige Größe. Auch im Hinblick auf das Personal, das in Einrichtungen oder für die Organisation von Maßnahmen vorgehalten werden muss, ist die Zahl der potentiellen Nutzer/innen entscheidend. Neben diesen quantitativen Implikationen für die Außerschulische Jugendbildung können auch qualitative Folgen diskutiert werden: Sind neue konzeptionelle Wege zu gehen? Welche pädagogischen Herausforderungen ergeben sich aus dem sinkenden Anteil junger Menschen an der Gesamtbevölkerung?

Im Folgenden wird ein knapper Überblick über mögliche und diskutierte Auswirkungen des demografischen Wandels auf die Kinder- und Jugendhilfe, und hier speziell auf die Außerschulische Jugendbildung gegeben. Nachdem eine Definition des demografischen Wandels und seiner Einflussgrößen dargestellt wird, werden Szenarien der künftigen Bevölkerungsstruktur nachgezeichnet. Im Anschluss daran werden die Implikationen dieser Entwicklung für die Außerschulische Jugendbildung diskutiert.

---

[8] Dieser Beitrag wurde von Susanne Gruber verfasst.

Demografische **Grundbegriffe**:

Die **Bevölkerungsdynamik** errechnet sich aus den natürlichen Bevölkerungsbewegungen und der Nettomigration. Zur **natürlichen** Bevölkerungsbewegung zählen die Mortalität [Sterblichkeit, im demografischen Sinne „Anzahl der Toten im definierten Untersuchungsgebiet und -zeitraum" (Padel 2010, S. 49)] sowie die **Fertilität** [Fruchtbarkeit, „die Geburtenhäufigkeit, also die reproduktive Leistung" einer Gruppe (ebd., S. 63). In ihrer statistischen Messbarkeit handelt es sich hierbei um die Geburtenziffer (Zahl der Lebendgeborenen eines Jahres), die Fruchtbarkeitsziffer (Zahl der Geburten in Bezug zu Frauen im gebärfähigen Alter) oder die altersspezifische Fruchtbarkeitsrate (Zahl der Geburten der Frauen eines Jahrganges pro Jahr im Verhältnis zu tausend Frauen der Altersklasse). Am häufigsten ist die zusammengefasste Geburtenziffer zu finden, die im mathematischen Sinne die Summe aller altersspezifischen Fruchtbarkeitsraten darstellt.

Hohen Einfluss auf die Bevölkerungsdynamik haben zudem alle **Wanderungsbewegungen**. Als Migration sind alle „permanenten oder langwierigen Veränderungen des Lebensmittelpunktes" (Padel 2010, S. 78) zu verstehen. Zu unterscheiden ist zwischen Binnenmigration und internationaler Migration. Der Wanderungssaldo beschreibt dabei für ein Gebiet die Differenz zwischen Ein- und Auswanderung.

5.6.1   Demografischer Wandel

Merkmale des demografischen Wandels

Unter dem Stichwort eines „demografischen Wandels" werden Veränderungsprozesse der Bevölkerungsstruktur subsumiert. Merkmale dieser Struktur sind unter anderem das Alter und das Geschlecht der Menschen, die in einem bestimmten Gebiet leben. Weitere Merkmale der Struktur sind z.B. der Migrationshintergrund, das Ausbildungsniveau o.ä. Dabei sind Veränderungen der Bevölkerungsstruktur gerade in der neueren Geschichte der Menschheit häufiger zu beobachten. Ein Wachstum der Bevölkerung wurde auf der einen Seite beeinflusst durch höhere Lebenserwartungen der Menschen und durch bessere medizinische Standards, auf der anderen Seite wurde durch Kriege die Bevölkerung dezimiert. Aktuell werden unter dem Stichwort „demografischer Wandel" nachhaltige und sehr gravierende Umbruchprozesse diskutiert, deren Auswirkungen z.B. auf die sozialstaatlichen Sicherungssysteme intensive politische Kontroversen implizieren. Im Fokus der Betrachtung liegt die Bevölkerungsstruktur Deutschlands – differenziert nach den Kategorien Alter und Geschlecht. Hier hat sich in den letzten 100 Jahren bereits ein deutlicher Wandel vollzogen, der sich allerdings noch beschleunigen wird. Während zu Beginn des 20. Jahrhunderts die Bevölkerungsstruktur den Aufbau einer Pagode[9]

---

[9]   Zum Zusammenhang zwischen Altersstrukturen, Entwicklungsstand eines Landes und Zukunftserwartungen: Proff 2005, S. 212 ff..

– mit breiter Basis und schmaler Spitze, also einem deutlichen Übergewicht der nachwachsenden im Vergleich zur älteren Generation – aufwies, lassen sich seitdem verschiedene Veränderungstendenzen konstatieren:

Die Zahl der geborenen Kinder nimmt ab. Sie wird von zwei Faktoren bestimmt: zum einen von der Zahl der Frauen im gebärfähigen Altern, zum anderen von der Bereitschaft der Bevölkerung, Kinder zu bekommen. Zum Erhalt der Bevölkerung sind rechnerisch 2,1 Kinder je Frau notwendig. In Deutschland verhält sich die Geburtenziffer (also die Zahl der Kinder, die eine Frau bekommt) bereits seit mehreren Jahren relativ stabil, 2008 waren es 1,38 Kinder je Frau (Statistische Ämter des Bundes und der Länder, 2011, S. 11). Es kommen also weniger Kinder auf die Welt, die Bevölkerung wird insgesamt abnehmen. Dieser Trend hat einen sich selbst verstärkenden Effekt: die nachwachsende Elterngeneration ist bereits quantitativ weniger stark vertreten, und bringt – bei gleichbleibender Geburtenziffer – damit auch weniger Kinder zur Welt.

Fertilität nimmt ab

Gleichzeitig konnte durch die Weiterentwicklung in der Medizin die Mortalität insgesamt deutlich gesenkt werden. Mädchen, die zwischen 2006 und 2008 geboren wurden, haben bereits eine durchschnittliche Lebenserwartung von 82,4 Jahren. Damit streckt sich nicht nur die Alterspyramide „nach oben", die Kohorte der älteren Menschen wird auch spürbar stärker besetzt bleiben.

Lebenserwartung nimmt zu

In der Zusammenschau aus den Geburten und den Sterbefällen innerhalb eines Zeitraumes entsteht die natürliche Bevölkerungsbilanz. Diese ist in Deutschland insgesamt seit vielen Jahren negativ, es sterben also deutlich mehr Menschen als Kinder geboren werden. Dies führt zu einem spürbaren Rückgang der Bevölkerung zwischen 2008 (82 Mio Menschen) und 2030 (77,4 Mio Menschen) (vgl. Statistische Ämter des Bundes und der Länder 2011).

Als dritte Einflussvariable auf die Bevölkerungsstruktur sind die innerdeutschen und internationalen (Zu- und Ab-)Wanderungen zu nennen. Diese Wanderungsbewegungen sind kaum vorausberechenbar und nicht sicher beeinflussbar, z.B. durch Zuwanderungsgesetze. Neben den gesetzlichen Rahmenbedingungen sind für die innerdeutschen Wanderungsprozesse verschiedene Faktoren maßgeblich, vor allem die regionalen Arbeits-, Bildungs- und Wohnungsmärkte. Die wirtschaftliche Lage einer Region, ihre Attraktivität bzw. ihr Freizeitwert sind weitere einflußreiche Variablen.

Wanderungen

Die tatsächliche zukünftige Bevölkerungsstruktur lässt sich schätzen, sofern für die drei beeinflussenden Faktoren valide Annahmen getroffen werden.

5.6.2 Szenarien einer künftigen Bevölkerungsstruktur

Auswirkungen des demografischen Wandels

Die 12. (zwischen den Statistischen Ämtern des Bundes und der Länder) koordinierte Bevölkerungsvorausberechnung enthält zwölf verschiedene Varianten der Entwicklung der Bevölkerung in Deutschland bis zum Jahr 2060 (Statistisches Bundesamt 2009). Die folgenden Angaben werden der Variante 1-W1 ‚Untergrenze der mittleren Bevölkerung' entnommen. Sie wird auch vom Statistischen Bundesamt für detaillierte Berechnungen eingesetzt (vgl. z.B. Statistisches Bundesamt 2011). Demnach wird die Bevölkerung insgesamt um fast 6% abnehmen. Dieser Rückgang wird sich am deutlichsten in der Gruppe der jungen Menschen unter 20 Jahren auswirken, während die Zahl der älteren Menschen (über 65 Jahre) ansteigen wird. Auch die Zahl der potenziell erwerbstätigen Menschen zwischen 20 und 65 Jahren wird um 15% zurück gehen. Die nachfolgende Darstellung veranschaulicht das Verhältnis der potenziell erwerbstätigen Bevölkerungsgruppe (der 20- bis unter 67-Jährigen) zu der jüngsten und ältesten Generation zwischen 2008 und 2060. Sehr deutlich werden dadurch zwei der künftigen Entwicklungen:

1. Die Gruppe der Seniorinnen und Senioren wird quantitativ in Deutschland im Vergleich zu den jungen Menschen ein deutlich höheres Gewicht haben.
2. Der Anteil der Menschen im erwerbsfähigen Alter an der Gesamtbevölkerung wird stark zurückgehen.

Vor allem mit dem Rückgang der Zahl der potenziell erwerbstätigen Menschen gehen vielfältige volkswirtschaftliche und sozialstaatliche Konsequenzen einher. Die Gruppe der Erwerbstätigen ist die Gruppe der Bevölkerung, auf der die sozialen Sicherungssysteme aufbauen und die durch ihre Arbeitsleistung die wirtschaftliche Prosperität Gesamtdeutschlands, aber auch den monetären Zufluss in die sozialen Sicherungssysteme sichert – das Volkseinkommen wird in spürbar geringerem Umfang anwachsen als die Gesamtpopulation (Birg 2004, S. 52). Für die Wirtschaft resultiert hieraus zudem der bereits seit längerem diskutierte „Fachkräftemangel". Für die Politik ist ein Verteilungskampf um die begrenzten öfflichen Mittel zwischen jüngeren und älteren Generationen zu erwarten („Verteilungsstress", ebd.), wenn es z.B. um Rentenhöhen oder staatliche Zuschüsse der Kinder- und Jugendhilfe geht. Mit dem Stichwort der „Rentnerdemokratie" (Roman Herzog) wird dabei das starke Gewicht, das diese Wählergruppe in der politischen Meinungsbildung erhält, hervorgehoben.

Unterschiedliche Situation in den Bundesländern

In den einzelnen Bundesländern kann die Gesamtentwicklung leichte Abweichungen zeigen. Je nach wirtschaftlicher Prosperität eines Bundeslandes sind z.B. Zu- oder Abwanderungsbewegungen auch der jungen Bevölkerungsanteile zu erwarten. Auch Anreizsysteme und politische Gestaltungen können hier zu Differenzen zwischen den Bundesländern führen, die sich auch aus einer politischen Kampfstrategie um die nachwachsende, für das wirtschaftliche Wachstum notwendige jüngere Generation ergeben. An der Gesamttendenz, dass es einen abnehmenden Anteil der jüngeren Bevölkerung an der Gesamtbevölkerung und einen zunehmend größeren Anteil älterer Menschen geben wird, wird sich allerdings nichts verändern (vgl. hierzu auch Statistische Ämter des Bundes und der Länder 2011).

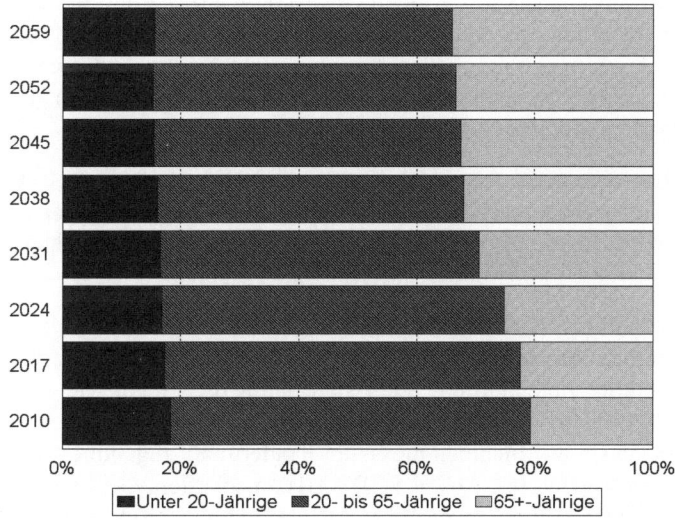

Abb. 4: Entwicklung des Verhältnisses einzelner Altersgruppen zueinander; eigene Darstellung nach Daten der 12. koordinierten Bevölkerungsvorausberechnung des Bundes und der Länder (2011)

5.6.3 Konsequenzen für die Außerschulische Jugendbildung

Bereits der elfte Kinder- und Jugendbericht (BMFSFJ 2002) fordert die Kinder- und Jugendhilfe dazu auf, sich mit den Konsequenzen des demografischen Wandels für ihr Aufgabengebiet auseinander zu setzen. Die Sachverständigenkommission attestiert dabei der Fachdiskussion, sie habe „bislang keine Anstrengungen unternommen, die jeweils vorliegenden Bevölkerungsvorausschätzungen als Planungsgrundlage systematisch zu nutzen" (BMFSFJ 2002, S. 118f.). Obwohl demografische Analysen mittlerweile sicherlich genutzt werden (Siebert 2006; Seckinger 2009; Fendrich et al. 2005, Pluto et al. 2007, van Santen 2010), stellt sich die Frage, ob dies bereits „systematisch" erfolgt. Auch in der Praxis der öffentlichen Träger der Jugendhilfe ist der demografische Wandel ein Thema vor allem in der Jugendhilfeplanung, allerdings auch in konzeptioneller Hinsicht (DJI 2006).

Drei Konsequenzen für
die Außerschulische
Jugendbildung

Dabei stellen sich für die Außerschulische Jugendbildung verschiedene Fragen: zum einen, wie sie mit dem deutlichen Rückgang in der Alterspopulation, die ihre Hauptzielgruppe ausmacht, umgehen wird. Zum zweiten, wie sie auf die Veränderung der Lebensverhältnisse, die sich durch neue Muster und Strukturen im Aufwachsen junger Menschen ergeben werden, reagieren wird. Zum dritten, wie sie ihre Rolle und ihren Stellenwert in einer alternden Gesellschaft definiert und auch politisch deutlich macht – als Beitrag, um positive Lebensbedingungen für das Aufwachsen junger Menschen zu schaffen. Der nachfolgende Überblick zu möglichen Konsequenzen für die Außerschulische Jugendbildung greift entsprechend sowohl quantitative Konsequenzen auf, wie auch Möglichkeiten qualitativer Neujustierungen.

Quantitative Konsequenzen aus der demografischen Entwicklung in Deutschland sind für die Außerschulische Jugendbildung in zweifacher Hinsicht relevant: zum einen in Bezug auf ihre Zielgruppe, nämlich junge Menschen unter 27 Jahren, zum anderen im Hinblick auf das tätige Personal.

Wie bereits ausgeführt, wird die Zahl der jungen Menschen mittel- bis langfristig sehr deutlich zurück gehen. Für die Außerschulische Jugendbildung – wie für die gesamte Jugendhilfe – stellt sich damit die Frage, wie sie ihren gesetzlichen Aufträgen weiterhin nachkommen kann, bzw. welche weiteren Aufgabenbereiche sie wahrnehmen muss, um Kindern und Jugendlichen „positive Lebensbedingungen" (§1 Abs. 4 SGB VIII) zu schaffen. Geht man davon aus, dass die Nachfragesituation zunächst noch relativ unverändert bleibt, folgt daraus, dass die Nachfrage nach Angeboten der Außerschulischen Jugendbildung insgesamt sinken wird. Qualitätsmerkmale wie die Träger- und Angebotspluralität werden vor diesem Hintergrund schwieriger zu realisieren sein (DJI 2006).

Auch andere Qualitätsmerkmale stehen bei zurückgehenden Teilnehmerzahlen schnell auf der ‚roten Liste': Arbeit mit jungen Menschen als Beziehungsarbeit benötigt – auch unstrukturierte – Zeit. Kürzungen und Stellenabbau wegen geringerer Nachfrage verringern die Möglichkeit, in pädagogische Beziehung mit jungen Menschen zu treten. Das statistische Äquivalent der pädagogischen Zeit – Vollzeitäquivalente der tätigen Personen – in der Jugendarbeit insgesamt, und damit auch in der Außerschulischen Jugendbildung, zeigt bereits jetzt deutlich rückläufige Tendenzen. Diese fallen noch stärker aus, als es die demografischen Veränderungen rechtfertigen würden (Pothmann 2008). Eine weitere Konsequenz ist alleine aus dem quantitativen Rückgang an jungen Menschen in der Zukunft zu erwarten. Das kann regional sehr unterschiedlich dazu führen, dass junge Menschen größere Schwierigkeiten haben, sich in Gleichaltrigengruppen zu treffen. Sicherlich bedeutet es, dass Mobilität für die jungen Menschen eine – noch größere – Bedeutung erlangt. Für die Außerschulische Jugendbildung, die Jugendarbeit und die gesamte Kinder- und Jugendhilfe bedeutet es, dass die ‚Organisation' des jugendlichen Bedürfnisses nach Kontakten zu Gleichaltrigen und Erfahrungen in der Peergruppe ein hohe Priorität bekommen muss (van Santen 2008, S. 72).

Ebenso ist allerdings ein anderes Szenario möglich: eine steigende Nachfragesituation, resultierend aus einem geringeren Angebotspotenzial. Dies könnte sich aus einem Rückzug kommerzieller Anbieter von Freizeitstrukturen für junge Menschen ergeben und die Außerschulische Jugendbildung müsste in kompensatorischer Funktion ausgebaut werden (ebd., S. 74). Vor dem Hintergrund der regional sehr unterschiedlich ausfallenden Entwicklung wird die Herstellung ‚gleichwertiger Lebensverhältnisse' (Art. 72 GG) dabei auch für die Angebote der öffentlichen Jugendhilfe an Bedeutung gewinnen.

Die Konsequenzen aus den demografischen Entwicklungen sind also nicht eindeutig und offensichtlich, sie ergeben sich aus den Veränderungen der Bedingungen des Aufwachsens junger Menschen und sind beeinflussbar durch die (pädagogisch konzeptionelle) Gestaltung des Arbeitsfeldes selbst. Als sicher kann allerdings gelten, dass die Außerschulische Jugendbildung in den nächsten Jahren weiteren großen Veränderungsprozessen unterworfen sein wird.

Nicht nur die Zielgruppe der Außerschulischen Jugendbildung wird sich durch die demografische Entwicklung verändern, auch für das Personal sind Konsequenzen zu erwarten. Diese können heterogen sein: Zum einen wird der demografische Wandel auch an der Personengruppe, aus der die Außerschulische Jugendbildung ihre Fachkräfte rekrutiert, nicht spurlos vorübergehen. Es ist also auch hier mit einem Fachkräftemangel zu rechnen. Dieser wird verschärft durch den Ausbau weiterer Aufgabengebiete, wie z.B. der Kindertagesbetreuung, die sich aktuell sehr dynamisch entwickelt. Um qualifiziertes Personal zu halten, müssen sich die Träger der Außerschulischen Jugendbildung also künftig bemühen, die Attraktivität des Arbeitsfeldes (z.B. durch Fortbildungs- und Qualifizierungssysteme, Aufstiegsmöglichkeiten) zu erhöhen, um im Wettbewerb bestehen zu können. Ein besonderes Augenmerk gilt hierbei auch der Ausbildung von qualifizierten Nachwuchskräften für die Außerschulische Jugendbildung.

Bereits seit einigen Jahren zeichnet sich in der Jugendarbeit insgesamt eine weitere Tendenz ab: das Durchschnittsalter des Personals wird kontinuierlich höher (Amtliche Kinder- und Jugendhilfestatistiken 1994, 2006). Diese „Überalterung" des Personals wird in der fachlichen Debatte durchaus kritisch gesehen und mit verschiedenen Vor- und Nachteilen assoziiert (Deinet 2000, Thole/Pothmann 2002). Klar und sicher ist, dass eine Veränderung der Altersstruktur des Personals sicherlich nicht folgenlos für die Praxis der Außerschulischen Jugendbildung bleiben wird.

Auch in der qualitativen Gestaltung der Außerschulischen Jugendbildung sind Veränderungsprozesse notwendig. Im Folgenden wird eine Übersicht über Ansatzpunkte der fachlichen Diskussion gegeben.

Eng in Zusammenhang mit dem demografischen Wandel in Deutschland stehen neben den Binnenwanderungen auch internationale Mobilität und Zuwanderung. Für alle neu hinzugezogenen Menschen könnte die Jugendhilfe, auch die Außerschulische Jugendbildung, einen notwendigen Beitrag leisten, um die jungen Menschen und ihre Familien heimisch werden zu lassen und auch den Dialog zwischen den unterschiedlichen Kulturen zu fördern.

Vor allem im Handlungsfeld der politischen Bildung wird die Demokratieerziehung an Bedeutung gewinnen. In der zahlenmäßigen Minderheit junger Menschen in der Gesamtbevölkerung und ihren – auch dadurch – eingeschränkten Möglichkeiten, in den demokratischen Beteiligungsprozessen ihre Position zu vertreten, wird für die gesamte Jugendhilfe und auch für die Außerschulische Jugendbildung die Lobbyarbeit für junge Menschen an Bedeutung gewinnen. Das betrifft die regionale Ebene, um z.B. die Finanzierung der Außerschulischen Jugendbildung unabhängig von der Quantität der Zielgruppe sicherzustellen, aber auch die nationale und die internationale Ebene, wenn es um nachhaltige zukünftige Planungen und die Verteilung finanzieller Ressourcen geht. Von besonderem gesellschaftlichem Interesse könnte der Beitrag der Jugendhilfe und der Außerschulischen Jugendbildung zur Qualifizierung benachteiligter Jugendlicher sein. Dies ist gerade vor dem Hintergrund des Fachkräftemangels von hohem gesamtgesellschaftlichem Interesse.

Deutlich wird, dass die demografische Entwicklung Auswirkungen auf das Personal und die Zielgruppe der Außerschulischen Jugendbildung und damit auch auf ihre Einrichtungen und Angebot haben wird. Diesen Prozess zu gestalten und von den Bedingungen des Aufwachsens junger Menschen ausgehend ihr Profil zu schärfen und zu konkretisieren, wird eine zentrale Aufgabe der Außerschulischen Jugendbildung in den nächsten Jahren sein.

Zusammenfassung

Unter dem Stichwort „Demografischer Wandel" werden gravierende Umbruchsprozesse der Bevölkerungsstruktur in Deutschland wissenschaftlich und politisch diskutiert. Die drei Einflussgrößen Fertilität, Mortalität und Wanderungsbewegungen werden in den nächsten Jahren zu einem Rückgang der jungen Bevölkerung und der Bevölkerung im erwerbsfähigen Alter sowie einem starken Anstieg der älteren Bevölkerung führen. Die Konsequenzen werden auch für die Außerschulische Jugendbildung zu spüren sein: veränderte politische Entscheidungsverhältnisse und damit einhergehende finanzielle Strukturen, ein quantitativer Rückgang der Zielgruppe. Diese Umbruchsphase aktiv zu gestalten, ist als eine der großen Herausforderungen der Außerschulischen Jugendbildung in den nächsten Jahren anzusehen.

Übungen:

1. Durchdenken Sie die Entwicklung ihrer Wohnortgemeinde vor dem Hintergrund des demographischen Wandels: Wie werden sich die einzelnen Altersgruppen in den nächsten Jahren entwickeln?
2. Fassen Sie die (positiven und negativen) Konsequenzen des demographischen Wandels für die Altersgruppe der jungen Menschen zusammen!
3. Welche konzeptionellen Konsequenzen sind zu erwarten? Bedenken Sie hierbei die Implikationen des Anspruches, Bildungsort zu sein.

Weiterführende Literatur:

Van Santen, E. (2010): Weniger Jugendliche, weniger Jugendarbeit? Demografische Veränderung als Herausforderung für die Jugendarbeit, deutsche jugend, Heft 4, S. 167-177

Fendrich, S. (2003): Herausforderungen an die Jugendhilfe vor dem Hintergrund der demographischen Entwicklung in Deutschland, in: Verein für Kommunalwissenschaften (Hrsg.): Aktuelle Beiträge zur Kinder und Jugendhilfe, Band 41: Steuerungsmöglichkeiten der Jugendhilfe im Kontext der demographischen Entwicklung in Deutschland, Berlin: Verlag Verein für Kommunalwissenschaften e.V..

Fendrich, S./Pothmann, J./van Santen, E./Schilling, M. (2005): Zwischen Planungsnotwendigkeit und Zukunftsunsicherheit. Demografische Veränderungen und ihre Konsequenzen für die Kinder- und Jugendhilfe. In: Thole, W./Cloos, P./Ortmann, F./Strutwolf, V. (Hrsg.): Soziale Arbeit im öffentlichen Raum, Wiesbaden: Verlag für Sozialwissenschaften.

Kommunalverband für Jugend und Soziales Baden-Würtemberg (2010): Kinder- und Jugendhilfe im demographischen Wandel, Stuttgart.

6 Handlungsfelder und Methoden

Dieses Kapitel beschreibt den dritten der in Kapitel 2.1 beschriebenen drei Zugänge zur Außerschulischen Jugendbildung. Das heißt, es geht um ihre Praxis. Wo findet Außerschulische Jugendbildung statt? Welche Handlungsfelder sind ihr zuzuordnen? Verfügt sie über eigene Methoden? Dies sind die Fragen, die in diesem Kapitel angesprochen werden. Die Handlungsfelder der Praxis Außerschulischer Jugendbildung zu beschreiben, ist ein äußerst schwieriges Unterfangen, denn ihr herausstechendes Merkmal ist ihre große Heterogenität (vgl. auch Thole 2000). Diese Vielfalt zeigt sich durch eine kaum überschaubare Anzahl an Handlungsfeldern, Trägern, bearbeiteten Themen, Arbeitsformen und angewandten Methoden. Zunächst soll versucht werden, die Handlungsfelder zu beschreiben, um im Anschluss auf Methoden professionellen Handelns in der Außerschulischen Jugendbildung einzugehen.

Außerschulische Jugendbildung in der Praxis

Der Begriff ‚Handlungsfeld‘ ist dabei klärungsbedürftig:

> *„Unter dem Begriff pädagogische Handlungsfelder werden Arbeitsbereiche z.B. Institutionen und Organisationen verstanden, in denen Pädagoginnen und Pädagogen professionell tätig sind. In ihnen treffen gesellschaftliche, institutionelle, gruppenspezifische und individuelle Interessen und Perspektiven aufeinander und verknüpfen sich miteinander. (...) Der Begriff setzt sich aus den beiden Wörtern Handeln und Feld zusammen. In der näheren Bestimmung als ‚pädagogisches Handeln‘ und ‚pädagogisches Feld‘ werden in der Literatur mit beiden Begriffen strukturelle Grunddimensionen pädagogischer Arbeit definiert“ (Kron 2009, S. 29).*

Über Institutionen und Organisationen hinaus bezieht sich der Begriff in der Außerschulischen Jugendbildung auch auf *thematische* Arbeitsbereiche. Thematische Arbeitsbereiche, Institutionen und Organisationen in der Praxis Außerschulischer Jugendbildung können sehr unterschiedliche Formen haben und mit sehr unterschiedlichen Interessen und Perspektiven verknüpft sein. So findet die Praxis einerseits in explizit reservierten Einrichtungen wie beispielsweise Bildungshäusern oder Jugendbildungsstätten statt. Sie kann sich aber auch an Orten vollziehen, an denen Außerschulische Jugend*bildung* nur ein

Teilbereich der Arbeit ist (vgl. hierzu Kap. 2.1) wie beispielsweise in einem Jugendfreizeitzentrum (vgl. hierzu die Ausführungen zum Arbeitsbereich Politische Bildung in diesem Kapitel).

Institutionen und Organisationen Außerschulischer Jugendbildung

Im ersten Kapitel wurde die Außerschulische Jugendbildung als Teilbereich der Kinder- und Jugendarbeit beschrieben. Damit lassen sich Institutionen und Organisationen gut über dieses Feld erläutern. In § 11, Absatz 2 des Achten Sozialgesetzbuches sind als Anbieter von Jugendarbeit Verbände, Gruppen und Initiativen der Jugend, andere Träger der Jugendarbeit und Träger der öffentlichen Jugendhilfe angegeben. „Sie umfasst für Mitglieder bestimmte Angebote, die offene Jugendarbeit und gemeinwesenorientierte Angebote" (§11 (2) SGB VIII).

Im Folgenden werden die Jugendverbandsarbeit und die Offene Kinder- und Jugendarbeit genauer beschrieben. Sowohl die Jugendverbandsarbeit als auch die Offene Kinder- und Jugendarbeit nehmen eine herausragende Stellung innerhalb der Außerschulischen Jugendbildung ein, sowohl in Bezug auf die Anzahl des dort tätigen Personals als auch hinsichtlich ihrer Bedeutung als Bildungsorte für Jugendliche. Sie sind einerseits durch bestimmte Organisationsprinzipien charakterisiert, die Einfluss auf Bildungsziele und Bildungsprozesse haben. Bezüglich der Jugendverbandsarbeit wären hier beispielsweise die demokratischen Strukturen ihrer Selbstorganisation zu nennen, während in der Offenen Jugendarbeit festgelegte Strukturcharakteristika wie beispielsweise Diskursivität eine Partizipationskultur der Jugendlichen fördern. Andererseits sind sowohl Verbände als auch Einrichtungen der Offenen Arbeit Institutionen, in denen themenbezogene Handlungsfelder wie beispielsweise die Politische Bildung oder die Jungen- und Mädchenarbeit ihre Praxis finden.

6.1   Verbandsarbeit

Jugendverbände: Demokratisch und selbstorganisiert

Jugendverbände sind seit gut hundert Jahren für Heranwachsende „Orte der sozialen und kulturellen Bildung, Foren der Auseinandersetzung mit Sinn- und Wertfragen aber auch Räume der Begegnung und Geselligkeit (Böhnisch/Gängler/Rauschenbach 1991, S. 15). Sie sind demokratisch aufgebaute Selbstorganisationen. Ihnen kommt ein besonderer Stellenwert innerhalb des gesamten Feldes der Kinder- und Jugendarbeit zu (Nick, 2005) und sie bieten ein breites Spektrum an Inhalten und Aktivitäten an. Auch die Organisationen sind sehr heterogen.

Eine regelmäßige Teilnahme ist in der Regel an eine Mitgliedschaft gebunden. Bezogen auf die Zielgruppe sind Zahlen schwer zu schätzen, es überwiegen Realschüler und Gymnasiasten, vor allem in der Gruppe der Engagierten (ebd., S. 23). Auch ist eine Überrepräsentanz von Jungen zu beobachten. Die Jugendgruppen werden meist durch einen ehrenamtlich in der Verbandsarbeit tätigen jugendlichen Gruppenleiter organisiert.

Relevante Hauptkennzeichen und Strukturmerkmale in Bezug auf die Außerschulische Jugendbildung sind die Selbstorganisation, ihr demokratischer Aufbau sowie die Reklamation eines jugendpolitischen Mandats. Damit ist gemeint, dass Jugendverbände – insbesondere in ihren Zusammenschlüssen in Form der Jugendringe auf kommunaler, Landes- und Bundesebene – sich als Vertreter von Jugendlichen und ihren Anliegen gegenüber Staat und Gesellschaft definieren: „In Wahrnehmung der Interessen von Kindern und Jugendlichen wirken die Jugendringe auf die politische Willensbildung in Legislative und Exekutive ein, gestalten die gesellschaftlichen Rahmenbedingungen der Jugendarbeit wesentlich mit, entwickeln unter Beachtung der Verbandsautonomie gemeinsame Positionen und repräsentieren die Jugendverbandsarbeit im Bereich des Internationalen Jugendaustauschs" (Deutscher Bundesjugendring 2005).

Weitere Kennzeichen sind Freiwilligkeit, Ehrenamtlichkeit, Wertorientierung, die Milieunähe, Traditions- und Wertgebundenheit. In Bezug auf diesen letzten Punkt sind Jugendverbände nicht nur milieuintegrierend, sondern zugleich milieustiftend. Heute müssen sich die Jugendverbände auf mehr und sehr unterschiedliche jugendkulturelle Milieus einstellen. Die Vervielfältigung dieser Milieus erfordert bei den Jugendverbänden neben der pluralen Breite in ihrer Gesamtheit zunehmend auch eine stärkere Binnenpluralität. Gerade hierin liegt aber ihrer Stärke, dass sie nämlich eine breite Konzept- und Wertevielfalt als Angebote an die Kinder und Jugendlichen zur Verfügung stellen können (ebd. 2005).

Jugendverbände sehen als ihre zentrale Aufgabe die Organisation und Initialisierung von Bildungsprozessen. Sie tun dies zum Teil in deutlicher und bewusster Abgrenzung zum Bildungssystem. Vordergründig und wichtig ist hier das selbstbestimmte und selbstinitiierte Lernen (Schefold 1991). Wie und ob die Arbeit in der Praxis diesem Anspruch gerecht wird, kann nicht abschließend beurteilt werden. Es liegen nur wenige Evaluationen der Verbandsarbeit vor, die nur schwer vergleichbar sind und zu unterschiedlichen Ergebnissen kommen. Während Fauser, Fischer & Münchmeier (2006, 2008) in ihrer Studie zur evangelischen Verbandsarbeit eher zu bestätigenden Ergebnissen kommen, zeigt Riekmann (2011) am Beispiel Hamburger Jugendverbände, dass Strukturen und Arbeit in Jugendverbänden nicht zwingend auf einem demokratischen Selbstverständnis basieren.

Bildung als zentrale Aufgabe der Jugendverbände

Ein weiteres für die Außerschulische Jugendbildung wichtiges Kennzeichen ist die Priorisierung der Gleichaltrigengruppppen als Kern verbandlicher Kinder- und Jugendarbeit (vgl. Kap. 2). Bildung in Jugendverbänden erfolgt in Interaktionsprozessen mit Gleichaltrigen und steht damit für große Möglichkeiten zur Selbstgestaltung.

Arten von Jugendverbänden

Die Jugendverbände lassen sich unterscheiden in

1. Weltanschaulich und politisch orientierte Verbände. Dazu gehören:
   - konfessionelle Verbände
   - humanitäre Verbände
   - gewerkschaftliche Verbände
   - politische Verbände.
2. Themenorientierte Verbände
   - auf den ländlichen Raum bezogene Verbände
   - auf das Geschlecht bezogene Verbände
   - naturbezogene Verbände
   - kulturbezogene Verbände
   - sonstige.
3. Freizeitorientierte Verbände
4. Jugendorganisationen der Hilfsorganisationen (vgl. Böhnisch 1991; Deutscher Bundesjugendring 2005).

6.2 Offene Kinder- und Jugendarbeit

Offenheit als Programm

Die offene Kinder- und Jugendarbeit ist ein sehr komplexes pädagogisches Handlungsfeld (Deinet 2005; Deinet/Sturzenhecker 2005; Thole 2000). Sie „stellt das „quantitativ größte und wahrscheinlich auch qualitativ vielfältigste, aber zugleich auch das heterogenste Feld der Kinder- und Jugendarbeit dar" (Thole 2000, S. 102). Angeboten wird ein differenziertes Freizeit- und Bildungsprogramm. ‚Offenheit' ist dabei Programm und es existieren vielfältigste Arbeitsweisen, institutionelle Formen, konzeptionelle Grundlagen und methodische Handlungsweisen, die sich im Laufe der Entwicklung der Offenen Kinder- und Jugendarbeit heraus gebildet haben. Das Arbeitsfeld ist charakterisiert durch einen beständigen Veränderungsprozess, der auf die sich wandelnden Kinder und Jugendlichen und ihre Fragen und Probleme immer neu antwortet und antworten muss. Die Differenziertheit und Prozessförmigkeit des Feldes spiegeln sich in den vielfältigen pädagogischen Debatten um Konzepte und Praxen der Offenen Kinder- und Jugendarbeit (Deinet/Sturzenhecker 2005). Als Konsequenz hieraus existiert keine einheitliche, alle Formen und Differenzierungen übergreifende Beschreibung dieses Feldes und es herrscht ein großes Empiriedefizit.

Einrichtungen der Offenen Kinder- und Jugendarbeit

In der Literatur wird in Bezug auf Einrichtungen der Offenen Kinder- und Jugendarbeit unterschieden zwischen:

- zentralen Großeinrichtungen,
- Jugendclubs, Jugendcafés und Jugendtreffs im ländlichen Raum,
- Bauwagen, Hütten und Abenteuerspielplätzen,
- Spielmobile.

„Zentrale Großeinrichtungen sind oftmals traditionsreiche Einrichtungen der Offenen Kinder- und Jugendarbeit" (Binder 2005, S. 353) und haben eine lange Geschichte. Sie liegen sehr zentral in der Stadt und stellen damit einen stadtweiten Anlaufpunkt für Jugendliche aus lokalen oder auch überregionalen Einzugsgebieten dar. Sie arbeiten eher übergreifend und angebotsorientiert. „Dabei beziehen sich die themen- und interessenorientierten Angebote mit einem breiten Spektrum in den Bereichen Musik, Kultur und Medien, Unterhaltung und Bildung heute eher auf die Gesamtheit der Kinder, Jugendlichen und jungen Erwachsenen in der Stadt bzw. Region (ebd., S. 354). Sie tragen zudem stark zur Vernetzung unterschiedlicher Akteure und Interessen bei.

Zu den zentralen Großeinrichtungen zählen auch die Jugendhäuser der Stadtteile oder die Jugendfreizeitstätten. Sie haben einen sozialräumlichen Bezug und richten sich in ihren Angeboten an der klassischen Klientel aus.

Die Jugendclubs, Jugendcafés und Jugendtreffs im ländlichen Raum sind in der Regel selbst verwaltet. Voraussetzung ist lediglich, dass ein Raum vorhanden ist. Allerdings muss die Betreuung durch einen ehrenamtlichen Mitarbeiter, durch eine Initiative vor Ort oder Jugendgruppen gesichert sein, die in regelmäßigen Abständen mit den Jugendlichen Kontakt aufnimmt. Betreuung durch eine Fachkraft ist möglich, aber eher die Ausnahme. Jugendtreffs finden sich dort, „wo die großen Jugendfreizeitstätten von der Analyse der Sozialstruktur des Einzugsbereiches her als nicht sinnvoll erscheinen, oder dort, wo es noch keine voll entwickelte Infrastruktur der Offenen Kinder- und Jugendarbeit gibt" (Pletzer 2005, S. 360).

Ähnliches gilt auch für die Bauwagen. Allerdings ist hier die Selbstverwaltung weitreichender. Viele Bauwagen sind im rechlichen Sinne illegal, nur wenigen bekannt, stehen am Waldrand oder sonst wo versteckt. Den Mitarbeitern und Mitarbeiterinnen sind einige Standorte bekannt, viele aber nicht. Die Bauwagen werden von den Jugendlichen oft als „Gegenwelt" initiiert, sie sind Raum für „eigenständige, unbeaufsichtigte Verantwortungsübernahme" (ebd., S. 363). Die Jugendlichen, die sich hier treffen, bilden eine hohe Gruppenidentität aus (Jaufmann/Gruber 2009, S. 479). Rechtlich gesehen sind die meisten Bauwagen problematisch, denn sie werden als Wohnwagen definiert, die man nicht einfach im Innen- oder Außenbereich aufstellen darf. Die Kommunen gehen mit dem Phänomen unterschiedlich um. Manche ignorieren sie, andere bekämpfen sie, meistens aber ohne großen Erfolg, „denn es scheint so: Dort wo Behörden einen Bauwagen eliminieren, entstehen an anderen Orten zwei neue" (Pletzer 2005, S. 362).

Auch die Spielmobile sind Einrichtungen der Offenen Kinder- und Jugendarbeit. Sie werden ebenfalls in Regionen eingesetzt, in denen die Jugendarbeit infrastrukturell noch nicht abgesichert ist. Sie dienen oft aber auch als Zusatzprogramm, so beispielsweise in den Ferien. Die Spielmobile sind fahrende

„Jugendtreffs". In ihren Wagen transportieren sie alles, was man für Bastel-, Spiel- und Spaßaktionen gebrauchen kann.

Inhalte der Offenen Kinder- und Jugendarbeit

Die Inhalte, die in der Offenen Kinder- und Jugendarbeit bearbeitet werden, sind prinzipiell unbegrenzt. Sie sollen aber an der Lebenswelt der Kinder und Jugendlichen anknüpfen, Selbstbetätigungsmöglichkeiten beinhalten und Partizipation fördern. Die Erarbeitung und Einbeziehung von spezialisierten Konzepten für einzelne Zielgruppen, wie z. B. Mädchen- und Jungenarbeit, oder die cliquenorientierte Jugendarbeit gehören genauso dazu wie die kulturelle Jugendarbeit, die in den Jugendfreizeitstätten zunehmend an Bedeutung gewinnt (Thole 2000, vgl. auch Kap. 2).

In Bezug auf die Zielgruppe lässt sich sagen, dass sich das Angebot an *alle* Jugendlichen richtet. Angenommen wird es in der Regel von Kindern und Jugendlichen aus der unmittelbaren Umgebung der Einrichtungen. Die Einrichtungen werden überwiegend von Kindern und Jugendlichen jüngeren Alters frequentiert, die über einen niedrigen Bildungsstand verfügen. Damit überwiegen Besucher und Besucherinnen mit vielfältigen sozialen und individuellen Problemen (Arbeitslosigkeit, Schul- und Ausbildungsprobleme, schwierige Wohnverhältnisse, familiäre Krisen). Vor diesem Hintergrund haben sich die Aufgaben der Offenen Jugendarbeit vielfach mit solchen der Jugendsozialarbeit verknüpft. Besondere Angebote für Mädchen und jüngere Frauen gehören, wie schon erwähnt, heute zum Standard, auch Hilfen für nicht-deutsche Jugendliche und die QA-Vorbereitung (Thole 2000).

Jungen und Mädchen in der Offenen Kinder- und Jugendarbeit

In den jüngeren Gruppen (7-12-Jährige) ist das Verhältnis zwischen Jungen und Mädchen relativ ausgeglichen. Je älter die Gruppe, desto unausgeglichener die Geschlechter: Die Mädchen ‚verschwinden', es überwiegen männliche Jugendliche. Wie schon im zweiten Kapitel erwähnt, ist Bildung nicht das Motiv, warum Jugendliche eine Einrichtung der Offenen Kinder- und Jugendarbeit aufsuchen. Es geht den Jugendlichen in erster Linie darum, ihre Freizeit an einem Ort zu verbringen, an dem sie Freunde treffen, sich unterhalten, Musik hören können u.ä.

Hinsichtlich der Definition der Offenen Arbeit als professionelles pädagogisches Handlungsfeld der Außerschulischen Jugendbildung ist jedoch Bildung neben demokratischer Mitbestimmung als zentrales Ziel aufgeführt. Der Bildungsbegriff in der Offenen Kinder- und Jugendarbeit orientiert sich dabei an einem emanzipatorischen Bildungsbegriff wie er in Kapitel 2.1 beschrieben wurde: Kernbestandteile sind das Bedürfnis und die Fähigkeit, die selbstbestimmte Handlungsfähigkeit der Jugendlichen zu erweitern. Es sollen Möglichkeiten eröffnet werden, mit zunehmend riskanten und offenen Lebensverläufen konstruktiv umgehen zu lernen. Wie und ob dies in der Praxis umgesetzt werden kann ist oft unklar, gerade die Abstraktheit der Ziele macht es schwer, ihre Überprüfung sicher zu stellen (vgl. auch Kap. 4.1).

Neben der Subjektbildung ist die Partizipationsfähigkeit zentrales Bildungsziel der Offenen Arbeit. Die Jugendlichen treffen auf ein relativ offenes Feld, das sie selbst durch Vorschläge, Projekte, Tätigkeiten gestalten können und müssen. Offene Jugendarbeit ist damit ein Handlungsfeld, das Jugendlichen die Möglichkeit gibt, die Chancen demokratischer Gestaltung zu erfahren. Selbstbestimmung und demokratische Mitbestimmung können Kinder und Jugendliche nur lernen, wenn ein sozialer und materieller Raum zur Verfügung steht, den sie tatsächlich nach eigenen Interessen selber bestimmen und gestalten können.

Pädagogische Handlungsfelder, so wurde oben formuliert, unterliegen gesellschaftlichen, institutionellen, gruppenspezifischen und individuellen Interessen und Perspektiven. Die Offene Kinder- und Jugendarbeit weist diesbezüglich nur einen geringen Grad der Institutionalisierung und Formalisierung auf. Dennoch können drei Merkmale als Strukturcharakteristika benannt werden (Sturzenhecker 2005, S. 338ff.):

Drei charakteristische Merkmale der Offenen Kinder- und Jugendarbeit

1. Offenheit: Diese bezieht sich darauf, dass keine präzisen und detaillierten Ziele für einzelne Einrichtungen formuliert werden. Die Zielgruppen sind ebenfalls offen, in Abhängigkeit von den Bedingungen vor Ort und der Lage der einzelnen Einrichtungen. Offen sind auch Zeiten und Inhalte, es existiert kein vorgegebenes, zentrales Curriculum. Öffnungszeiten und Inhalte ändern sich je nach Zielgruppe, deren Bedürfnissen und Problemstellungen. Offen sind auch die fachlichen Handlungsvorgaben (ebd., S. 341). Außer den Vorgaben des Jugendschutzes und den sehr abstrakt gehaltenen gesetzlichen Rahmenbedingungen im achten Sozialgesetzbuch liegen keine rechtlichen Vorgaben oder bürokratische Verfahrensregeln (z.B. über Aufnahme und Ausscheiden in der Institution) vor.

2. Marginalität: Jugendarbeit „konkurriert mit anderen Erziehungs- und Sozialisationsinstanzen und bleibt gegenüber der Familie und Schule nachgeordnet, indem sie Schwächen von Familie und Schule kompensieren soll und von den Großen nicht abgedeckte Aufgaben erledigen soll" (ebd.). Auch gegenüber der Jugendhilfe im Sinne der erzieherischen Hilfe ist die Jugendarbeit nachrangig: „Die Mitarbeiterinnen kommunaler und freier Träger der Jugendarbeit hingegen stehen eher am Ende der Jugendamtshierarchie" (ebd., S. 342). Dies zeigt sich in niedriger Bezahlung und schlechter Ausstattung der Einrichtungen, schafft aber auch Freiraum zu experimentieren.

3. Diskursivität: Das Handeln in den Einrichtungen muss, wie sich aus den Zielen und der Offenheit in Bezug auf Zielgruppe und Inhalte ergibt, „in einem dauernden Diskurs- oder Aushandlungsprozess der Beteiligten entwickelt und verändert werden. Immer wieder neu muss geklärt werden, was für die jeweiligen Besucher/innen Thema ist, welche Ziele und Inhalte sich daraus ergeben und wie methodisch gehandelt werden soll" (ebd.). Zentral ist mithin die Beziehungsgestaltung zwischen den beteiligten Personen und den Pädagogen und

Pädagoginnen: „Was geschieht und wie es geschieht, hängt in der Offenen Kinder- und Jugendarbeit entscheidend von den Bedürfnissen, Handlungsstilen, Zielen, Ängsten, Kompetenzen usw. der Beteiligten ab und von den Beziehungen, die sich im gemeinsamen Prozess entwickeln" (ebd.).

Herausforderungen in der Offenen Kinder- und Jugendarbeit

Aus diesen Strukturcharakteristika ergeben sich einige Herausforderungen. Dazu gehört beispielsweise den gegebenen Freiraum auch zu nutzen und die Offenheit zu strukturieren. Durch die Offenheit und Diskursivität sind die Pädagoginnen und Pädagogen immer wieder in „einen Kampf um Anerkennung" involviert. Dies ist sehr anstrengend und mit Risiken für die eigene Person verknüpft (Anerkennungsverlust, Machtverlust, Risiko seelischer Verletzungen). Es ist ein pädagogisches Handeln gefragt, „das zwischen eher passivem Mitschwimmen und eher aktivem Eingreifen (also hier Anbieten, Aufgreifen, Vorgeben, Regeln usw.) oszilliert. (…) Eine Folge dieser Bedingungen ist das typische Pendeln des pädagogischen Handelns in der Offenen Kinder- und Jugendarbeit zwischen Passivität und Handlungswahn" (ebd., S. 343). Es kann auch zu einer Deformation der spezifischen Bedingungen kommen: Aus Offenheit wird dann Diffusität, „die durch Setzen starrer Regelungen geklärt werden soll, Marginalität wird erlitten in Gefühlen von Ausgrenzung und Abwertung, Diskursivität wird durch Machtausübung oder Kommunikationsverweigerung ausgesetzt" (ebd.). Es werden Routinen entwickelt, die das Aushandeln ersetzen, die auch nötig sind, aber nicht zur Erstarrung führen dürfen. Um solche Deformierungen professionellen Handelns zu vermeiden, wäre es wichtig, dass Mitarbeiter und Mitarbeiterinnen regelmäßig an Supervision und Weiterbildungen teilnehmen. Zudem sollten die Träger über ein differenzierteres Konzept der Personalentwicklung verfügen.

Streetwork seit den 80er Jahren

Seit den 80er/90er Jahren gehört zunehmend die mobile Arbeit, auch unter den Begriffen ‚Streetwork' oder ‚aufsuchende Arbeit' bekannt, zu den Aufgaben der Offenen Jugendarbeit. Sie ist den Jugendzentren oft angegliedert, kann sich aber auch eigenständig entwickeln und wird auch als Konkurrenz zur etablierten Offenen Jugendarbeit angesehen. Insbesondere mit dem Aufkommen der Sozialraumorientierung hat diese Form des Arbeitens mit Jugendlichen an Bedeutung gewonnen. Sie wird als Ergänzung und Differenzierung des klassischen Angebots der Offenen Jugendarbeit verstanden. „Streetwork und Mobile Jugendarbeit bezeichnen Methoden und Arbeitsbereiche, die in den letzten Jahren zum Teil in bewusster Abgrenzung zur Arbeit in Jugendeinrichtungen entstanden sind, als Arbeit mit ‚schwierigen' Problemgruppen, die von den Angeboten der Jugendarbeit nicht erreicht oder sogar ausgegrenzt werden, als Arbeit mit spezifischen jugendlichen Szenen, die auch ortsgebunden sein können (z.B. in Bahnhofsnähe).

Jugendverbandsarbeit und Offene Kinder- und Jugendarbeit mit der mobilen Arbeit sind die quantitativ bedeutsamsten Handlungsfelder in der Außerschulischen Jugendbildung (vgl. Thole 2000). Zu nennen wäre aber auch internatio-

naler Jugendaustausch und die Arbeit in Bildungsstätten (vgl. hierzu die Ausführungen zur Politischen Bildung in diesem Kapitel).

Die Handlungsfelder Außerschulischer Jugendbildung lassen sich, wie oben
beschrieben, nicht nur über Einrichtungen und Institutionen beschreiben, sondern auch über themenbezogene Arbeitsbereiche. Die schon erwähnte Vielfalt
innerhalb der Handlungsfelder findet hier ihren besonderen Niederschlag. In
den gesetzlichen Grundlagen, welche die Praxis Außerschulischer Jugendbildung rahmen, werden ‚Bildungsthemen‘ genannt, die sich der Gesetzgeber
vorstellt. Aufgabe der Kinder- und Jugendarbeit ist die:

> *„Außerschulische Jugendbildung mit allgemeiner, politischer, sozialer,*
> *gesundheitlicher, kultureller, naturkundlicher und technischer Bil-*
> *dung" (§ 11 Abs. 3 (1) SGB VIII) (vgl. Kap. 2.4).*

Diese Vorgaben sind sehr vage und werden nicht weiter ausgeführt. Entsprechend groß ist der Interpretationsspielraum und die Vielfalt an Bearbeitungs-
möglichkeiten, die in der Praxis aus den einzelnen Themenbereichen folgen
(können).

Im Handbuch Außerschulische Jugendbildung (2011) werden unter dem zweiten Gliederungspunkt *22* (!) „Lern- und Handlungsfelder" aufgelistet und bearbeitet. Allein die Anzahl verdeutlicht die große Heterogenität an möglichen
thematischen Arbeitsbereichen in der Praxis. Eine Systematik ist nicht erkennbar. Unter den genannten Themen finden sich auch Anknüpfungspunkte an die
im § 11 genannten Aspekte. So wird sowohl die „Außerschulische Technische
Jugendbildung" als auch die „Gesundheitsbildung – Gesundheitsförderung" in
jeweils eigenen Beiträgen abgehandelt. Die große Variabilität in den Themen
liegt auch in der Schwierigkeit, den Bildungsbegriff inhaltlich zu fassen. Wie
in Kapitel 4.1 beschrieben, ist Bildung ein konnotativer Begriff, der in der
Praxis, je nach Handlungsfeld und wissenschaftlicher Positionierung, unterschiedlichen Auslegungen, Assoziationen und Bedeutungen unterliegt.

In einer Einführung können aus Platzgründen nicht alle Handlungsfelder der
Außerschulischen Jugendbildung abgearbeitet werden. Das oben genannte
Handbuch bietet hier für den interessierten Leser/die interessierte Leserin eine
gute Informationsquelle. Zwei Handlungsfelder werden aber dennoch exemplarisch heraus gestellt: Dies ist zum einen die Politische Jugendbildung und
zum anderen die Mädchen- und Jungenbildung. Beides sind thematische
Arbeitsbereiche, die in der Außerschulischen Jugendbildung seit Jahren besondere Relevanz besitzen und immer wieder kontrovers diskutiert werden.

Vielfältige
themenbezogene
Arbeitsbereiche in der
Außerschulischen
Jugendbildung

6.3   Politische Jugendbildung[10]

Negative Assoziationen
zu Politischer Bildung
Die Assoziationen zu politischer Jugendbildung sind in der Regel sehr stark durch den Politikunterricht der Schule geprägt und oftmals negativ, wie es beispielshaft im Zitat einer Schülerin zum Ausdruck kommt: „Bei Sozialkunde denke ich nur an dieses Trockene ..." (Boeser 2000). Zwei Praxisbeispiele aus der Außerschulischen politischen Jugendbildung sollen einführend deutlich machen, dass hier im Vergleich zur Schule ein anderes Begriffsverständnis und insbesondere auch eine andere Praxis zugrundeliegen.

Praxisbeispiel 1: Politische Jugendbildung im Verband[11]
Die Leiterrunde einer Jugendorganisation (Deutsche Pfadfinderschaft Sankt Georg) hat auf ihrem letzten Klausurwochenende beschlossen, wieder eine Jahresaktion durchzuführen, an der sich alle Altersstufen beteiligen sollen. Zu klären ist, wie die Entscheidungsfindung organisiert werden soll. Es stehen zwei Möglichkeiten zur Auswahl: Die Leiterrunde kann sich auf ein Thema/Motto einigen und dieses dann den Kindern und Jugendlichen vorlegen. Alternativ könnte die Entscheidung den Kindern überlassen werden, d.h. diese sammeln eigene Vorschläge und stimmen untereinander ab. In diesem Fall hätte die Leiterrunde die Aufgabe, diese Entscheidung zu realisieren.

Praxisbeispiel 2: Politische Jugendbildung durch eine Interaktionsübung[12]
In einer Jugendbildungsstätte findet ein dreitägiges Seminar zum Thema „Demokratie leben" statt. Zu Beginn des zweiten Tages verteilen die Seminarleiter an jeden der 15 Teilnehmer eine farbige Karteikarte und erklären: „Wo 20 Minuten nach der Übung die meisten Karten sind, darf eine Regel verkündet werden, die für den weiteren Tag für alle Personen in diesem Raum verpflichtend ist." Weitere Hinweise und Hilfestellungen von Seiten der Seminarleitung gibt es nicht, allerdings wird den Teilnehmenden alle 5 Minuten mitgeteilt, wie viel Zeit sie noch haben. Der eigentliche Clou der Übung liegt darin, nach dem Verkünden der Regel den Prozess innerhalb der Gruppe zu reflektieren. Relevante Themen könnten u.a. sein: Das Thema Verantwortung, bei denjenigen, die ihre Karte schnell loswerden wollten oder das Thema Umgang mit Macht, bei demjenigen, der am Ende die meisten Karten hatte.

---

[10]   Dieses Unterkapitel wurde von Christian Boeser verfasst.

[11]   Das Beispiel wurde von der damaligen Studentin der Diplom-Pädagogik Katja Kuhn im Rahmen eines Seminars an der Universität Augsburg entwickelt.

[12]   Das leicht abgewandelte Beispiel stammt aus dem israelischen Demokratietraining „Betzavta" (Maroshek-Klarman u.a. 1997).

Politische Jugendbildung gehört zu den gesetzlich verankerten Schwerpunkten der Jugendarbeit und wird dort bei der Außerschulischen Jugendbildung genannt (siehe Kap. 2.1). Neben der Schule sind die Träger Außerschulischer Jugendbildung damit Hauptinstanz intentionaler politischer Sozialisation (für einen Überblick siehe Schwab 1997). Während jedoch die Schule ihren Schwerpunkt eher auf das „Lernen an Gegenständen" legt (siehe Abbildung), ist bei der Außerschulischen politischen Jugendbildung auch das „Lernen an Interaktionserfahrungen" bedeutsam.

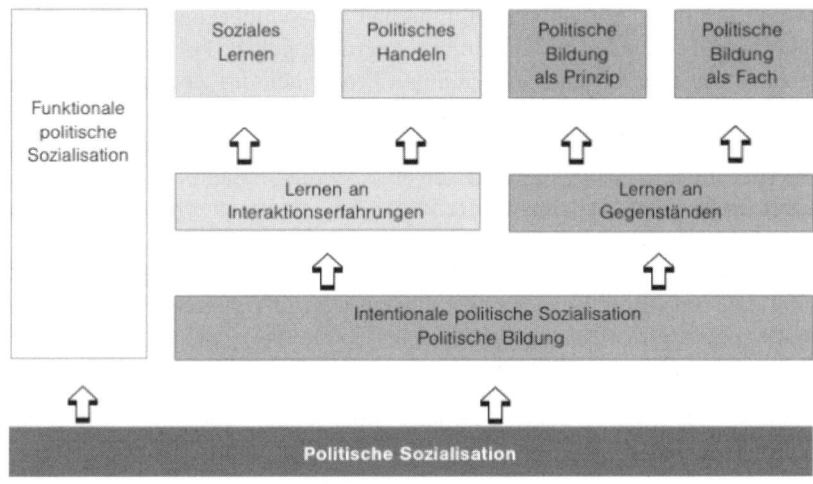

Abb 5: Überblick zu Politischer Sozialisation (Sander 2008, S. 18)

In einem weiten Begriffsverständnis sind alle Angebote der Jugendarbeit, die Partizipation und damit ein Lernen an Interaktionserfahrungen ermöglichen, zugleich politische Jugendbildung (siehe Praxisbeispiel 1): „Viele Jugendliche machen hier die ersten institutionell abgesicherten Mitbestimmungserfahrungen. Hier werden politische Kompetenzen (Durchsetzungsstrategien, Kompromissbereitschaft etc.) erprobt und angewandt, die auch in anderen sozialen und politischen Kontexten eingesetzt werden können" (Arbeitskreis politische Jugendbildung 2004, S. 18). In diesem weiten Begriff, der politische Bildung auch als Handeln in demokratischen Strukturen betrachtet, werden die Wurzeln der Außerschulischen politischen Jugendbildung in den Re-Education-Programmen der Nachkriegszeit deutlich (Hafeneger 1997).

Enges und weites Verständnis von Außerschulischer politischer Jugendbildung

Betrachtet man Außerschulische politische Jugendbildung hingegen in einem engeren Sinne, also Veranstaltungen mit explizit politischen Themenstellungen, weisen Wissenschaftler auf eine nur marginale Stellung und eine geringe Nachfrage hin (Scheurich et al. 2004, S. 344).

Politische Jugendbildung ist in der Theorie und in der Praxis ein äußerst heterogenes Arbeitsfeld: Die Vielfalt der Träger bringt nicht nur unterschiedliche Zielvorstellungen mit sich sondern auch Differenzen in der theoretischen Auseinandersetzung. Zumindest bei grundlegenden Aspekten wie dem Politikbegriff und den übergeordneten Zielen lässt sich aktuell jedoch ein Grundkonsens identifizieren.

Politik als Entscheidung, Gestaltung und Organisation gemeinsamer Angelegenheiten

Viele Fachwissenschaftler definieren Politik „als verbindliche Entscheidung, Gestaltung oder Organisation gemeinsamer Angelegenheiten" (Scheurich et al. 2004, S. 349). Mit dieser Formulierung – *gemeinsame* Angelegenheiten – ist ein weiter Politikbegriff verbunden. Innerhalb der schulbezogenen Fachdidaktik wird hingegen eine engere Definition zugrunde gelegt: Politik wird hier als „Regelung von grundlegenden Fragen und Problemen des gesamtgesellschaftlichen Zusammenlebens" definiert (GPJE 2004, S. 9). Die Kontroverse um einen engen oder weiten Politikbegriff wurde lange Zeit durch Ergebnisse aus der Partizipationsforschung geprägt, die eine Abnahme traditioneller Partizipationsformen und eine Zunahme neuer Partizipationsformen ermittelte (vgl. den Überblick bei Boeser 2000, S. 65ff). Konsens besteht hinsichtlich des Politikbegriffs insofern, „als die beiden Extreme eines rein staatsbezogenen Politikbegriffs und eines Begriffs, der selbst die analytische Trennung von privat und politisch nicht zulässt, in der theoretischen Diskussion nicht mehr vertreten werden" (Scheurich et al. 2004, S. 351)

Hinsichtlich der Ziele Außerschulischer politischer Jugendbildung gab es lange Zeit Auseinandersetzungen zwischen Vertretern emanzipatorischer und konservativer Bildungsziele. Heute gilt die Formulierung als konsensfähig, dass politische Jugendbildung ein Beitrag „zur Sicherung und Weiterentwicklung der Demokratie und der demokratischen politischen Kultur" (Scheurich et al. 2004, S. 347) ist. Oder in einer anderen Formulierung: „Ziel ist nicht (mehr) die Veränderung des politischen Systems, sondern die Integration der Jugendlichen in das System der repräsentativen Demokratie" (Arbeitskreis politische Jugendbildung 2004, S. 15). Integration ist hier oft mit einem sehr anspruchsvollen Bürgerleitbild verbunden, dem des Aktivbürgers.

> **Bürgerleitbilder**
>
> In der politischen Bildung wird zwischen drei Bürgerleitbildern unterschieden, dem *Urteilsfähigen Zuschauer*, dem *Interventionsfähigen Bürger* und dem *Aktivbürger* (vgl. z.B. Detjen 2007, 215ff.). Der *Urteilsfähige Zuschauer* verfügt über die Kompetenz, sich eine begründete Meinung zu politischen Themen zu bilden und diese insbesondere bei Wahlen zum Ausdruck zu bringen. Ganz anders der *Aktivbürger*: Dieser engagiert sich auch jenseits von Wahlen beispielsweise in Parteien, Verbänden oder Bürgerinitiativen für seine Interessen. Der *Interventionsfähige Bürger* steht dazwischen: Er ist nicht wie der *Aktivbürger* fortwährend politisch aktiv, sondern kann lange Zeit in seinem Verhalten dem *Urteilsfähigen Zuschauer* entsprechen. Allerdings verfügt er über die Fähigkeiten, sich bei Bedarf (z.B. wenn ihm ein politisches Anliegen sehr wichtig wird) politisch einzubringen, entspräche dann in seinem Verhalten zumindest zeitweise dem *Aktivbürger*.

Ziel politischer Jugendbildung ist letztlich die politische Mündigkeit des Jungbürgers, wozu neben der politischen Urteilsfähigkeit auch die politische Handlungsfähigkeit sowie – als Spezifikum der Außerschulischen politischen Jugendbildung – auch die Handlungs*bereitschaft* zählt (GPJE 2004; Scheurich et al. 2004, S. 352ff.; Schröder 2011, S. 176).

Unterschiede bei den Zielen finden sich aufgrund der Vielfalt der Träger Außerschulischer politischer Jugendbildung hinsichtlich der zugrunde gelegten Werte: „Fast jede gesellschaftlich relevante Gruppe betreibt politische Bildung und versucht, die Gesellschaft in ihrem Sinn zu prägen und zu gestalten, Lobbyarbeit zu leisten, neue Mitglieder zu gewinnen, politisch zu bilden sowie die demokratische Grundordnung zu stabilisieren" (Arbeitskreis politische Jugendbildung 2004, S. 14).

Politische Bildung im engeren Sinne findet in Kursen, Einzelveranstaltungen, Seminaren, Workshops, Exkursionen, Ausstellungen oder auch durch Wettbewerbe statt. (Einen guten Überblick zu den Angebotsformen bieten die Bundeszentrale für politische Bildung sowie die Landeszentralen der einzelnen Bundesländer.) Der in 10 von 16 Bundesländern rechtlich abgesicherte Anspruch auf Bildungsurlaub (www.bildungsurlaub.de) stellt für die Außerschulische politische Jugendbildung einen attraktiven Rahmen dar, der allerdings bislang nur wenig genutzt wird (Hafeneger 2005, S. 290).

Da Außerschulische politische Jugendbildung, anders als die schulische, auf der Freiwilligkeit der Teilnehmenden basiert, ist die Teilnehmerorientierung und damit verbunden eine ausgeprägte Alltags- und Lebensweltorientierung von großer Bedeutung. Nicht zuletzt diese Freiwilligkeit ist es auch, die zu einer großen Innovationsfähigkeit bei Methoden und Lernformen führt (Schröder 2011, S. 183), beispielsweise bei Methoden, die auch spielerischen Charakter haben (siehe Praxisbeispiel 2; für einen Überblick siehe Scholz 2005 und beispielhaft die virtuelle Datenbank für Planspiele der Bundeszentrale für politische Bildung unter www.bpb.de).

Vernetzung zwischen schulischer und Außerschulischer politischer Jugendbildung als Chance

Hier liegt dann auch für die politische Jugendbildung insgesamt eine große Chance: Kooperationen zwischen schulischer und Außerschulischer politischer Jugendbildung können an den Schulen methodische Innovationen ermöglichen und für die außerschulischen Träger neue Teilnehmerkreise erschließen, beispielsweise indem Veranstaltungen der Außerschulischen politischen Jugendbildung auch im Klassenverband besucht werden (Schröder 2011, S. 180). Die Forderung nach einer besseren Vernetzung wird vor diesem Hintergrund als zentrale Herausforderung benannt (z.B. Arbeitskreis politische Jugendbildung 2004, S. 21) und in ersten Programmen (beispielsweise im hessischen Aktionsprogramm „Partizipation und Kooperation zwischen Jugendarbeit und Schule (PKJS)“, in Verbandsstrukturen (Gesellschaft für Politikdidaktik und außerschulische Jugend- und Erwachsenenbildung) oder in virtuellen Netzwerken (www.politische-bildung-bayern.net) umgesetzt. Vor dem Hintergrund einer Ausweitung von Ganztagsschulen gewinnt dieses Thema an zusätzlicher Relevanz. Nicht zuletzt liegt in der Kooperation die Chance, auch bildungsferne Jugendliche besser zu erreichen (Schröder 2011, S. 180; siehe auch das 2011 von der Bundeszentrale initiierte Netzwerk zur Förderung der politischen Bildung mit Jugendlichen und jungen Erwachsenen aus benachteiligenden Lebenssituationen: www.politischebildung.mixxt.de).

Instrumentalisierung als „Feuerwehr" überfordert und wird gesetzlicher Verankerung nicht gerecht

Öffentliche Aufmerksamkeit erhält politische Jugendbildung in der Regel nur in Verbindung mit Krisen, so z.B. bei einer wachsenden Politik(er)verdrossenheit von Jugendlichen oder bei einer Zunahme fremdenfeindlicher Übergriffe. Die Instrumentalsierung als „Feuerwehr" (Hafeneger) wird aber der gesetzlich verankerten Bedeutung nicht gerecht und stellt für die politische Jugendbildung eine Überforderung dar, da politische Bildung, die als kurzfristige Mission angelegt ist, nicht funktioniert (vgl. Hafeneger 2005). Die Problematik von Sonderprogrammen wie beispielsweise „Jugend für Toleranz und Demokratie – gegen Rechtsextremismus, Fremdenfeindlichkeit und Antisemitismus" ist ferner, dass durch die projektorientierte Förderung viel Zeit für Antragsstellung und Berichterstattung aufgewendet werden muss. So unabdingbar ein verantwortungsvoller Umgang mit öffentlichen Mitteln ist, so problematisch ist eine durch zunehmende Projektorientierung verursachter permanenter Legitimationszwang: „Letztlich bestimmen die öffentliche Hand, die Rechnungshöfe zunehmend Inhalt sowie Form politischer Bildung" (Arbeitskreis politische Jugendbildung 2004, S. 23; vgl. auch Scheurich et al. 2004, S. 344).

Nötig ist deshalb das Bewusstsein in der Politik, dass im KJHG explizit ein politischer Bildungsauftrag verankert ist, der durch eine ausreichende Grundfinanzierung gesichert sein muss (vgl. auch Scheurich/Pohl/Hufer 2004, S. 345). Erst dadurch könnten sich auch die Berufsperspektiven in diesem Bereich verbessern, was wiederum Voraussetzung für angemessen qualifizierte Kräfte darstellt (bislang existiert kein originärer Studiengang). Der Stellenwert Außerschulischer politischer Jugendbildung könnte wiederum durch empirische Forschung gestärkt werden, was bislang allerdings weitgehend ein Desiderat darstellt (Hafeneger 2005, S. 296; Schröder 2011, S. 184).

6.4   Mädchen- und Jungenbildung

Die Vorstellung, getrennte Angebote der Mädchen- und Jungenbildung innerhalb der Außerschulischen Jugendbildung durchzuführen, entstand in der Folge der Frauenbewegung und der Frauenforschung. Die Diskussion um den Stellenwert und die Berücksichtigung der Kategorie Geschlecht in der Außerschulischen Jugendbildung wurde zum einen mit der Fokussierung auf benachteiligte Lebenslagen von Mädchen, zum anderen durch die Politisierung der sozialen Arbeit in den 70er Jahren begründet, die zur emanzipatorischen Jugendarbeit führte (Bruhns 2004, S. 13f.).

Ursprung in der Frauenbewegung und -forschung

Ergebnisse der Frauenforschung in den 70er und 80er Jahren des 20. Jahrhunderts zeigten deutlich, dass Mädchen erheblichen Exklusionen und Diskriminierungen in der Schule, der Gesellschaft allgemein und auch in der Außerschulischen Jugendbildung ausgesetzt waren (Bruhns 2004, S. 17) und dass die Angebote sich wenig an den Interessen der Mädchen orientierten. Das Mädchenbild implizierte eine Fokussierung auf die spätere Mutterrolle, die „doppelte Vergesellschaftung" der Mädchen und Frauen für ihre Rolle in der Familie und im Beruf wurde herausgearbeitet (Macha/Witzke 2008, S. 261ff). Das System der Zweigeschlechtlichkeit mit der patriarchalen Verteilung von Macht führt zu Begrenzungen in der Sozialisation der Mädchen durch mangelnde Teilhabe (Hagemann-White 2006). „Geschlechtsbezogene Pädagogiken entwickelten sich zuerst in den Feldern der Außerschulischen Bildungsarbeit" (Kunert-Zier 2004, S. 448). Die ersten Mädchengruppen wurden in den 70er Jahren des 20. Jahrhunderts gegründet. Die Erkenntnis, dass bis dahin Jugendarbeit vor allem die Interessen der Jungen aufgriff und die koedukative Jugendarbeit vor allem „Jungenarbeit" war, führte zu ersten Konzepten einer geschlechtsbezogenen außerschulischen Bildungsarbeit mit Mädchen.

Ziel war es, einen Raum für Mädchen im realen und symbolischen Sinne zu eröffnen, in dem sie mit sinnvollen pädagogischen Methoden ihre Bedürfnisse wahrnehmen und artikulieren lernen konnten, ohne durch die männerdominierten Strukturen gehemmt zu sein. Die politischen feministischen Ansprüche trafen zunächst auf heftigen Widerstand und erst später wurden die Ziele als legitim anerkannt. Sogar auf dem Land wurden flächendeckend durch Modellprojekte wie zum Beispiel den mobilen „Mädchenbus" Gelegenheiten eröffnet, um Mädchen einen eigenen Raum und mädchenspezifische Methoden und Inhalte innerhalb der außerschulischen Bildungsarbeit anzubieten. Die Prinzipien der Mädchenarbeit waren von Anfang an

- die Perspektive der Betroffenheit für die Mädchen (Maria Mies),
- die Parteilichkeit für Mädchen statt eines Verharrens in einer Defizitperspektive (Heiliger 2004, S. 74),
- die Selbstbestimmung der Mädchen erweitern durch Bewusstmachen der Stärken der Mädchen,
- soziale Anerkennung und das Modelllernen an der Pädagogin als positiver Identifikationsfigur (Kunert-Zier 2004, S. 449).
- Eine selbstbestimmte weibliche Identität und eigenständige Lebensentwürfe sollten gefördert werden, die sich jenseits der Geschlechterstereotype entwickeln sollten (Heiliger 2004, S. 74).

Geschlechtergerechtigkeit als Querschnittsaufgabe

Der 6. Jugendbericht (Sachverständigenkommission 6. Jugendbericht 1984) bot mit seinen Expertisen die wissenschaftliche Grundlage für die Mädchenarbeit, das Kinder- und Jugendhilfegesetz 1991 stellte die juristische Basis der Arbeit dar. Seit 1999 gilt in Europa die Vorgabe des „Gender Mainstreaming", die im 11. Kinder- und Jugendbericht Geschlechtergerechtigkeit als Querschnittsaufgabe deklariert und gesetzlich verankert (BMFSFJ 2002). Beginnend mit den 80er Jahren gab es zunehmend mehr Einrichtungen der außerschulischen Jugendarbeit. Sie gehören heute zum Standard der sozialen Infrastruktur (Kunert-Zier 2004, S. 449) und erstrecken sich auch auf die Arbeit mit Kindern. In die Richtlinien des Kinder- und Jugendplans wurde 2001 das Leitprinzip Gender Mainstreaming aufgenommen (Bruhns 2004, S. 9 u. 14). Damit wird Gleichstellung von Mädchen und Jungen als durchgängiges Leitprinzip gefördert.

In der Praxis sind Inhalte der Mädchenarbeit entsprechend den Grundlagen der feministischen Forschung vor allem die Entwicklung einer eigenen weiblichen Identität ohne Rollengrenzen, Perspektiven für die Ausbildung und Berufswahl, körper- und bewegungsorientierte Angebote, Selbstbehauptung und – verteidigung. Sie zeigen eine große Variationsbreite in den Ansätzen und orientieren sich auch vor allem an den Bedürfnissen und Interessen der Mädchen.

Es darf jedoch nicht unterschätzt werden, dass mediale Bilder von Mädchen und die herrschenden gesellschaftlichen Diskurse nahelegen, dass Gleichberechtigung für Mädchen und Frauen schon erreicht sei. Es wird argumentiert, dass Mädchen wesentlich bessere Schulnoten und -abschlüsse sowie berufliche Erstausbildungen erwerben. Die weiterhin bestehenden gravierenden Ungleichheiten, die sich vom Bildungssektor auf den Arbeitsmarkt verlagert haben, werden dabei tendenziell geleugnet. Es ist nach wie vor für Frauen schwerer, eine ihrem Ausbildungsstand adäquate berufliche Position zu finden. Grundlegend bleibt auch eine gesellschaftliche Entwertung von Frauen durch androzentrische Strukturen in den Bereichen Wirtschaft, Wissenschaft und Politik. Die Rhetorik der Gleichheit führt jedoch dazu, dass Mädchen die Benachteiligungen in der Geschlechterhierarchie individualisieren und versuchen, die dadurch entstehenden Belastungen allein zu bewältigen. Dadurch lastet ein großer Druck auf Mädchen und jungen Frauen, dessen Thematisierung zugleich gesellschaftlich erschwert wird (Heiliger 2004, S. 85f.). Auf diese neue gesellschaftliche Realität wird in der Forschung wiederum reagiert, indem erneut eine kritische gesellschaftliche Analyse in der Mädchenarbeit gefordert wird und Bewältigungsformen unterstützt werden, auch wenn sie provozierend sind. Es werden auch Desiderate der Forschung formuliert (Heiliger 2004, S. 88ff.).

Jungenarbeit war von Anbeginn konzeptioneller Bestandteil feministischer Pädagogik. Der weiblichen Emanzipationsbewegung mit ihren partiellen Verunsicherungen in Bezug auf die Rolle der Frauen folgte eine eigene männliche Emanzipationsbewegung mit ganz ähnlichen Krisen (Forster 2004, S. 478). In den Jahren nach der Jahrtausendwende wurde die Jungen- und Männerforschung etabliert und ausgebaut und formulierte nun eigene Bedingungen und Ziele für die Sozialisation der Jungen (ebd., S. 477), wodurch auch eine eigene Jungenarbeit in der außerschulischen Jugendarbeit begründet wurde (Zieske 2005, S. 62). Die Jungen- und Männerforschung hat die Nachteile der gesellschaftlich konstruierten männlichen Rollenbilder für Jungen aufgedeckt (Lohscheller 2002, S. 9ff, Schack-Neutzling 1990). Schlechtere Schulleistungen und Bildungsbiografien, höhere Gewaltbereitschaft, Risikoverhalten sowie extremer Konsum neuer Medien kennzeichnen aktuelle Probleme der Jungensozialisation, die auf problematische gesellschaftliche Rahmenbedingungen hinweisen. Nun wird auch für die Bildungsinstitutionen konstatiert, dass Interessen und Bedürfnisse von Jungen zu wenig thematisiert werden und eine systematische Benachteiligung besteht (Matzner/Tischner 2008, S. 381 u. S. 392). Zudem fehlen dort männliche Bezugspersonen ebenso wie auch in Familien. Einige der Gruppen, die im Bildungssystem nicht erfolgreich sind, sind männlich: Jungen aus bildungsfernen Einwandererfamilien, behinderte Jungen und Jungen aus dem Prekariat (ebd., S. 382). In der Forschung geht man aber zum Teil auf essenzialistische Positionen zurück (Bischof-Köhler 2008, Matzner/Tischner 2008, S. 396f). Es wird dort ein Jungenbild konstruiert, das sich zum Teil am biologischen „Anderssein" des Jungen orientiert und wo Gewaltbereitschaft sowie Neigung zur „Grandiosität" durch hormonelle Dispositionen und eine „agonale Struktur" erklärt werden.

Aus der Forschung zur aktuellen Benachteiligung von Jungen ergibt sich, dass Jungenarbeit als Männlichkeitskritik und Rollenkritik beginnt. Das theoretische Modell von Connell war lange Zeit leitend für ein neues, nicht an männlicher Hegemonialität orientiertes Jungen- und Männerbild. Schon in den 80er Jahren des 20. Jahrhunderts entwickelte sich eine eigenständige Jungenarbeit, die sich teils von feministischen Ansätzen abgrenzte, teils als geschlechtsspezifischer oder kritischer Ansatz ausgewiesen wurde (Kunert-Zier, S. 451). Allen

(Marginalien:)

Jungenarbeit zunächst als Bestandteil feministischer Pädagogik

Entwicklung eigenständiger Jungenarbeit

ist gemeinsam „das explizite Begreifen ihrer Adressaten als Geschlechtswesen, die Arbeit an Problemzonen der Geschlechtsidentität, die Thematisierung des Geschlechterverhältnisses über die bloße Beschäftigung mit Männerthemen (…) hinaus und die Interpretation sozialer Probleme, wie z.B. Gewalt und Kriminalität auch als Männlichkeitsprobleme" (Möller 1997, S. 9).

Die Praxis der Jungenarbeit erstreckte sich auf Kindertagesstätten, Modellprojekte und eine neue Konzeption der offenen Jugendarbeit. Als Ziele werden formuliert:

- Unterstützung positiver Entwicklungsmöglichkeiten und Abbau von Macht- und Dominanzverhalten (Puchert 2004, S. 97), also eine Dialektik zwischen Fördern und Grenzen setzen,
- Reflexion über die Strukturen und Machtverhältnisse in der Gesellschaft, in die Jungen als Täter und Opfer zugleich verstrickt sind,
- das Prinzip des „Innehaltens" als Wahrnehmungsfokussierung auf sich selbst und Reflexion in nichtkonkurrenten Kommunikationen (Zieske1997, S. 69).

Als Voraussetzung für Jungenarbeit wird die kritische Reflexion von Männerbildern und eine Reflexion ihrer eigenen Männlichkeit bei den Betreuern der Außerschulischen Jugendbildung genannt (Puchert 2004, S. 99).

6.5 Methoden in der Außerschulischen Jugendbildung

Die Außerschulische Jugendbildung verfügt nicht über eine klare Definition darüber, was unter einer Methode zu verstehen ist, und besitzt auch kein eigenes Methodenrepertoire in dem Sinne, dass eine Auswahl an bestimmten Methoden vorläge, die nur hier Anwendung findet. Allgemein und sehr weit gefasst bezieht sich der Begriff der Methode auf „ein als pädagogisch qualifizierbares, auf unterscheidbare Handlungsprobleme bezogenes Handlungsrepertoire (…), in dem sich auch die Arbeitsformen der unterschiedlichen pädagogischen Felder pädagogischer Arbeit (…) identifizieren und von anderen Handlungsformen anderer Berufe der Menschenbeeinflussung, etwa der Therapie, oder den Verfallsformen, der Dressur oder Indoktrination, eindeutig abgrenzen und als Problem der pädagogischen Profession bearbeiten lassen" (Tenorth/Tippelt 2007, S. 504).

Die methodische Herangehensweise in der Praxis Außerschulischer Jugendbildung unterscheidet sich nach Handlungsfeld, Strukturierungsgrad, Ort und Inhalt des jeweiligen Handlungskontextes (vgl. Thole 2000). Sie muss die gesellschaftlichen, institutionellen und gruppenspezifischen Interessen und Perspektiven in ihre Planungen einbeziehen (Kron 2009, S. 29). Damit bedeutet methodisches Handeln Rücksicht auf strukturelle Erfordernisse nehmen, die im jeweiligen Handlungsfeld (z. B. im pädagogischen) einen Aufgabenzusammenhang bilden. Dieser „Zusammenhang des methodischen Handelns ist nichts einzelnes, das man auswählen, für oder gegen das man sich entscheiden kann wie für oder gegen eine ganzheitliche Lesemethode. Er wird nicht erfunden oder angewendet, sondern vorgefunden und bewusst gemacht, gegliedert, strukturiert" (Schulze 1978, S. 28 in: Domke 1991, S. 18). Das methodische Vorgehen in der Außerschulischen Jugendbildung ist inhaltsabhängig, geht planvoll vor und will ein oder mehrere bestimmbare Ziele erreichen (z.B. Selbstbestimmung, Partizipation). Es muss also so gestaltet sein, dass es den formulierten Zielen, den Erfordernissen des Arbeitsfeldes, der Institution und der Situation, den gesellschaftlichen Rahmenbedingungen, vor allem aber den beteiligten Personen gerecht wird (ebd.).

Zur Anwendung kommen sowohl Methoden aus der erziehungswissenschaftlichen Bildungsarbeit, der Sozialpädagogik, der Sozialen Arbeit als auch der Kulturarbeit. Dazu gehören beispielsweise Projektarbeit, Gruppenarbeit, Animation und Arrangieren, Beratung, Spiegeln und ästhetische Gestaltung, Paradoxe Intervention und Verfremdung, Dialogisches Verstehen etc. (vgl. auch Galluske 2003; Sturzenhecker 2002; Ringler 2007).

Alle möglichen Methoden aufzuzählen, würde den Rahmen dieser Einführung sprengen. Hilfreich für die Auswahl einer geeigneten Methode können folgende Fragen sein:

Hilfreiche Fragen zur Methodenauswahl

- Auf welchen Inhalt zielt die Methode (Sachorientierung)?
- Welche Ziele sollen mit der Methode erreicht werden? Lassen sich die Ziele Mittels der Methode einlösen (Zielorientierung)?
- Wird die Methode den betroffenen Personen gerecht (Personenorientierung)?
- Ist die Methode sinnvoll innerhalb der institutionellen Rahmenbedingungen anwendbar (Arbeitsfeld- und Institutionenorientierung)?
- Ist die Methode unter den gegebenen situativen Rahmenbedingungen anwendbar (Situationsorientierung)?
- Lassen sich am Ende Aussagen darüber treffen, ob die Methode angemessen war (Überprüfbarkeit)? (Galluske 2003, S. 30).

Zusammenfassung:

Pädagogische Handlungsfelder in der Außerschulischen Jugendbildung können als Arbeitsbereiche bezeichnet werden, die sich sowohl auf Institutionen und Organisationen als auch auf inhaltliche Themenbereiche beziehen. Jugendverbandsarbeit und Offene Kinder- und Jugendarbeit mit mobiler Arbeit sind die quantitativ größten Handlungsfelder. Sie sind einerseits als Organisationen und Einrichtungen zu verstehen, die durch ihre Organisationsprinzipien bilden, können andererseits aber auch Orte spezifischer Bildungsthemen sein. Jugendverbände sind demokratisch aufgebaute Selbstorganisationen, die den Anspruch erheben, Jugendlichen vielfältige Bildungsangebote zu ermöglichen und auch das Ziel politischer Bildung haben. Sie bekennen sich darüber hinaus zu einem selbstformulierten Mandat, das eine Vertretung der Rechte und Bedürfnisse von Jugendlichen gegenüber Politik und Gesellschaft beinhaltet. Sie sind, neben der pädagogischen Orientierung, immer auch politische Räume (Böhnisch/Münchmeier 1999). Offene Kinder- und Jugendarbeit formuliert Bildung und Partizipationsfähigkeit als Ziele ihrer Arbeit. Sie orientiert sich an einem Subjektorientierten Bildungsbegriff. Durch ihre Strukturcharakteristika Offenheit und Diskursivität eröffnen sich den Jugendlichen vielfältige Möglichkeiten der Mit- und Selbstbestimmung.

Themenbezogene Arbeitsfelder sind mannigfaltig. Herauszustellen sind zum einen die Politische Bildung sowie Mädchen- und Jungenarbeit. Poltische Bildung will dazu befähigen in der Demokratie als mündiger Bürger urteils- und handlungsfähig zu sein. Anders als in der schulischen politischen Bildung ist hier nicht nur das Lernen an Gegenständen sondern auch das Lernen an Interaktionserfahrungen, z.B. in der Jugendverbandsarbeit, zentral. Mädchen- und Jungenarbeit zielt auf den Abbau von Benachteiligungen, die Jugendliche durch ihre Zugehörigkeit zu einem Geschlecht erfahren. Sie ist orientiert an einer Unterstützung positiver Entwicklungsmöglichkeiten und will sowohl Jungen als auch Mädchen ermutigen, die eigenen Geschlechterrollenerwartungen und in der Folge ein relativ festgelegtes Verhaltensrepertoire zu erweitern. Außerschulische Jugendbildung verfügt nicht über ein nur ihr zugehöriges Methodenrepertoire. Ihre methodische Herangehensweise unterscheidet sich nach Handlungsfeld, Strukturierungsgrad, Ort und Inhalt des jeweiligen Handlungskontextes und muss die gesellschaftlichen, institutionellen und gruppenspezifischen Interessen und Perspektiven in ihre Planungen einbeziehen. Zur Auswahl eines angemessen methodischen Vorgehens müssen folgende Aspekte beachtet werden: Sachorientierung, Zielorientierung, Personenorientierung, Arbeitsfeld- und Institutionenorientierung, Situationsorientierung, Überprüfbarkeit.

Übungen:

1. Jugendverbände haben den Anspruch, die Interessen von Jugendlichen gegenüber der Politik und der Gesellschaft zu vertreten. Welche Interessen erscheinen Ihnen aus heutiger Sicht zentral?

2. Entwickeln Sie Beispiele für Dilemma-Situationen, die typisch für Pädagogen in der Offenen Kinder- und Jugendarbeit sind!

3. Welche Möglichkeiten und Grenzen liegen in einer Kooperation zwischen schulischer und Außerschulischer politischer Jugendbildung?

4. Beschreiben Sie die Gemeinsamkeiten sowie die Unterschiede in den Zielen von Mädchen- und Jungenbildung!

5. Versuchen Sie an einem selbst gewählten Praxisbeispiel die zentralen Fragen zur Methodenauswahl zu beantworten!

Weiterführende Literatur:

Deinet, U./Sturzenhecker, B. (2005): Handbuch offene Kinder- und Jugendarbeit (3., völlig überarb. und erw. Aufl. ed.). Wiesbaden: VS Verlag für Sozialwissenschaften.

Galuske, M. (2003): Methoden in der Sozialen Arbeit. Eine Einführung. Weinheim und München.

Glaser, D./Klika, D./Prengel, A. (2004) (Hrsg.): Handbuch Gender und Erziehungswissenschaft. Bad Heilbrunn: Klinkhardt.

Sander, W. (2008): Politik entdecken – Freiheit leben: Didaktische Grundlagen politischer Bildung. 3. aktual. Auflage. Schwalbach / Ts.: Wochenschau.

Sander, C. (2008): Partizipation als Bildungsprozess in non-formalen Organisationen des Aufwachsens. Beobachtungen zu einem vergessenen Zusammenhang anhand der Jugendverbände der Bundesrepublik Deutschland. Kassel: Univ. Press.

7 Service[13]

In diesem Kapitel ist eine Auswahl an Informationen zu Studiengängen und wichtigen Fachzeitschriften sowie Internetadressen Außerschulischer Jugendbildung zusammengestellt.

7.1 Studiengänge außerschulischer Jugendbildung

Ein eigenständiges Studium „Außerschulische Jugendbildung" wird in Deutschland derzeit nicht angeboten. Vielmehr ist es möglich, Außerschulische Jugendbildung im Rahmen pädagogischer Hauptfach-Studiengänge zu studieren. Im Zuge der europäischen Studienreform wurden die traditionellen Studiengänge – Diplom- und Magister-Pädagogik an den Universitäten und Diplom-Sozialpädagogik an Fachhochschulen – an fast allen Hochschulstandorten eingestellt und Bachelor und Master-Studiengänge der Pädagogik bzw. Erziehungs- oder Bildungswissenschaft implementiert. Innerhalb dieser Studiengänge kann Außerschulische Jugendbildung – oftmals gekoppelt mit Erwachsenenbildung – als Studienschwerpunkt gewählt werden.

Häufige Studiengangbezeichnungen sind:

- Bachelor/Master Erziehungswissenschaft
- Bachelor/Master Bildungswissenschaft
- Bachelor/Master Sozialpädagogik/Soziale Arbeit

Da die Entwicklung neuer Bachelor- und Masterstudiengänge in der Folge der Bologna-Reform noch nicht abgeschlossen ist, kann hier keine Auflistung aktueller Studienangebote in Deutschland geleistet werden, da diese in kürzester Zeit veraltet wäre. Es existiert jedoch eine Reihe von Internetseiten, die regelmäßig aktualisiert werden und über das Studienangebot an deutschen Hochschulen informieren, z.B. zwei Portale der Bundesagentur für Arbeit:

---

[13] Dieses Kapitel wurde von Myriam Nicolaus-Pannke verfasst.

- „studienwahl.de" http://www.studienwahl.de/de/index.htm
- „Kursnet" http://kursnet-finden.arbeitsagentur.de/kurs/index.jsp

7.2   Inhalte und Lehr-Lernformen

Bachelorstudiengänge zielen meist auf die Vermittlung einer grundlegenden
pädagogischen Wissens- und Kompetenzbasis und eine erste Profilierung für
die unterschiedlichen pädagogischen Tätigkeitsfelder. Es werden Einfach- oder
Zweifach-Bachelor-Studiengänge angeboten, wobei bei ersteren das Studium
der Pädagogik den Hauptanteil ausmacht, das um Bezugsdisziplinen wie Psychologie oder Soziologie und unterschiedliche Wahlpflichtfächer mit einem
kleineren Studienanteil ergänzt wird. Bei Zweifach-Studiengängen werden
zwei Fächer mit gleichem Umfang studiert (eines davon ist Pädagogik), wodurch eine individuellere Profilbildung möglich wird.

Im Rahmen des Pädagogik-Studiums kann nach dem Studium der theoretischen und forschungsmethodischen Grundlagen von Erziehung und Bildung
meist ein Studienschwerpunkt gewählt werden. Dieser bezieht sich auf ein bestimmtes Arbeitsfeld oder eine besondere Zielgruppe, z.B. Pädagogik der frühen Kindheit, Außerschulische Jugendbildung, Erwachsenenbildung, Sozialpädagogik etc. (vgl. Tillmann et al. 2008). Innerhalb des Schwerpunktes werden die Geschichte, theoretische Ansätze, aktuelle Herausforderungen, Tätigkeitsfelder und Möglichkeiten des pädagogischen Handelns behandelt. Neben
der Wissensvermittlung in Vorlesungen stehen in sozial- und geisteswissenschaftlichen Studiengängen dialogische und projektbezogene Veranstaltungs-
formen im Vordergrund. In Seminaren werden Themen und Fragestellungen
gemeinsam mit Dozierenden bearbeitet, wobei nicht nur die fachliche Qualifizierung vorangetrieben, sondern auch die Ausbildung überfachlicher Kompetenzen, insbesondere der kommunikativen, der Kooperations- und der Reflexionsfähigkeit gefördert wird. Während in universitären Studiengängen theoretische und forschungsmethodische Inhalte im Vordergrund stehen, sind im
Fachhochschulstudium praxisbezogene und praktische Anteile umfangreicher.
Es ist jedoch mit dem Bachelor-Abschluss beider Hochschularten möglich ein
Master-Studium zu beginnen. Diese Studiengänge sind entweder forschungs-
oder berufsorientiert und dienen der Spezialisierung und Vertiefung in einem
bestimmten Fachgebiet oder Themenbereich. Außerdem ist ein Master-Ab-
schluss Voraussetzung für die Aufnahme eines Promotionsstudiums.

7.3 Zeitschriften und Internetportale

Fachzeitschriften zur Außerschulischen Jugendarbeit/Jugendbildung

außerschulische Bildung. Materialien zur politischen Erziehung, Jugendarbeit u. Erwachsenenbildung; Mitteilungen des Arbeitskreises Deutscher Bildungsstätten, Bonn.

Recht der Jugend und des Bildungswesens. Zeitschrift für Schule, Berufsbildung und Jugenderziehung, Richter, I.; Füssel, H.-P.; u.a. (Hrsg.), Berlin: Berliner Wissenschaftsverlag.

Diskurs (Studien zu Kindheit, Jugend, Familie und Gesellschaft). Deutsches Jugendinstitut (DJI) (Hrsg.), München.

Zeitschrift deutsche jugend und jahrbuch jugendforschung: Ist neben zahlreichen anderen Zeitschriften und Veröffentlichungen eine sehr gute Informationsquelle für **aktuelle Trends** in der Jugendforschung. Inhaltlich thematisiert sie Ereignisse und Entwicklungen in der Jugendpolitik, Jugendarbeit und Jugendhilfe, die Autoren verstehen sich als Ideengeber für die Praxis, sie diskutieren Theorien und Konzepte und nehmen Stellung zu aktuellen Problemen. Das erste Heft der deutschen jugend erschien im April 1953. Die Zeitschrift erscheint heute monatlich.

7.4 Internetportale zur Recherche von Fachliteratur und Forschungsprojekten

Das **Fachportal Pädagogik** besteht aus drei Modulen: der FIS Bildung Literaturdatenbank, dem Dokumentenserver peDOCS sowie dem Forschungsführer Pädagogik. Die **FIS Bildung Literaturdatenbank** bietet umfassende Informationen zu allen Teilbereichen des Bildungswesens und bietet die Möglichkeit, Artikel aus Fachzeitschriften, Aufsätze aus Herausgeberschaften und Monografien nach Stichwörtern zu recherchieren. Es ist möglich, direkt die Verfügbarkeit in der eigenen Bibliothek zu überprüfen und ggf. eine Fernleihe in Auftrag zu geben. Der **Dokumentenserver peDOCS** stellt aktuelle Publikationen als Open-Access-Zweitveröffentlichung in Zusammenarbeit mit Verlagen zur Verfügung. Der **Forschungsführer Pädagogik** bietet umfangreiche Informationen über Institutionen, Personen, Projekte, Statistiken und weiterführende Links (vgl. Holland-Letz 2010): http://www.fachportal-paedagogik.de/ fis_bildung/fis_form.html

Der **Deutsche Bildungsserver** bietet grundlegende Informationen zum deutschen und Internationalen Bildungswesen: http://www.bildungsserver.de

Deutsches Jugendinstitut: ist das größte sozialwissenschaftliche Institut für Forschung und Entwicklung in Deutschland in den Themenbereichen Kindheit, Jugend, Familie und den darauf bezogenen Politik- und Praxisbereichen. Über 140 wissenschaftliche MitarbeiterInnen untersuchen langfristig und systematisch die Lebenslagen von Kindern, Jugendlichen, Frauen, Männern und Familien sowie darauf bezogene öffentliche Angebote zu ihrer Unterstützung und Förderung. Das DJI hat seinen Sitz in München und eine Außenstelle in Halle.

(Homepage: http://www.dji.de)

Das **Bundesjugendkuratorium** ist ein Sachverständigengremium, das die Bundesregierung in allen Angelegenheiten der Kinder- und Jugendhilfe und Kinder- und Jugendpolitik berät und Stellungnahmen und Empfehlungen für die (Fach-)Öffentlichkeit verfasst.

(Homepage: http://www.bundesjugendkuratorium.de)

Jugend für Europa: JUGEND für Europa ist Nationalagentur für das EU-Programm JUGEND IN AKTION, SALTO Centre für Training und Kooperation und die Transferstelle für die jugendpolitische Zusammenarbeit zwischen Deutschland und der EU.

Zu den Aufgaben gehören beispielsweise: Informieren über die Ziele, Möglichkeiten, Richtlinien und Schwerpunkte des EU-Programms JUGEND IN AKTION, Förderung aus den Mitteln des Programms internationale Jugendbegegnungen und Beratung engagierter Menschen und Einrichtungen bei der Planung, Durchführung und Weiterentwicklung ihrer Projekte im Rahmen des EU-Programms JUGEND IN AKTION.

(Homepage: http://www.jugendfuereuropa.de)

Deutscher Bundesjugendring: Zusammenschluss junger Menschen in Jugendverbänden, aufgrund gemeinsamer Interessen, einer verbandlichen Struktur und der Nachhaltigkeit der Zielerreichung. Der DBJR vertritt Belange und Forderungen der Jugendlichen gegenüber dem Parlament und der Regierung und fungiert auch als Lobby für junge Menschen in der Öffentlichkeit. Dazu gehört auch die Zusammenarbeit in der internationalen Jugendpolitik mit Jugendorganisationen im Ausland. (Gibt es auch auf kommunaler Ebene.)

(Homepage: http://www.dbjr.de/)

Bundesvereinigung Kulturelle Kinder- und Jugendbildung (BKJ): ist der Zusammenschluss von 54 bundesweit agierenden Institutionen, Fachverbänden und Landesvereinigungen der kulturellen Kinder- und Jugendbildung. Vertreten sind die Bereiche Musik, Spiel, Theater, Tanz, Rhythmik, bildnerisches Gestalten, Literatur, Medien, Zirkus und kulturpädagogische Fortbildung.

Zu den Aufgaben gehören beispielsweise: jugend- und kulturpolitische Interessenvertretung auf Bundesebene sowie auf europäischer Ebene; Entwicklung tragfähiger Modelle und Perspektiven der Kinder- und Jugendkulturarbeit; Beratung und Veröffentlichung von Arbeitshilfen mit Praxisbeispielen, innovativen Konzepten und Förderungshinweisen.

(Homepage: http://www.bkj.de/)

Das Portal: **www.jugendforschung.de** ist das Online-Magazin für Neuigkeiten aus der nationalen und internationalen Jugendforschung. Es wird über über aktuelle Studien und Trends aus Wissenschaft und Forschung berichtet, ein das Pressebild über Jugendliche nachgezeichnet und die interessierte Öffentlichkeit über Ansprechpartner, Forschungsinstitute oder Recherchequellen informiert.

(Homepage: www.jugendforschung.de)

Literatur

Albert, M./Hurrelmann, K./Quenzel, G. (2010): Jugend 2010: Selbstbehauptung trotz Verunsicherung? In: Shell Deutschland Holding (Hrsg.): Jugend 2010. Eine pragmatische Generation behauptet sich. Frankfurt a. M: Fischer Taschenbuch Verlag, S. 37-51.

Ameln-Haffke, H. (2009): Ästehtische Erfahrung. http://www.inklusion-lexikon.de/ AesthetischeErfahrung_Ameln-Haffke.pdf.

Arbeitsstab Forum Bildung (Hrsg.) (2000): Lernen - Ein Leben lang. Arbeitspapier Nr. 6 Bonn.

Arbeitsstab Forum Bildung (Hrsg.) (2002): Empfehlungen und Einzelergebnisse des Forum Bildung. Bonn.

Arnold, R./Gonon, P. (2006): Einführung in die Berufspädagogik. Opladen: Barbara Budrich.

Arnoldt, B./Rauschenbach, Th./Stolz, H.-J. (2010): Ganztagsschulen und außerschulische Partner. Kooperationen lohnen sich. In: Buchen, H./ Horster, L./Rolff, H.-G. (Hrsg.): Ganztagsschule: Erfolgsgeschichte und Zukunftsaufgabe. Stuttgart: Raabe.

Baacke, D. (1980): Der sozialökologische Ansatz. In: deutsche jugend, 11, S. 493-505.

Baacke, D. (2004): Jugend und Jugendkulturen. Weinheim und München: Juventa.

Baumert, J./Klieme, E./Neubrand, M. (Hrsg.) (2001): PISA 2000: Basiskompetenzen von Schülerinnen und Schülern im internationalen Vergleich. Opladen: Leske u. Budrich.

Becker, G. S. (1964): Human Capital. A Theoretical and Empirical Analysis, with Special Reference to Education. New York: Columbia University Press.

Behnken, I. (1984): Jugendbiographie und Handlungsforschung. Gruppendiskussionen als Methode zur Rekonstruktion der Lebenswelt von Lehrlingen. Band II. Frankfurt a. Main: Extrabuchverlag.

Bergmann, S./Kretschmer, T. (2006): Trends in der Jugendforschung: Ein thematischer und methodologischer Überblick über die aktuelle Jugendforschung in Deutschland. In: Ittel, A./Stecher, L./Zinnecker, J. (Hrsg.): Jahrbuch Jugendforschung, S. 255-270. Wiesbaden: VS Verlag für Sozialwissenschaften.

Bergmann, J. R. (2008): Ethnomethodologie. In Flick, U./Kardorff von, E./Steinke, I. (Hrsg.): Qualitative Forschung. Ein Handbuch, S. 118-135. Reinbek bei Hamburg: Rowohlt.

Berse, C. (2005): Die Rollen(vielfalt) des öffentlichen Trägers in der Jugendhilfe. In: Deinet, U./Sturzenhecker, B. (Hrsg.): Handbuch offene Kinder- und Jugendarbeit,. Wiesbaden: VS Verlag für Soziawissenschaften, S. 434-440.

Bibouche, S. (Hrsg.) (2006): Interkulturelle Integration in der Kinder- und Jugendarbeit. Orientierungen für die Praxis. Weinheim und München: Juventa.

Bierhoff, B. (1974): Theorie der Jugendarbeit: zur Begründung einer kritisch-emanzipativen Theorie und Praxis der Arbeit mit Jugendlichen. Gießen/Lollar: Achenbach.

Bierhoff, B. (1981): Theorieansätze zur außerschulischen Jugendbildung und Jugendarbeit. In: Wollenweber, H. (Hrsg.): Außerschulische Jugendbildung und Jugendarbeit. Paderborn: Schöningh, S. 135-162.

Bilden, H./Dausien, B. (2006): Sozialisation und Geschlecht. Theoretische und methodologische Aspekte. Opladen: Leske + Budrich.

Binder, D. (2005): Zentrale Großeinrichtungen. In: Deinet,U./Sturzenhecker, B. (Hrsg.): Handbuch offene Kinder- und Jugendarbeit, S. 353-358. Wiesbaden: VS Verlag für Sozialwissenschaften.

Birg, Herwig (2004): Demographisch bedingter Verteilungsstress: ein zentrales Bevölkerungsproblem der Zukunft. In: Internationale Politik, 59(5), S. 49-57.

Bischoff, J./Brandi, B. (Hrsg.) (2005): Kulturpädagogik. Berufsbild, Qualifikationsansprüche und Positionen. Aachen: Skaker Verlag.

Bisler, W. (2008): Zuflucht beim KJHG: Rettet das Recht die Kinder- und Jugendarbeit? In: Lindner, W. (Hrsg.): Kinder- und Jugendarbeit wirkt: aktuelle und ausgewählte Evaluationsergebnisse der Kinder- und Jugendarbeit, S. 51-66. Göttingen u. a.: Hogrefe.

Bissinger, St./Böllert, K./Liebig, R./Lüders, Ch./Marquard, P./Rauschenbach, Th. (2002): Grundlagen der Kinder- und Jugendhilfe. Strukturanalysen zu fachlichen Eckwerten, Organisation, Finanzen und Personal. In: Sachverständigenkommission Elfter Kind- und Jugendbericht (Hrsg.): Materialien zum Elften Kinder- und Jugendbericht, Band 1, München.

Bitzan, M. (2003): Geschlechtsbezogene Bildung in der Kinder- und Jugendarbeit. Subjektbezogener oder kategorialer Ansatz - die falsche Perspektive. In: Lindner, W./ Thole, W./Weber, J. (Hrsg.): Kinder- und Jugendarbeit als Bildungsprojekt.. Opladen: Leske + Budrich, S. 139-182.

Böhnisch, L./Münchmeier, R. (1987, 1999): Wozu Jugendarbeit? Orientierungen für Ausbildung, Fortbildung u. Praxis. Weinheim und München: Juventa-Verlag.

Böhnisch, L./ Münchmeier, R. (1990): Pädagogik des Jugendraums. Zur Begründung und Praxis einer sozialräumlichen Jugendpädagogik. Weinheim und München: Juventa.

Böhnisch, L./Gängler, H./Rauschenbach, T. (1991): Handbuch Jugendverbände: eine Ortsbestimmung der Jugendverbandsarbeit in Analysen und Selbstdarstellungen. Weinheim und München: Juventa.

Böhnisch, L. (1999): Abweichendes Verhalten. Weinheim und München: Juventa.

Böhnisch, L. (2009): Jugend heute – ein Essay. In: Theunert, H. (Hrsg.): Jugend, Identität, Medien. Identitätsarbeit Jugendlicher mit und in Medien. München: kopaed, S. 27-34.

Bohnsack, R./Loos, P./Schäffer, B./Städtler, K./Wild, B. (1995): Die Suche nach Gemeinsamkeit und die Gewalt der Gruppe. Hooligans, Musikgruppen und andere Jugendcliquen. Leske + Budrich: Opladen.

Bohnsack, R. (1999): Rekonstruktive Sozialforschung : Einführung in Methodologie und Praxis qualitativer Forschung. Opladen: Leske + Budrich.

Bommes, M. (2005): Ausländische Jungen und Mädchen - Jugendliche mit Migrationshintergrund. In: Deinet,U./ Sturzenhecker, B. (Hrsg.), Handbuch offene Kinder- und Jugendarbeit (S. 104-113). Wiesbaden.

Bonß, W. (2003): Bildung in der (Arbeits-) und Wissensgesellschaft. In: Lindner, W./Thole, W./Weber, J. (Hrsg.): Kinder- und Jugendarbeit als Bildungsprojekt. Opladen: Leske + Budrich, S. 11-32.

Bourdieu, P (1982): Die feinen Unterschiede. Kritik der Kritik der gesellschaftlichen Urteilskraft. Frankfurt a. M.: Suhrkamp.

Bourdieu, P. (1983): Ökonomisches Kapital, kulturelles Kapital, soziales Kapital. In: Kreckel, R. (Hrsg.): Soziale Ungleichheiten. Göttingen: Schwartz, S.183-198.

Bourdieu, P. (1998): Ortseffekte. In: Bourdieus, P. (Hrsg.): Das Elend der Welt. Zeugnisse und Diagnosen alltäglichen Leidens an der Gesellschaft. Konstanz: UVK, S. 159-167.

Braun, K.-H. (2004): Raumentwicklung als Aneignungsprozess. Zu einer raumbezogenen Problemgeschichte des Aneignungskonzeptes in der "Kitischen Psychologie" und darüber hinaus. In: Deinet, U./Reutlinger, C. (Hrsg.), "Aneignung" als Bildungskonzept der Sozialpädagogik. Beiträge zur Pädagogik des Kindes- und Jugendalters in Zeiten entgrenzter Lernorte (S. 19-48). Wiesbaden: VS Verlag für Sozialwissenschaften.

Braun, S. (2007): Sozialintegrative Potenziale des bürgerschaftlichen Engagements. In: Bertelsmann Stiftung (Hrsg.): Vorbilder bilden – Gesellschaftliches Engagement als Bildungsziel. Gütersloh: Verlag Bertelsmann Stiftung, S. 85-99.

Budde, W./Früchtl, F./Hinte, W. (Hrsg.) (2006): Sozialraumorientierung. Wege zu einer veränderten Praxis. Wiesbaden: VS Verlag für Sozialwissenschaften.

Büchner, P./Brake, A. (Hrsg.) (2006): Bildungsort Familie: Transmission von Bildung und Kultur im Alltag von Mehrgenerationenfamilien. Wiesbaden: VS Verlag.

Bühler, C. (1922): Das Seelenleben des Jugendlichen (Vol. 1). Jena: Fischer.

Bühler, C. / Hetzer, H. (1929): Zur Geschichte der Kinderpsychologie. In: Brunswik, E. (Hrsg.): Beiträge zur Problemgeschichte der Psychologie. Jena: Fischer.

Bundesjugendkuratorium (2002): Zukunftsfähigkeit sichern! Für ein neues Verständnis von Bildung und Jugendhilfe. In R. Münchmeier, H.-U. Otto & U. Rabe-Kleberg (Hrsg.), Bildung und Lebenskompetenz. Kinder- und Jugendhilfe vor neuen Aufgaben (S. 159-188). Opladen: Leske + Budrich.

Bundesjugendkuratorium (BJK) (2004): Auf dem Weg zu einer neuen Schule. Stellungnahme des Bundesjugendkuratoriums zum Investitionsprogramm »Zukunft Bildung und Betreuung« der Bundesregierung zur Schaffung von mehr Ganztagsschulen. http://www.bundesjugendkuratorium.de/pdf/2002-2005/bjk_2003_auf_dem_weg_zu_einer_neuen_schule.pdf, 4.5.2011.

Bundesministerium für Familie, Senioren, Frauen und Jugend (BMFSFJ) (Hrsg.) (2002): Elfter Kinder– und Jugendbericht. Bericht über die Lebenssituation junger Menschen und die Leistungen der Kinder- und Jugendhilfe in Deutschland, Bonn. Download möglich unter www.bmfsfj.de/Kategorien/Publikationen/Publikationen,did=4994.html

Bundesministerium für Familie, Senioren, Frauen und Jugend (BMFSFJ) (2006). Zwölfter Kinder- und Jugendbericht. Bericht über die Lebenssituation junger Menschen und die Leistungen der Kinder und Jugendhilfe in Deutschland. Berlin: BMFSFJ.

Bundesministerium für Bildung und Forschung (BMBF) (Hrsg.) (2009): Gut angelegt. Das Investitionsprogramm Zukunft Bildung und Betreuung. Berlin, Bonn. http://www.bmbf.de/pub/gut_angelegt.pdf, 4.5.2011.

Bundesministerium für Familie, Senioren, Frauen und Jugend (Hrsg.) (2010): Hauptbericht des Freiwilligensurvey 2009. Zivilgesellschaft, soziales Kapital und freiwilliges Engagement in Deutschland 1999 – 2004 – 2009. Berlin: http://www.bmfsfj.de/RedaktionBMFSFJ/Broschuerenstelle/Pdf-Anlagen/ 3._20Freiwilligensurvey-Hauptbericht,property=pdf,bereich=bmfsfj,sprache= de,rwb=true.pdf zuletzt aufgerufen, 9.8.2011, 16:07.

Bünger, S. (2010): Die deutsche Peerforschung: ein historischer und methodischer Überblick über die Peerforschung im deutschsprachigen Raum. In: Ittel, A./Merkens, H./Stecher, L. (Hrsg.): Jahrbuch Jugendforschung. Wiesbaden: VS Verlag für Sozialwissenschaften, S. 267-289.

Chwalek, D. T./Graff, U./Evers, M. (2005): Mädchentreff. Mädchentreffs unter der Bedingung der Koedukation. In: Deinet, U./Sturzenhecker, B. (Hrsg.): Handbuch offene Kinder- und Jugendarbeit. Wiesbaden: VS Verlag für Sozialwissenscahften, S. 366-373.

Clarke, J./Hall, S./Jefferson, T./Roberts, B. (1979): Subkulturen, Kulturen und Klasse. In Honneth, A./Lindner, R./Paris, R. (Hrsg.): Jugendkultur als Widerstand. Milieus, Rituale, Provokationen. Frankfut a. M.: Syndikat, S. 39-131.

Cloos, P./Köngeter, S. (2008): "uns war ma langweilig, da ham wir das JUZ entdeckt" - Empirische Befunde zum Zugang von Jugendlichen zur Jugendarbeit. In: Lindner, W. (Hrsg.): Kinder- und Jugendarbeit wirkt. Aktuelle und ausgewählte Evaluationsergebnisse der Kinder- und Jugendarbeit. Wiesbaden: VS Verlag für Sozialwissenschaften, S. 82-94.

Coelen, Th. (2004): Kommunale Jugendbildung. Raumbezogene Identitätsbildung zwischen Schule und Jugendarbeit. In: Schirp, J./Schlichte, C./ Stolz, H.-J. (Hrsg.): Annäherungen. Beiträge zur Zusammenarbeit von Jugendhilfe und Schule. K. O. : Afra Verlag, S. 109-124.

Czerny, G. (2006): Theaterpädagogik. Ein Ausbildungskonzept im Horizont personaler, ästhetischer und sozialer Dimension. Augsburg: Wissner-Verlag.

Dahrendorf, R. (1955): Industrielle Fertigkeiten und soziale Schichtung, KZfSS 8 (4), S. 540- 568.

Declaration of Bologna (1999): Der Europäische Hochschulraum - Gemeinsame Erklärung der europäischen Bildungsminister. 19.06.1999, Bologna.

Deinet, Uwe (2000): Die Jugendarbeit ist überaltert. In: deutsche Jugend, 48(12), S. 529-536.

Deinet, U./Reutlinger, C. (Hrsg.) (2004): "Aneignung" als Bildungskonzept der Sozialpädagogik. Beiträge zur Pädagogik des Kindes- und Jugendalters in Zeiten entgrenzter Lernorte. Wiesbaden: VS Verlag für Sozialwissenschaften.

Deinet, U. (2005): Zukunftsmodell Offene Kinder- und Jugendarbeit. deutsche jugend, 53(1), S. 19-25.

Deinet, U. (2005a): Außerschulische Jugendbildung und ihr Beitrag zur Debatte um Ganztagsbildung. In: Fitzner, Th./Schlag ,Th./Lallinger, M. W. (Hrsg.): Ganztagsschule – Ganztagsbildung. Politik – Pädagogik – Kooperation. Bad Boll.

Deinet, U. (2005b): Kooperation von Jugendarbeit und Schule. In: Deinet, U./Sturzenhecker, B. (Hrsg.): Handbuch Offene Kinder- und Jugendarbeit. Wiesbaden: VS Verlag für Sozialwissenschaften, S. 573-586.

Deinet, U. (2005c): Ganztagsangebote durch die Kooperation von Jugendarbeit und Schule. In: Otto, H.-U. (Hrsg.): Ganztägige Bildungssysteme. Münster, Westfalen u.a.: Waxmann, S. 145-154.

Deinet, U./Reutlinger, C. (2005): Aneignung. In: Kessl, F./Reutlinger, C./Maurer, S./ Frey, O. (Hrsg.): Handbuch Sozialraum. Wiesbaden: VS Verlag für Sozialwissenschaften, S. 295-312.

Deinet, U./ Sturzenhecker, B. (2005): Handbuch offene Kinder- und Jugendarbeit. Wiesbaden: VS Verlag für Sozialwissenschaften.

Deinet, U./Krisch, R. (2006): Der "sozialräumliche Blick" der Kinder- und Jugendarbeit. In U. Deinet, C. Gilles & R. Knopp (Hrsg.): Neue Perspektiven in der Sozialraumorientierung. Dimensionen - Planung - Gestaltung. Berlin: Franke & Timme, S. 148-165.

Delmas, N./Scherr, A. (2005): Bildungspotenziale der Jugendarbeit : Ergebnisse einer explorativen empirischen Studie. In: deutsche jugend, 53(3), S. 105-109.

Deutscher Bundestag (1968): Zweiter Bericht über die Lage der Jugend und die Bestrebungen auf dem Gebiet der Jugendhilfe gemäß §25 Abs. 2 des Jugendwohlfahrtsgesetzes – Jugendbericht – Drucksache V/2453.

Deutscher Bildungsrat (1974): Empfehlungen der Bildungskommission – Zur Neuordnung der Sekundarstufe II. Konzept für eine Verbindung von allgemeinem und beruflichem Lernen. Bonn: Bundesdruckerei.

Deutsches Jugendinstitut (DJI) (2006): Auf einen Blick: Die demografischen Veränderungen als besondere Herausforderung für die Kinder- und Jugendhilfe. In: Keiner mehr da? Jugendhilfe und demographischer Wandel. Online unter   http://www.dji.de/cgi-bin/projekte/output.php?projekt=624&Jump1=LINKS&Jump2=20

Deutsches Jugendinstitut DJI (2010): Hauptschüler/innen an der Schwelle zur Berufsausbildung: Schulische Situation und schulische Förderung. http// www.dji.de 15.8.2011.

Dewe, B. (2001): Professionelles soziales Handeln: soziale Arbeit im Spannungsfeld zwischen Theorie und Praxis. Weinheim und München: Juventa.

Dohmen, G. (1999): Die Unterstützung des selbstgesteuerten Lernens durch die Weiterbildungsinstitutionen. In: Dohmen, G. (Hrsg.): Weitbildungsinstitutionen, Medien, Lernumwelten. Rahmenbedingungen und Entwicklungshilfen für das selbstgesteuerte Lernen. Bonn: BMBF.

Dohmen, G. (2001): Das informelle Lernen. Die internationale Erschließung einer bisher vernachlässigten Grundform menschlichen Lernens für das das lebenslange Lernen aller. Bonn: BMBF.

Dörr, M. /Herz, B. (Hrsg.) (2010): Unkulturen in Bildung und Erziehung. Wiesbaden: VS Verlag.

Dreher, E./Dreher, M. (1985): Entwicklungsaufgaben im Jugendalter: Bedeutsamkeit und Bewältigungsprobleme in der Adoleszenz. Göttingen: Hogrefe.

Dudek, P. (2002): Geschichte der Jugend. In: Krüger, H.-H./Grunert, C. (Hrsg.): Handbuch Kindheits- und Jugendforschung. Opladen: Leske + Budrich.

Duve, K./Kammerer, B./Menzke, D. (Hrsg.) (2005): Alles Bildung? Kinderund Jugendarbeit zwischen Spaßkultur und Lernzielkontrolle. Nürnberg: emwe-Verlag.

Ecarius, J./Eulenbach, M./Fuchs, T./Walgenbach, K. (2011): Jugend und Sozialisation. Wiesbaden: VS Verlag für Sozialwissenschaften.

Ehrenberg, A. (2008): Das erschöpfte Selbst. Depression und Gesellschaft in der Gegenwart. Frankfurt a. M.: Suhrkamp.

Enquete-Kommission (2002): „Zukunft des Bürgerschaftlichen Engagements". Deutscher Bundestag, Bericht Bürgerschaftliches Engagement: auf dem Weg in eine zukunftsfähige Bürgergesellschaft. Leske + Budrich: Opladen.

Eppenstein, T. (2010): Professionelles soziales Handeln in Orientierung auf kulturell Andere. In: Kessl, F./Plößer, M.(Hrsg..): Differenzierung, Normalisierung, Andersheit. Soziale Arbeit als Arbeit mit den Anderen. Wiesbaden: VS Verlag für Sozialwissenschaften, S. 96-116.

Erikson, E. H. (1964): Einsicht und Verantwortung. Stuttgart: Klett.

Erikson, E. H. (1973): Identität und Lebenszyklus. Frankfurt: Suhrkamp.

Euler, P. (1999): Technologie und Urteilskraft. Zur Neufassung des Bildungsbegriffs. Weinheim: Deutscher Studien Verlag.

Faulde, J. (1996): Schule und außerschulische Jugendbildung. Eine Untersuchung zu instituionellen Aspekten der Koordination. Weinheim und München:
Deutscher Studien Verlag.

Fauser, K./Fischer, A./Münchmeier, R. (2006): "Man muss es erlebt haben..."
Ergebnisse einer empirischen Untersuchung der Evangelischen Jugend. Opladen: Barbara Budrich.

Fauser, K./Fischer, A./Münchmeier, R. (2008): Jugendliche als Akteure im
Verband - Ergebnisse einer empirischen Untersuchung der evangelischen Jugend (Teil 1). Opladen: Barbara Budrich.

Fehrlen, B./Koss, T. (2005): Selbstverwaltete Jugendzentren. In: Deinet,
U/Sturzenhecker, B. (Hrsg.): Handbuch offene Kinder- und Jugendarbeit.
Wiesbaden: VS Verlag für Sozialwissenschaften, S. 381-388.

Fend, H. (1990): Vom Kind zum Jugendlichen. Bd. 1, Bern: Huber.

Fend, H. (1998): Eltern und Freunde. Soziale Entwicklung im Jugendalter.
Bern: Hans Huber.

Fend, H. (2003): Entwicklungspsychologie des Jugendalters. Opladen: Leske +
Budrich.

Fendrich, S. (2003): Herausforderungen an die Jugendhilfe vor dem Hintergrund der demographischen Entwicklung in Deutschland. In: Verein für
Kommunalwissenschaften (Hrsg.): Aktuelle Beiträge zur Kinder und Jugendhilfe 41: Steuerungsmöglichkeiten der Jugendhilfe im Kontext der demographischen Entwicklung in Deutschland, Berlin.

Fendrich, S./Pothmann, J./van Santen, E./Schilling, M. (2005): Zwischen Planungsnotwendigkeit und Zukunftsunsicherheit. Demografische Veränderungen
und ihre Konsequenzen für die Kinder- und Jugendhilfe. In: Thole, W./Cloos,
P./Ortmann, F./Strutwolf, V. (Hrsg.): Soziale Arbeit im öffentlichen Raum.
(CD-Rom-Beilage), Wiesbaden: VS Verlag für Sozialwissenschaften.

Ferchhoff, W. (2007): Jugend und Jugendkulturen im 21. Jahrhundert. Lebensformen und Lebensstile. Wiesbaden: VS Verlag für Sozialwissenschaften.

Fiese, B. H./Samaroff, A. J. (1999): The Family Narrative Consortium: A
Multidimensional Approach to Narratives. In: Fiese, B.H. (Hrsg.): The Story
that Families Tell: Narratives Coherence, Narrative Interaction, and Relation-
ship Beliefs. Monographs of the Society for Research in Child Development,
S. 1-36, 64, 257.

Flaake, K. (2001): Körper, Sexualität und Geschlecht. Studien zur Adoleszenz junger Frauen. Gießen: Psychosozial.

Flammer, A. (1993): Entwicklungstheorien: psychologische Theorien der menschlichen Entwicklung psychologische Theorien der menschlichen Entwicklung. Bern u.a.: Huber.

Früchtl, F./Cyprian, G./Budde, W. (2007): Sozialer Raum und Soziale Arbeit. Textbook: Theoretische Grundlagen. Wiesbaden: VS Verlag für Sozialwissenschaften.

Fuchs, M. (2002): Kulturelle Bildung in der Jugendhilfe. In: Münchmeier,R./Otto, H.-U./Rabe-Kleberg, U. (Hrsg.): Bildung und Lebenskompetenz. Kinder- und Jugendhilfe vor neuen Aufgaben. Opladen: Leske + Budrich, S. 107-117.

Fuchs, M. (2008): Kultur Macht Sinn. Wiesbaden: VS Verlag für Sozialwissenschaften/ GWV Fachverlage GmbH, Wiesbaden.

Fuchs-Rechling, K. (2011): Wachstum mit Nebenwirkung, oder: Nebenwirkung Wachstum? Die Beschäftigungsbedingungen des Personals in der Kinder- und Jugendhilfe. In: Rauschenbach, Th./Schilling, M. (Hrsg.): Kinder- und Jugendhilfereport 3. Bilanz der empirischen Wende, Weinheim und München: Juventa.

Gaiser, W./de Rijke, J. (2006): Gesellschaftliche und politische Beteiligung.In: Gille, M./Sardei-Biermann, S./Gaiser, W./de Rijke, J.(Hrsg): Jugendliche und junge Erwachsene in Deutschland. Lebensverhältnisse, Werte und gesellschaftliche Beteiligung 12- bis 29-Jähriger. Wiesbaden: VS Verlag für Sozialwissenschaften, S. 131-212.

Galuske, M. (2003): Methoden der Sozialen Arbeit. Eine Einführung. Juventa: Weinheim und München.

Geiger, E./Lösche, H. (1999): Paradigmenwechsel in der interkulturellen Jugendarbeit. In: deutsche jugend, 47(3), S. 107-115.

Gensicke, Th. (2002): Individualität und Sicherheit in neuer Synthese? Wertorientierungen und gesellschaftliches Engagement. In: Deutsche Shell (Hrsg.): Jugend 2002. Zwischen robustem Materialismus und pragmatischem Idealismus. Frankfurt am Main: Fischer Taschenbuch Verlag, S. 139-212.

Gensicke, Th. (2006): Zeitgeist und Wertorientierungen. In: Deutsche Shell (Hrsg.): Jugend 2006. Eine pragmatische Generation unter Druck. Frankfurt am Main: Fischer Taschenbuch Verlag, S. 169-202.

Gensicke, Th. (2009): Jugendlicher Zeitgeist und Wertewandel. In: Zeitschrift für Pädagogik, 55 (2009) 4, S. 580-595.

Gensicke, Th. (2010): Wertorientierungen, Befinden und Problembewältigung In: Shell Deutschland Holding (Hrsg.): Jugend 2010. Eine pragmatische Generation behauptet sich. Frankfurt am Main: Fischer Taschenbuch Verlag, S. 187-242.

Gernert, W. (2005): Rechtliche Grundlagen der Offenen Kinder- und Jugendarbeit. In: Deinet, U./Sturzenhecker, B. (Hrsg.): Handbuch offene Kinder- und Jugendarbeit (S. 315-321). Wiesbaden: VS Verlag für Sozialwissenschaften.

Geyer, P., & Pott, H.-G. (2009). Kritische Kulturtheorie. Programmatische und methodologische Überlegungen. URL: http://publikationen.ub.uni-frankfurt.de/volltexte/2009/113571/.

Giesecke, H. (1971): Die Jugendarbeit. Weinheim und München: Juventa.

Giesecke, W. (2009): Professionalisierung in der Erwachsenenbildung / Weiterbildung. In: Tippelt, R./von Hippel, A. (Hrsg.): Handbuch Erwachsenenbildung/ Weiterbildung. Wiesbaden: VS Verlag für Sozialwissenschaften, S. 385-403.

Gille, M. (2006): Werte, Geschlechtsrollen, Orientierungen und Lebensentwürfe. In: Gille, M./Sardei-Biermann, S./Gaier, W./de Rijke, J.(Hrsg.) : Jugendliche und junge Erwachsene in Deutschland. Lebensverhältnisse, Werte und gesellschaftliche Beteiligung 12- bis 29-Jähriger. Wiesbaden: VS Verlag für Sozialwissenschaften, S. 131-212.

Gogolin, I./Krüger-Potratz, M. (2006): Einführung in die Interkulturelle Pädagogik. Opladen & Farmington Hills: Verlag Barbara Budrich.

Gottschall, K./Voß, G. (2005): Entgrenzung von Arbeit und Leben. In: Gottschall, K./Voß, G. (Hrsg.), Entgrenzung von Arbeit und Leben. Mering: Hampp. S. 11-33.

Graff, U. (2004): Selbstbestimmung als Bildungsziel in der Praxis eines Mädchentreffs. In: Sturzenhecker, B./Lindner, W. (Hrsg.), Bildung in der Kinder- und Jugendarbeit. Vom Bildungsanspruch zur Bildungspraxis. Weinheim und München: Juventa, S. 131-148.

Gransee, C. (1999): Grenz-Bestimmungen. Zum Problem identitätslogischer Konstruktionen von ‚Natur' und ‚Geschlecht'. Tübingen.

Groß, M. (2010): „Wir sind die Unterschicht" - Jugendkulturelle Differenzartikulation aus intersektionaler Perspektive. In: Kessl, F./Plößer, M.(Hrsg.): Differenzierung, Normalisierung, Andersheit. Soziale Arbeit als Arbeit mit Anderen. Wiesbaden: VS Verlag für Sozialwissenschaften, S. 34-48.

Grunert, C. (2002): Methoden und Ergebnisse der qualitativen Kindheits- und Jugendforschung. In: Krüger, H.-H./Grunert, C. (Hrsg.): Handbuch Kindheits- und Jugendforschung. Opladen: Leske + Budrich.

Grunert, C. (2006): Bildung und Lernen – ein Thema der Kindheits- und Jugendforschung? In: Rauschenbach, T./Düx, W. /Sass, E. (Hrsg.): Informelles Lernen im Jugendalter. Vernachlässigte Dimensionen der Bildungsdebatte. Weinheim und München: Juventa Verlag, S. 15-35.

Habermas, T. (2008): Identitätsentwicklung im Jugendalter. In Enzyklopädie der Psychologie. Göttingen: Hogrefe.

Hafeneger, B. (1992): Jugendarbeit als Beruf. Geschichte einer Profession in Deutschland, Opladen: Leske + Budrich.

Hafeneger, B. (1995): Jugendbilder. Zwischen Hoffnung, Kontrolle, Erziehung und Dialog. Opladen: Leske + Budrich.

Hafeneger, B. (2007): Professionsbilder und -merkmale in der Jugendarbeit. In: deutsche jugend(1), S. 13-20.

Hafeneger, B. (2011): Lernen, Bildung und Jugend. In: Hafeneger, B. (Hrsg.): Handbuch Außerschulische Jugendbildung. Schwalbach/Ts.: WOCHEN-SCHAU Verlag, S. 29-43.

Hagedorn, J./Schurt, V./Steber, C./Waburg, W. (Hrsg.) (2010): Ethnizität, Geschlecht, Familie und Schule. Heterogenität als erziehungswissenschaftliche Herausforderung. Wiesbaden: VS Verlag für Sozialwissenschaften.

Hagemann-White, C. (2004): Sozialisation – ein veraltetes Konzept in der Geschlechterforschung? In: Glaser, E../Klika, D./Prengel, A. (Hrsg.): Handbuch Gender und Erziehungswissenschaft. Bad Heilbrunn: Klinkhardt, S. 146-157.

Hamburger, F. (2009): Abschied von der interkulturellen Pädagogik. Plädoyer für einen Wandel sozialpädagogischer Konzepte. Weinheim und München: Juventa.

Hasenclever, Ch. (1978): Jugendhilfe und Jugendgesetzgebung seit 1900. Göttingen: Vandenhoeck und Ruprecht.

Haun, H. (2006): Theaterpädagogik ist Dialog. Versuch der Formulierung eines theaterpädagogischen Grundverständnisses: Bundesverband für Theaterpädagogik, S. 3-10.

Havighurst, R. (1972): Developmental tasks and education. New York: Mc Kay.

Helmken, K. (2008): Individuelle Werthaltungen von Jugendlichen. Erfassung der Wichtigkeit und Reflexion von Werten in der frühen und mittleren Adoleszenz. Bremen. Dissertation.

Henry-Huthmacher, C. /Hoffmann, E. (2010): Wenn Eltern nur das Beste wollen… Ergebnisse einer Expertenrunde der Konrad-Adenauer-Stiftung. Köln: Konrad-Adenauer-Stiftung.

Hentschel, U. (1996): Theaterspielen als ästhetische Bildung: Über einen Beitrag produktiven künstlerischen Gestaltens zur Selbstbildung. Weinheim: Dt. Studien-Verl.

Herwartz-Emden, L./Schurt V./Waburg W. (2010): Aufwachsen in heterogenen Sozialisationskontexten: Zur Bedeutung einer geschlechtergerechten interkulturellen Pädagogik. Wiesbaden: VS Verlag für Sozialwissenschaften.

Heyse, V./Erpenbeck, J. (1997): Der Sprung über die Kompetenzbarriere. Kommunikation, selbstorganisiertes Lernen und Kompetenzentwicklung von und in Unternehmen, Bielefeld: wbv-Verlag.

Hinte, W./Treeß, H. (2007): Sozialraumorientierung in der Jugendhilfe. Handlungsprinzipien und Praxisbeispiele einer kooperativ-integrativen Pädagogik. Weinheim und München: Juventa.

Höhne, T. (2001): Kultur als Differenzierungskategorie. In: Lutz, H./Wenning, N. (Hrsg.): Unterschiedlich verschieden. Differenz in der Erziehungswissenschaft. Opladen: Leske + Budrich, S. 197-213.

Holtappels, H.-G. (2004): Ganztagsschule als Herausforderung: Kooperation von Jugendarbeit und Schule. In: Schirp, J./Schlichte, C. /Stolz, H.-J. (Hrsg.): Annäherungen. Beiträge zur Zusammenarbeit von Jugendhilfe und Schule. Butzbach: Afra Verlag, S. 153-178.

Holzkamp, K. (1986): Sinnliche Erkennnis. Historischer Ursprung und gesellschaftliche Funktion der Wahrnehmung. Frankfurt am Main: Athenäum.

Homfeldt, H. G. (2004): Historische Aspekte zum Verhältnis von Jugendhilfe und Schule. In: Hartnuß, B./Stephan, M. (Hrsg.) (2004): Handbuch Kooperation von Jugendhilfe und Schule. Ein Leitfaden für Praxisreflexionen, theoretische Verortungen und Forschungsfragen. Gelsenkirchen: Verlag Soziale Theorie und Praxis, S. 41-68.

Honneth, A./Clarke, J. (1979): Jugendkultur als Widerstand: Milieus, Rituale, Provokationen. Frankfurt a. M.: Syndikat.

Horkheimer, M./Adorno, T. (1992): Dialektik der Aufklärung. Philosophische Fragmente. Frankfurt a. M.: Fischer.

Hornstein, W. (2004): Bildungsaufgaben der Kinder- und Jugendarbeit auf der Grundlage jugendlicher Entwicklungsaufgaben. In: Sturzenhecker, B./Lindner, W. (Hrsg.): Bildung in der Kinder- und Jugendarbeit. Vom Bildungsanspruch zur Bildungspraxis. Weinheim und München, S. 15-33.

Hummelsheim, S./Timmermann, D. (2010): Bildungsökonomie. In: Tippelt, R./Schmidt, B. (Hrsg.): Handbuch Bildungsforschung. Wiesbaden: VS Verlag, S. 93-134.

Hurrelmann, K./Ulich, D. (2002): Sozialisation. In: Hurrelmann, K./Ulich, D. (Hrsg.): Handbuch der Sozialisationsforschung Weinheim, Basel, S. 23-40.

Hurrelmann, K. (2004, 2010). Lebensphase Jugend. Eine Einführung in die sozialwissenschaftliche Jugendforschung. Weinheim und München: Juventa.

Hurrelmann, K./Grundmann, M./Walper, S. (2008): Handbuch Sozialisations-forschung. Weinheim und Basel: Beltz.

Israel, J. (1983): Der Begriff der Entfremdung. Zur Verdinglichung des Menschen in der bürokratischen Gesellschaft. Reinbek bei Hamburg: rororo.

James, W. (1890): The Principles of Psychology. Volume One. New York: Dover Publications.

Jaufmann, D./Gruber, S. (2008):Bauwägen als Indikatoren für Defizite in der Jugendarbeit oder aber Ausdruck selbst bestimmten und organisierten Handelns Jugendlicher? In: deutsche jugend, 56(11), S. 472-480.

Jurczik, K./Heitkötter, M/Lange, A./Meier-Gräwe, U. (2009): Einführung: Familie ein zeitpolitisches Entwicklungsland. In: Heitkötter, M./Jurczik, K./Lange, A. (Hrsg.): Zeit für Beziehungen? Opladen: Budrich . S. 9-34.

Kalusche, B. (1983): Kulturpädagogik als Beruf. Hannover: Institut für Entwicklungsplanung und Strukturforschung.

Kamp, P. (2005): Kinder- und Jugendkulturarbeit in Jugendkunstschulen, Soziokulturellen Zentren, Jugendkulturzentren und vergleichbaren Einrichtungen. In: Deinet, U./Sturzenhecker,B (Hrsg.): Handbuch offene Kinder- und Jugendarbeit. Wiesbaden: VS Verlag für Sozialwissenschaften, S. 373-381.

Kessl, F./Otto, H.-U./Treptow, R. (2002): Jugendhilfe als Bildung. In: Münchmeier,R./Otto, H. / Rabe-Kleberg, U. (Hrsg.): Bildung und Lebenskompetenz. Kinder- und Jugendhilfe vor neuen Aufgaben. Opladen: Leske + Budrich, S. 73-84.

Kessl, F./ Reutliner, C. (2007): Sozialraum. Eine Einführung. Wiesbaden: VS Verlag für Sozialwissenschaften.

Kessl, F./Plößer, M. (Hrsg.) (2010): Differenzierung, Normalisierung, Andersheit. Soziale Arbeit als Arbeit mit Anderen. Wiesbaden: VS Verlag für Sozialwissenschaften.

Keupp, H./Ahbe, T./Gmür, W. (2006): Identitätskonstruktionen. Das Patchwork der Identitäten in der Spätmoderne. Hamburg: Rowohlt.

Keupp, H. (2009): Identitätskonstruktionen in der spätmodernen Gesellschaft – riskante Chancen bei prekären Ressourcen. In: Theunert, H. (Hrsg.): Jugend, Identität, Medien. Identitätsarbeit Jugendlicher mit und in Medien. München: kopaed, S. 53-80.

Kieper, M. (1980): Lebenswelten „verwahrloster" Mädchen - autobiographische Berichte und ihre Interpretation. Weinheim und München: Juventa.

Kiesel, D./Scherr, A./Thole, W. (Hrsg.) (1998): Standortbestimmung Jugendarbeit. Theoretische Orientierungen und empirische Befunde. Schwalbach/Ts: Wochenschau-Verl.

Kiesel, D. (2010): Differenz und Erfahrung. Zum Integrationsprozess jüdischer Einwanderer aus der ehemaligen Sowjetunion in Jüdischen Gemeinden in Deutschland. In: Kessl, F./Plößer, M. (Hrsg.): Differenzierung, Normalisierung, Andersheit. Soziale Arbeit als Arbeit mit Anderen. Wiesbaden: VS Verlag für Sozialwissenschaften, S. 49-74.

Kirchner, K./Schiefer-Ferrari, M./Spinner, K. H. (2006): Ästhetische Bildung. In: Kirchner. K./Schiefer-Ferrari, M./Spinner; K. H. (Hrsg.), Ästhetische Bildung und Identität: fächerverbindende Vorschläge für die Sekundarstufe I und II. München: kopaed, S. 11-16.

Klafki, W. (1994): Neue Studien zur Bildungstheorie und Didaktik. Zeitgemäße Allgemeinbildung und kritisch-konstruktive Didaktik. Weinheim, Basel: Beltz.

Klages, H. (2001): Brauchen wir eine Rückkehr zu traditionellen Werten? In: Aus Politik und Zeitgeschichte, Heft 29, S. 7-14.

Kobriger, M. (2005): Jugendarbeit und Schule - aus der Sicht des Bayerischen Jugendrings. In: Duve, K./Kammerer, B./Menzke,D. (Hrsg.): Alles Bildung? Kinder- und Jugendarbeit zwischen Spaßkultur und Lernzielkontrolle. Nürnberg: emwe-Verlag, S. 113-120.

Koch-Priewe, B./Niederbacher, A./Textor, A./Zimmermann, P. (2009): Jungen – Sorgenkinder oder Sieger? Ergebnisse einer quantitativen Studie und ihre pädagogischen Implikationen. Wiesbaden: VS-Verlag.

Kolbe, Fr.-U.(2006): Institutionalisierung ganztägiger Schulangebote – eine Entgrenzung von Schule? In: Otto, H.U./Oelkers, J. (Hrsg.): Zeitgemäße Bildung. Herausforderung für Erziehungswissenschaft und Bildungspolitik. München Basel: Ernst Reinhardt Verlag, S. 149-160.

Kommunalverband für Jugend und Soziales Baden-Würtemberg (2010): Kinder- und Jugendhilfe im demographischen Wandel, Stuttgart.

Krafeld, F. J. (1996): Die Praxis akzeptierender Jugendarbeit: Konzepte, Erfahrungen, Analysen aus der Arbeit mit rechten Jugendcliquen. Opladen: Leske + Budrich.

Krafeld, F. J. (1998): Lebensweltorientierte Jugendarbeit und Akzeptanz. Grundbezüge und Methoden des Konzepts "Akzeptierende Jugendarbeit". In: Kiesl, D./Scherr, B./Thole, W. (Hrsg.): Standortbestimmung Jugendarbeit.

Theoretische Orientierungen und empirische Befunde. Schwalbach, Wochen-schau-Verl., S. 65-78.

Krafeld, F. J. (2004): Grundlagen und Methoden aufsuchender Jugendarbeit. Wiesbaden: VS Verlag für Sozialwissenschaften.

Krafeld, F. J. (2005): Cilquenorientiertes Muster. In: Deinet, W./Sturzenhecker, B. (Hrsg.): Handbuch offene Kinder- und Jugendarbeit. Wiesbaden: VS Verlag für Sozialwissenschaften, S. 189-197.

Krappmann, L. (1998): Sozialisation in der Gleichaltigengruppe. In: Hurrel-mann, K./Ulich, D. (Hrsg.): Handbuch Sozialisationsforschung. Weinheim und Basel: Beltz, S. 355-375.

Krappmann, L. (2002): Bildung als Ressource der Lebensbewältigung. Der Beitrag von Familie, Schule und der Einrichtungen der Kinder- und Jugendhil-fe zum Bildungsprozess in Zeiten der Pluralisierung und Flexibilisierung der Lebensverhältnisse. In: Münchmeier,R./Otto, H. U./Rabe-Kleberg, U. (Hrsg.): Bildung und Lesekompetenz. Kinder- und Jugendhilfe vor neuen Aufgaben. Opladen: Leske + Budrich, S. 33-47.

Krautz, J. (2007): Ware Bildung. Schule und Universität unter dem Diktat der Ökonomie. Kreuzlingen: Hugendubel.

Kreher, T. (2008): Jugendverbände, Kompetenzentwicklung und biographische Nachhaltigkeit. In: Lindner ,W. (Hrsg.), Kinder- und Jugendarbeit wirkt : aktu-elle und ausgewählte Evaluationsergebnisse der Kinder- und Jugendarbeit. Wiesbaden: VS Verlag für Sozialwissenschaften, S. 109-124.

Krisch, R. (2006): Methoden einer sozialräumlichen Lebensweltanalyse. In: Deinet, U./Krisch, R. (Hrsg.): Der sozialräumliche Blick der Jugendarbeit: Methoden und Bausteine zur Konzeptentwicklung und Qualifizierung. Wies-baden: VS Verlag für Sozialwissenschaften, S. 87-154.

Kron, F. W. (2009): Grundwissen Pädagogik. München: Reinhard.

Krüger, H.-H./Grunert, C. (Hrsg.) (2002): Handbuch Kindheits- und Jugend-forschung. Opladen: Leske + Budrich.

Krüger-Potratz, M. (1999): Stichwort: Erziehungswissenschaft und kulturelle Differenz. Zeitschrift für Erziehungswissenschaft, 2(2), S. 149-165.

Kunner, C. (2007): Mädchenarbeit in der offenen Kinder- und Jugendarbeit. Lüneburg: Universität.

Kuwan, H /Gnahs, D. /Seidel, S. (2000): Berichtssystem Weiterbildung VII. Integrierter Gesamtbericht zur Weiterbildungssituation in Deutschland. Bonn: BMBF.

Langness, A./Richter, M./Hurrelmann, K. (2003): Zusammenfassung der Ergebnisse und Konsequenzen für eine jugendgerechte Prävention und Gesundheitsförderung. In: Hurrelmann, K./Klocke, A./Melzer, W./Ravens-Sieberer,
U. (Hrsg.): Jugendgesundheitssurvey. Internationale Vergleichsstudie im Auftrag der Weltgesundheitsorganisation WHO. Leske + Budrich: Juventa, 301-
334.

Läpple, D. (1991): Essay über den Raum. In: Häußermann, H./Ipsen,
D./Krämer-Badoni, T./Rodenstein, M./Siebel, W. (Hrsg.): Stadt und Raum:
Soziologische Analysen. Pfaffenweiler: Centauruss-Verlags-Gesellschaft, S.
157-207.

Lefebvre, H. (2008): The Production of Space. Oxford: Blackwell Publishing.

Lenzen, D. (2000): Bildung im Kontext. Eine nachgetragene Beobachtung. In:
Dietrich, C./Müller, H.R. (Hrsg.): Bildung und Emanzipation. Klaus Mollenhauer weiterdenken. Weinheim: Juventa, S. 73-86.

Leontjew, A. N. (1971): Probleme der Entwicklung des Psychischen. Berlin:
Volk und Wissen.

Leontjew, A. N. (1982): Tätigkeit, Bewußtsein, Persönlichkeit. Köln: Campus
Verlag.

Leven, I./Quenzel, G./Hurrelmann, K. (2010): Familie, Schule, Freizeit: Konti-
nuitäten im Wandel. In: Deutsche Shell (Hrsg..): Jugend 2010. Eine pragmatische Generation behauptet sich. Frankfurt am Main: fischer taschenbuch verlag, S. 53-128.

Lindner, W. (2003): Alles Bildung!? - Kinder und Jugendarbeit in der "Wissensgesellschaft". Zum Spannungsverhältnis von aktueller Bildungskonjunktur
und notwendiger Bildungsreflexion. In: Lindner, W./ Thole, W./ Weber, J.
(Hrsg.): Kinder- und Jugendarbeit als Bildungsprojekt. Opladen: Leske + Budrich, S. 47-68.

Lindner, W./Kilb, R. (2005): Jugendarbeit und Kommune. In: Kessl,
F./Reutlinger, C./Maurer, S./Frey, O. (Hrsg.): Handbuch Sozialraum. Wiesbaden: VS Verlag für Sozialwissenschaften, S. 355-374.

Lippmann, W. (1990): Die Öffentliche Meinung. Bochum: Universitätsverlag.

Löw, M./Sturm, G. (2005): Raumsoziologie. In: Kessl, F./Reutliner,
C./Maurer, S./Frey, O. (Hrsg.): Handbuch Sozialraum. Wiesbaden: VS Verlag
für Sozialwissenschaften, S. 31-48.

Löw, M. (2007): Einstein, Techno und der Raum. Überlegungen zu einem
neuen Raumverständnis in den Sozialwissenschaften. In: Deinet, U./Gilles, C./
Knopp, R. (Hrsg.): Neue Perspekiven in der Sozialraumorientierung. Dimensionen - Planung - Gestaltung. Berlin: Frank & Timme, S. 9-22.

Löw, M./Steets, S./Stoetzer, S. (2008): Einführung in die Stadt- und Raumsoziologie. Opladen: Verlag Barbara Budrich.

Lüders, C. (2003): Teilnehmende Beobachtung. In: Bohnsack, R./Marotzki, W./Meuser, M. (Hrsg.): Hauptbegriffe Qualitativer Sozialforschung. Opladen: Leske + Budrich, S. 151-153.

Lüders, C./Behr, A. (2005): Außerschulische Jugendbildung. In: Tippelt, R. (Hrsg.): Handbuch Bildungsforschung. Wiesbaden: VS Verlag für Sozialwissenschaften, S. 371-391.

Lüders, C. (2008): Beobachten im Feld und Ethnographie. In: Flick, U./von Kardorff, E./Steinke, I. (Hrsg..): Qualitative Forschung. Ein Handbuch. Reinbek bei Hamburg: Rowohlt, S. 384-401.

Lutz, H./Wenning, N. (2001): Differenzen über Differenz - Einführung in die Debatten. In: Lutz, H./Wenning, N. (Hrsg.): Unterschiedlich verschieden. Differenz in der Erziehungswissenschaft. Opladen: Leske + Budrich, S. 11-24.

Lutz, Klaus (2009): Außerschulische Bildung mit Medien. In: Medien + Erziehung, Jg. 53, S. 29-33

Macha, H. (1989): Pädagogisch-anthropologische Theorie des Ich. Bad Heilbrunn/Obb: Klinkhardt.

Macha, H./Fahrenwald, C. (2003): Körperbilder zwischen Natur und Kultur. Interdisziplinäre Beiträge zur Genderforschung. Opladen: Budrich.

Macha, H./Witzke, M. (2008): Familie und Gender – Rollenmuster und segmentierte gesellschaftliche Chancen. In: Zf Päd. 2/2008, S. 261-278.

Macha, H./Witzke,M. (Hrsg.) (2009): Handbuch Familie - Kindheit – Jugend – Gender. Paderborn: Schöningh.

Macha, H. (2010): Geschlecht und Erziehung in Familien und die doppelte Entgrenzung. In: Hagedorn,J./Schurt,V./Steber, C./Waburg, W. (Hrsg.): Ethnizität, Geschlecht, Familie und Schule. Heterogenität als erziehungswissenschaftliche Herausforderung. Wiesbaden: VS-Verlag, S. 217-236.

Macke, G./Hanke, U./Viehmann, P. (2008): Hochschuldidaktik. Weinheim und Basel: Beltz.

Matzner, M./Tischner, W. (2008): Auf dem Weg zu einer Jungenpädagogik. In Dies. (Hrsg.): Handbuch Jungen-Pädagogik. Weinheim: Beltz, S. 381-409.

Maurer, S. (2001): Das Soziale und die Differenz. Zur (De-)Thematisierung von Differenz in der Sozialpädagogik. In: Lutz, H./ Wenning, N. (Hrsg.), Unterschiedlich verschieden. Differenz in der Erziehungswissenschaft. Opladen: Leske + Budrich, S. 125-142.

Mead, G.H. (1969): Ich, Identität und Gesellschaft. Frankfurt/M.: Suhrkamp.

Mecheril, P. (2004): Einführung in die Migrationspädagogik. Weinheim und Basel: Beltz Verlag.

Merchel, J. (2005): Strukturveränderungen in der Kinder- und Jugendhilfe durch die Ausweitung von Ganztagsangeboten für Schulkinder. - In: Olk, Th. (Hrsg.): Materialien zum Zwölften Kinder- und Jugendbericht. Band 4: Kooperation zwischen Jugendhilfe und Schule. München: Verl. Dt. Jugendinst., S. 169-238.

Mertens, D. (1974): Schlüsselqualifikationen. Thesen zur Schulung für eine moderne Gesellschaft. In Mitteilungen aus der Arbeitsmarkt- und Berufsforschung, 7 (1), 36-43.

Metzing, L. (2008): Lebensphase Jugend. Biographiekonstruktion und individuelles Kompetenzprofil von Jugendlichen. Hamburg: Diplomica Verlag.

Micus-Loos, Ch. (2004): Gleichheit –Differenz-Konstruktion-Dekonstruktion. In: Glaser, E../Klika, D./Prengel, A. (Hrsg.): Handbuch Gender und Erziehungswissenschaft. Bad Heilbrunn: Klinkhardt, S. 112-126.

Mollenhauer, K. (1973): Erziehung und Emanzipation. München: Juventa.

Mollenhauer, K. (1996): Grundfragen ästhetischer Bildung. Weinheim und München: Juventa.

Muchow, M./Muchow, H. (1935): Der Lebensraum des Großstadtkindes. Hamburg: Riegel.

Müller, C. W. (1965). Was ist Jugendarbeit: Vier Versuche zu einer. Theorie. München: Juventa-Verl.

Müller, B. (1996): Bildungsansprüche der Jugendarbeit. In: Brenner, G./Hafeneger, B. (Hrsg.): Pädagogik mit Jugendlichen. Bildungsansprüche, Wertevermittlung und Individualisierung. Weinheim und München: Juventa, S. 89-96.

Müller, B. (2003): Bildung und Jugendarbeit - Zwischen Größenwahn und Selbstverleugnung. In: Thole, W./Lindner, W./Weber, J. (Hrsg.): Kinder- und Jugendarbeit als Bildungsprojekt. Opladen: Leske + Budrich, S. 235-246.

Müller, B. (2004): Bildungsbegriffe in der Jugendarbeit. In: Sturzenhecker, B./Lindner, W. (Hrsg.): Bildung in der Kinder- und Jugendarbeit. Vom Bildungsanspruch zur Bildungspraxis. Weinheim und München: Juventa, S. 35-48.

Müller, B. (2005): Integration der konzeptionellen Ansätze: Zum Verhältnis von Konzepten und Theorie der Jugendarbeit. In: Deinet, U./Sturzenhecker, B.

(Hrsg.): Handbuch offene Kinder- und Jugendarbeit. Wiesbaden: VS Verlag für Sozialwissenschaften, S. 268-275.

Müller, B./Schmidt, S./Schulz, M. (2005): Wahrnehmen können. Jugendarbeit und informelle Bildung. Freiburg, Breisgau.

Müller, B. (2006): Bildungsansprüche der Jugendarbeit. In: Brenner, G./Hafeneger, B. (Hrsg.): Pädagogik mit Jugendlichen. Bildungsansprüche, Wertevermittlung und Individualisierung. Weinheim und München: Juventa, S. 89-96.

Münch, J. (1995): Personalentwicklung als Mittel und Aufgabe moderner Unternehmensführung. Ein Kompendium für Einsteiger und Profis. Bielefeld: Bertelsmann.

Münchmeier, R. (2002): "Dass das Leben der Jugend bildend sei!". In: Münchmeier,H./Otto, H.U./ Rabe-Kleberg, U. (Hrsg.), Bildung und Lebenskompetenz: Kinder- und Jugendhilfe vor neuen Aufgaben. Opladen: Leske + Budrich, S. 15-19.

Münchmeier, R./Otto, H.-U./Rabe-Kleberg, U. (2002): Bildung und Lebenskompetenz : Kinder- und Jugendhilfe vor neuen Aufgaben. Opladen: Leske + Budrich.

Münchmeier, R. (2003): Jugendarbeit in der Offensive. In: Lindner, W./Thole, W./Weber, J. (Hrsg.): Kinder- und Jugendarbeit als Bildungsprojekt. Opladen: Leske + Budrich, S. 69-86.

Münchmeier, R. (2005): Jugend – Werte, Mentalitäten und Orientierungen im Lichte der neueren Jugendforschung. In: Hafeneger, B. (Hrsg.): Subjektdiagnosen. Subjekt, Modernisierung und Bildung. Schwalbach/Ts : Wochenschau Verlag, S. 95-110.

Neumann-Braun, K./Deppermann A./Schmidt, A. (2002): Identitätswettbewerbe und unernste Konflikte: Interaktionspraktiken in Peer-Groups. In: Merkens, H./ Zinnecker, J. (Hrsg.): Jahrbuch Jugendforschung. Opladen: Leske + Budrich, S. 241-264.

Neuroth, S. (1994): Augusto Boals „Theater der Unterdrückten" in der pädagogischen Praxis. Weinheim und Basel: Deutscher Studien Verlag.

Nittel, Dieter (2000): Von der Mission zur Profession? Stand und Perspektiven der Verberuflichung in der Erwachsenenbildung. Bielefeld.

Nörber, M. (2004): Kooperation von Jugendarbeit und Schule – ein ungeklärtes Verhältnis zwischen Dienstleistung und Partnerschaft. In: Hartnuss, B./Maykus, St. (Hrsg.): Handbuch Kooperation von Jugendhilfe und Schule. Ein Leitfaden für Praxisreflexionen, theoretische Verortungen und Forschungsfragen. Gelsenkirchen: Verlag Soziale Theorie und Praxis, S. 434-448.

Oelerich, G. (2002): Kinder- und Jugendhilfe im Kontext der Schule. In:Schröer, W./Struck, N./Wolff, M. (Hrsg.): Handbuch Kinder- und Jugendhilfe. Weinheim: Juventa Verlag, S. 773-787.

Oerter, R. (Hrsg.) (1978): Entwicklung als lebenslanger Prozess. Hamburg: Hoffmann und Campe.

Olk, T./Bathke, G.-W./Hartnuß, B. (2000): Jugendhilfe und Schule. Empirische Befunde und theoretische Reflexionen zur Schulsozialarbeit. Weinheim und München: Juventa Verlag.

Olk, Th.(2005): Kooperation zwischen Jugendhilfe und Schule In: Ders. (Hrsg.): Materialien zum Zwölften Kinder- und Jugendbericht. Band 4: Kooperation zwischen Jugendhilfe und Schule. München: Verl. Dt. Jugendinstitut, S. 9-100.

Oswald, H./ Uhlendorff, H. (2008): Die Gleichaltrigen. In: Silbereisen, H.-K./Hasselhorn, M. (Hrsg.): Entwicklungspsychologie des Jugendalters. Göttingen u. a.: Hogrefe, S. 189-228.

Otto, H.-U./Rauschenbach, T. (2004): Die andere Seite der Bildung. Zum Verhältnis von formellen und informellen Bildungsprozessen. Wiesbaden: VS Verlag für Sozialwissenschaften.

Otto, H.-U. (2007): Ein Bildungspakt zwischen Kinder- und Jugendhilfe und Schule? Einige Überlegungen für eine notwendige bildungspolitische Offensive. In: Müller,H./Stravoravdis, W. (Hrsg.): Bildung im Horizont der Wissensgesellschaft. Wiesbaden: VS Verlag für Sozialwissenschaften, S. 113-125.

Padel, S. (2010): Einführung in die Demographie. Ein Überblick. Helgum und Berlin.

Pech, D. (2009): Jungen und Jungenarbeit. Baltmannsweiler: Schneider.

Peukert, R. (1984): Gesprächs-Hermeneutik. Gruppendiskussionen als Methode zur Rekonstruktion der Lebenswelt von Lehrlingen. Band I. Frankfurt am Main: Extrabuchverlag.

Pfadenhauer, M. (2009): Identitätsbildung in der juvenilen Geselligkeit? Über Leben und Lernen in Szenen. In: Theunert, H. (Hrsg.): Jugend, Identität, Medien. Identitätsarbeit Jugendlicher mit und in Medien. München: kopaed, S. 35-52.

Pletzer, W. (2005): Kleine Einrichtungen im ländlichen Raum: Jugendtreffs, Stadtteiltreffs, Bauwagen, Bauhütten. In: Deinet, U./Sturzenhecker, B. (Hrsg.): Handbuch offene Kinder- und Jugendarbeit. Wiesbaden: VS Verlag für Sozialwissenschaften, S. 359-366.

Pongratz, L. A./Bünger, C. (2008): Bildung. In: Faulstich-Wieland, H./Faulstich. P. (Hrsg.): Erziehungswissenschaft. Ein Grundkurs. Reinbek bei Hamburg: rohwolt, S. 110-129.

Popp, U. (2006): Argumente für eine zeitgemäße Ganztagsschule aus schulpädagogischer Sicht. In: Otto, H.U./Oelkers, Jürgen (Hrsg.): Zeitgemäße Bildung. Herausforderung für Erziehungswissenschaft und Bildungspolitik. München Basel: Ernst Reinhardt Verlag, S. 178-190.

Pothmann, J./Thole, W. (2002): Das Personal in der Jugendarbeit ist im Osten älter als im Westen. Datenanalysen der Dortmunder Arbeitsstelle Kinder- und Jugendhilfestatistik. Bereich Kinder- und Jugendarbeit. Online unter www.akjstat.uni-dortmund.de/datenanalysen

Prengel, A. (2001): Egalitäre Differenz in der Bildung. In: Lutz, H./Wenning, N. (Hrsg.): Unterschiedlich verschieden. Differenz in der Erziehungswissenschaft. Opladen: Leske + Budrich, S. 93-107.

Prengel, A. (2006): Pädagogik der Vielfalt. Verschiedenheit und Gleichberechtigung in Interkultureller, Feministischer und Integrativer Pädagogik. Wiesbaden: VS Verlag für Sozialwissenschaften.

Preuss-Lausitz, U. (2004): Die offene Gesellschaft und ihre Schule. Zur Zukunftsfähigkeit des Lernens unter Bedingungen von Vielfalt. In: Becker, G. (Hrsg..): Heterogenität. Unterschiede nutzen - Gemeinsamkeiten stärken. Selze: Friedrich, S. 14-17.

Proff, H. (2005): Unterschiedliche Altersstruktur in den Ländern der Erde als Herausforderung für das Internationale Management, In: Jansen, St A./Priddat, Bi. P./Stehr, N.(Hrsg): Demographie. Bewegungen einer Gesellschaft im Ruhestand. Multidisziplinäre Perspektiven zur Demographiefolgenforschung, Wiesbaden.: VS Verlag für Sozialwissenschaften, S. 207-226

Rauschenbach, T./Schilling, M. (1997): Das Ende der Fachlichkeit? Soziale Berufe und Personalstruktur in der Kinder- und Jugendhilfe im vereinten Deuteschland. In: Neue Praxis, 27(1), 22-53.

Rauschenbach, T./Schilling, M. (2001): Jugendhilfe und Demographie. Über Risiken der Zukunft und Chancen der Prognose. In: Rauschenbach, T./Schilling, M. (Hrsg.): Kinder- und Jugendhilfereport 1. Analysen, Befunde und Perspektiven. Münster: Votum, S. 221-236

Rauschenbach, T./Düx, W./Züchner, I. (Hrsg.). (2002): Jugendarbeit im Aufbruch. Selbstvergewisserungen, Impulse, Perspektiven. Münster: Votum.

Rauschenbach, T./Leu, H.R (2004): Bildungsreform Band 6. Konzeptionelle Grundlagen für einen Nationalen Bildungsbericht. Non-formale und informelle Bildung im Kindes- und Jungendalter. Berlin: BMBF.

Reinders, H. (2003): Jugendtypen. Ansätze zu einer differentiellen Theorie der Adoleszenz. Opladen: Leske + Budrich.

Reinders, Heinz (2005): Jugend. Werte. Zukunft. Wertvorstellungen, Zukunftsperspektiven und soziales Engagement im Jugendalter. Ein Forschungsprojekt der Landesstiftung Baden-Württemberg im Rahmen des Eliteförderprogramms für Postdoktoranden. Schriftenreihe der Landesstiftung. Stuttgart. http://www.bwstiftung.de/uploads/tx_ffbwspub/jugend_werte_zukunft.pdf

Rendtorff, B. (2003): Kindheit, Jugend und Geschlecht. Einführung in die Psychologie der Geschlechter. Weinheim u.a.: Beltz.

Reutlinger, C. (2007): Sozialpädagogische Räume - sozialräumliche Pädagogik. Chancen und Grenzen der Sozialraumorientierung. In: Deinet, U./Gilles, C./Knopp, R. (Hrsg.): Neue Perspekiven in der Sozialraumorientierung. Dimensionen - Planung - Gestaltung. Berlin: Franck & Timmes, S. 23-43.

Richter, M. (2003): Anlage und Methode des Jugendgesundheitssurveys. In: Hurrelmann, K./Klocke, A./Melzer, W./Ravens-Sieberer, U. (Hrsg.): Jugendgesundheitssurvey. Internationale Vergleichsstudie im Auftrag der Weltgesundheitsorganisation WHO. Leske + Budrich: Juventa, S. 9-18.

Ricoeur, P. (1991): Zeit und Erzählung - Bd. 3, München: Fink.

Ringler, D. (2007): Kinder- und Jugendarbeit. In: Ringler, D. (Hrsg.): Handlungsfelder und Methoden der Kinder- und Jugendhilfe (S. 47-69). Hohengehren: Schneider-Verlag.

Riekmann, W. (2011): Demokratie und Verein. Zum demokratischen Selbstverständnis von Jugendverbänden. In: deutsche jugend, 59(2), S. 68-75.

Rohlfs, C./Harring, M./Palentien, C. (2008): Bildung, Kompetenz, Kompetenz-Bildung. Eine Einführung in die Thematik. In: Rohlfs, C./Harring, M./Palentien, M. (Hrsg.): Kompetenz-Bildung. Soziale, emotionale und kommunikative Kompetenzen von Kindern und Jugendlichen. Wiesbaden: VS Verlag für Sozialwissenschaften, S. 9-19.

Rose, L. (2002): Gender. Zur Bedeutung der Kategorie Geschlecht in der Jugendarbeit. In: Rauschenbach,T/Düx, T./Züchner, I. (Hrsg.): Jugendarbeit im Aufbruch. Selbtvergewisserungen, Impulse, Perspektiven. Münster: Votum, S. 83-108.

Roth, H. /Friedrich, D. (1975): Bildungsforschung. Probleme – Perspektiven – Prioritäten. Stuttgart: Klett.

Sailer, M. (2002): Pädagogische Grundlagen betrieblichen Lernens. München und Mering: Hampp.

Salisch von, M. (2000): Zum Einfluss von Gleichaltrigen (Peers) und Freunde auf die Persönlichkeitsentwicklung. In: Amelang, M. (Hrsg.): Determinanten individueller Unterschiede. Göttingen u. a.: Hogrefe, S. 346-405.

Sander, U./Vollbrecht, R. (1998): Jugend. In: Führ, C/Furck, C.L. (Hrsg.): Handbuch der deutschen Bildungsgeschichte Band VI: 1945 bis zur Gegenwart. Erster Teilband Bundesreublik Deutschland. München: Verlag C. H. Beck, S. 192-216.

Santen van, E. (2005): Ehrenamt und Mitgliedschaften bei Kindern und Jugendlichen. Eine Übersicht repräsentativer empirischer Studien. In Rauschenbach, T./Schilling, M. (Hrsg.): Kinder- und Jugendhilfereport 2. Analysen, Befunde und Perspektiven. Beiträge zur Kinder- und Jugendhilfeforschung. Weinheim und München: Juventa, S. 175-202.

Saum-Aldehoff, T. (2008): Wo wohnt das Ich? In: Psych. Heute, H. 12, S. 67-71.

Schäfer, E./ Schack, S. (2008): Wirkungen des Projekts "Schule und Ausbildung für Toleranz und Demokratie". In: Lindner, W. (Hrsg.): Kinder- und Jugendarbeit wirkt: aktuelle und ausgewählte Evaluationsergebnisse der Kinder- und Jugendarbeit. Göttingen u. a.: Hogrefe, S. 181-199.

Schäfers, B./Scherr, A. (2005): Jugendsoziologie : Einführung in Grundlagen und Theorien. Wiesbaden: VS Verlag für Sozialwissenschaften.

Schefold, W. (1991): Jugendverbände und Bidungssystem. In: Böhnisch, L./Gängler, H./Rauschenbach T.(Hrsg.): Handbuch Jugendverbände: eine Ortsbestimmung der Jugendverbandsarbeit in Analysen und Selbstdarstellungen. Weinheim und München: Juventa, S. 153-161.

Scherr, A. (1997): Subjektorientierte Jugendarbeit. Eine Einführung in die Grundlagen emanzipatorischer Jugendpädagogik. Weinheim und München: Juventa.

Scherr, A. (2002): Der Bildungsauftrag der Jugendarbeit. Aufgaben und Selbstverständnis im Spannungsfeld von sozialpolitischer Indienstnahme und aktueller Bildungsdebatte. In: Münchmeier,R./Otto, H.U./Rabe-Kleberg, U. (Hrsg.): Bildung und Lesekompetenz. Kinder- und Jugendhilfe vor neuen Aufgaben. Opladen: Leske + Budrich, S. 93-106.

Scherr, A. (2005): Subjektorientierte Offene Jugendarbeit. In: Deinet, U./Sturzenhecker, B. (Hrsg.): Handbuch offene Kinder- und Jugendarbeit. Wiesbaden: VS Verlag für Sozialwissenschaften, S. 205-217.

Scherr, A. (2008): Kinder- und Jugendbildung. In: Faulstich-Wieland, H./Faulstich. P. (Hrsg.): Erziehungswissenschaft. Ein Grundkurs. Reinbek bei Hamburg: rowohlt, S. 470-488.

Schneekloth, U. (2010): Jugend und Politik: Aktuelle Entwicklungstrends und Perspektiven. In: Shell Deutschland Holding (Hrsg.): Jugend 2010. Eine pragmatische Generation behauptet sich. Frankfurt am Main: Fischer Taschenbuch Verlag, S. 129-164.

Schröder, A. (1995): Kulturpädagogische Arbeit mit Jugendlichen - im Spannungsfeld von Adoleszenz, Jugendkulturen und Ästhetik. In: deutsche jugend, 43(7-8), S. 325-336.

Schröder, A. (2008): Politische Bildung im Kinder- und Jugendplan des Bundes. Evaluation von Profil, Maßnahmen und Wirkungen. In: Lindner, W. (Hrsg.): Kinder- und Jugendarbeit wirkt: aktuelle und ausgewählte Evaluationsergebnisse der Kinder- und Jugendarbeit. Göttingen u. a.: Hogrefe, S. 153-166.

Schröder, H. (1995): Jugend und Modernisierung. Strukturwandel der Jugendphase und Statuspassagen auf dem Weg zum Erwachsensein. Weinheim und München: Juventa.

Schubarth, W. (2010): Die „Rückkehr der Werte". Die neue Wertedebatte und die Chancen der Wertebildung. In: Ders./Speck, C./Lynen von Berg, H. (Hrsg.): Jugendbildung in Jugendarbeit, Schule und Kommune. Wiesbaden: Verlag für Sozialwissenschaften, S. 21-42.

Schumann, M. (1998): Kernprobleme professionellen Handelns. Exemplarische Rekonstruktionen einer Jugendarbeit vor Ort. In: Kiesel, D./Scherr, A./Thole, W. (Hrsg.): Standortbestimmung Jugendarbeit. Theoretische Orientierungen und empirische Befunde. Schwalbach: Woschenschau-Verlag, S. 179-198.

Schütte-Bäumer, C. (2010): Queer Professionals als Reflexionskategorie für die Soziale Arbeit. In:. Kessl, F./M. Plößer, M. (Hrsg.): Differenzierung, Normalisierung, Andersheit. Soziale Arbeit als Arbeit mit den Anderen. Wiesbaden: VS Verlag für Sozialwissenschaften, S. 77-95.

Seckinger, M./Pluto, L./Gragert, N./van Santen, E. (2007): Kinder- und Jugendhilfe im Wandel. Eine empirische Strukturanalyse, Wiesbaden: VS Verlag für Sozialwissenschaften.

Seckinger, M. (2009): Ressource Personal am Ende. Auswirkungen demografischer Entwicklungen auf Soziale Arbeit. In: eev-aktuell, 27(1), S. 5-9.

Sekretariat der Ständigen Konferenz der Kultusminister der Länder in der Bundesrepublik Deutschland (Hrsg.) (2011): Allgemein bildende Schulen in Ganztagsform in den Ländern in der Bundesrepublik Deutschland - Statistik 2005 bis 2009, Berlin http://www.kmk.org/fileadmin/pdf/Statistik/ GTS_2009.pdf, 5.4.2011.

Shell, D. (Hrsg.) (2000): Jugend 2000. Opladen: Leske + Budrich.

Shell, D. (Hrsg.) (2010): Jugend 2010. Eine pragmatische Generation behauptet sich. Frankfurt am Main: Fischer Taschenbuch.

Silbereisen Rainer K., Jürgen Zinnecker (1999) (Hrsg.): Entwicklung im Sozialen Wandel. Weinheim: Beltz.

SOEP 2011: http://www.diw.de/de/diw_02.c.221178.de/ueber_uns.html.

Sozialgesetzbuch (SGB), Achtes Buch (VIII), Kinder- und Jugendhilfe (2005).

Speck, C. (2010): Wertebildung und Partizipation von Kindern und Jugendlichen. In: Schubarth, W./Speck, C./Lynen von Berg, H.(Hrsg.): Jugendbildung in Jugendarbeit, Schule und Kommune. Wiesbaden: Verlag für Sozialwissenschaften, S. 61-91.

Spranger, E. (1924): Psychologie des Jugendalters. Heidelberg: Quelle & Meyer.

Staatsinstitut für Schulqualität und Bildungsforschung München (Hrsg.) (2005): Oberste Bildungsziele in Bayern. Artikel 131 aus pädagogischer Sicht. Nachdruck der 5. Aufl., München, http://www.isb.bayern.de/isb/download.aspx?DownloadFileID=cf7f30210c6aa4e98434486b952b7292, 4.5.2011.

Statistische Ämter des Bundes und der Länder (Hrsg.) (2011): Demografischer Wandel in Deutschland, Heft 1: Bevölkerungs- und Haushaltentwicklung im Bund und in den Ländern, Wiesbaden.

Statistisches Bundesamt (2009): Bevölkerung Deutschlands bis 2060. 12. Koordinierte Bevölkerungsvorausberechnung., Wiesbaden.

Stein, G. (1991): Jugendverbände und soziale Problemlagen. In: Böhnisch, L./Gängler, H./Rauschenbach,T. (Hrsg.): Handbuch Jugendverbände: Eine Ortsbestimmung der Jugendverbandsarbeit in Analysen und Selbstdarstellungen. Weinheim und München: Juventa, S. 145-152.

Stern, D. (2000): The interpersonal world of the infant. New York: Basic Books.

Sting, W. (2006): Theaterpädagogik ist eine Kunst. Notizen zu ihren Grundlagen und Vermittlungsformen. Köln: Bundesverband Theaterpädagogik e.V, S. 4-7.

Stolz, H.-J. (2006): Dezentrierte Ganztagsbildung: Diskurskritische Anmerkungen zu einer aktuellen Debatte. In: Otto, H. J./Oelkers, J. (Hrsg.): Zeitgemäße Bildung. Herausforderung für Erziehungswissenschaft und Bildungspolitik. München Basel: Ernst Reinhardt Verlag, S. 114-130.

Stolz, H.-J. (2007): Das Rad nicht immer neu erfinden müssen. In: DJI Bulletin 78, S. 17 – 18.

Stolz, H. J./Arnold, B. (2007): Ansätze zur empirischen Rekonstruktion von Bildungsprozessen im Zusammenwirken von Jugendhilfe und Schule. In: Bettmer, F. (Hrsg.): Ganztagsschule als Forschungsfeld. Wiesbaden: VS Verlag für Sozialwissenschaften, S. 213-235.

Sturm, G. (2000): Wege zum Raum. Methodologische Annäherungen an ein Basiskonzept raumbezogener Wissenschaften. Opladen: Leske + Budrich.

Sturzenhecker, B. (2002): Bildung. Wiederentdeckung einer Grundkategorie der Kinder- und Juendarbeit. In: Rauschenbach,T./Düx, W./Züchner, I.(Hrsg.): Jugendarbeit im Aufbruch. Selbstvergewisserungen, Impulse, Perspektiven. Münster: Votum, S. 19-59.

Sturzenhecker, B./Lindner, W. (Hrsg.) (2004): Bildung in der Kinder- und Jugendarbeit. Vom Bildungsanspruch zur Bildungspraxis. Weinheim und München: Juventa.

Sturzenhecker, B. (2005): Institutionelle Charakteristika der Offenen Kinder- und Jugendarbeit. In: Deinet, U./Sturzenhecker, B. (Hrsg.): Handbuch offene Kinder- und Jugendarbeit. Wiesbaden: VS Verlag für Sozialwissenschaften, S. 338-344.

Sturzenhecker, B. (2007): Kinder- und Jugendarbeit ist erfolgreich. Forum für Kinder- und Jugendarbeit(1), S. 18-23.

Theunert, Helga (2009) (Hrsg.): Jugend - Medien - Identität. Identitätsarbeit Jugendlicher mit und in Medien. München: Kopaed.

Thiersch, H. (2002): Bildung - alte und neue Aufgaben der Sozialen Arbeit. In: Münchmeier, R./ Otto, H. U/ Rabe-Kleberg, U. (Hrsg.): Bildung und Lesekompetenz. Kinder- und Jugendhilfe vor neuen Aufgaben. Opladen: Leske + Budrich, S. 57-73.

Thole, W. (2000): Kinder- und Jugendarbeit : Eine Einführung. Weinheim und München: Juventa.

Van Santen, E. (2005): Ehrenamt und Mitgliedschaften bei Kindern und Jugendlichen. Eine Übersicht repräsentativer empirischer Studien. In: Rauschenbach, Th./Schilling, M. (Hrsg.): Kinder- und Jugendhilfereport 2. Analysen, Befunde und Perspektiven. Weinheim und München: Juventa, S. 175-202.

Van Santen, E. (2010): Weniger Jugendliche, weniger Jugendarbeit? Demografische Veränderung als Herausforderung für die Jugendarbeit. In: deutsche jugend, Heft 4, S. 167-177.

Vogeley, K. (2008): Akteur auf der Bewußtseinsbühne. In: Psych. Heute, H. 12, S. 70.

Von Hentig, Hartmut (1999): Ach, die Werte! München: Hanser.

Wabnitz, R. J. (2007): Grundkurs Kinder- und Jugendhilferecht für die Soziale Arbeit. München Basel: Reinhardt.

Wahler, P. (2004): Jugendphase als Zeit des Lernens. In: Wahler, P./Tully, C.J./Preiß. C. (Hrsg.): Jugendliche in neuen Lernwelten. Selbstorganisierte Bildung jenseits institutioneller Qualifizierung. Wiesbaden: VS Verlag für Sozialwissenschaften, S. 11-36.

Walper, S/ Tippelt, R. (2002): Methoden und Ergebnisse der quantitativen Kindheits- und Jugendforschung. In H.-H. Krüger & C. Grunert (Hrsg.): Handbuch Kindheits- und Jugendforschung. Opladen: Leske + Budrich, S. 225-247.

Watts, M. (2001): Zur Bedeutung von Gangs und rechten Cliquen als Artikulation jugendspezifischer Aktivitäten - Bausteine zu einem erweiterten Kapital-Ansatz. In Merkens, H./Zinnecker, J. (Hrsg.): Jahrbuch Jugendforschung. Opladen: Leske + Budrich, S. 135-161.

Weintz, J. (2008): Theaterpädagogik und Schauspielkunst. Ästhetische und psychosoziale Erfahrung durch Rollenarbeit Berlin: Schibri-Verlag.

Welsch, W. (Hrsg.) (1994): Wege aus der Moderne. Schlüsseltexte der Postmoderne-Diskussion. Weinheim: Acta humaniora.

Wensierski, H.-J./Grunert, C. (2008): Jugendbildung im Modernisierungsprozess - Ganztagsschulen, Ganztagsbildung und außerschulische Jugendbildung. In: Grunert, C./Wensierski, H.-J. (Hrsg.): Jugend und Bildung. Modernisierungsprozesse und Strukturwandel von Erziehung und Bildung am Beginn des 21. Jahrhunderts. Opladen & Farmington Hills: Verlag Barbara Budrich, S. 115-134.

Werthmanns-Reppekus, U. (2002): Mädchen- und Jungenarbeit: eine uneingelöste fachliche Herausforderung ; der 6. Jugendbericht und zehn Jahre Paragraph 9.3 im Kinder- und Jugendhilfegesetz. München: Verl. Dt. Jugendinst.

Wiesner, R. (2006): SGB VIII Kinder- und Jugendhilfe. Kommentar. München: Verlag C. H. Beck.

Winker, G./Degele, N. (2009): Intersektionalität. Zur Analyse sozialer Ungleichheiten. Bielefeld: Transcript-Verlag.

Wollenweber, H. (Hrsg.) (1981): Außerschulische Jugendbildung und Jugendarbeit. Paderborn: Ferdinand Schönigh.

Zacharias, W. (2001): Kulturpädagogik. Kulturelle Jugendbildung. Eine Einführung. Opladen: Leske + Budrich.

Zeiher, H. (1983): Die vielen Räume der Kinder. Zum Wandel räumlicher Lebensbedingungen seit 1945. In: Preuss-Lausitz,U./Büchner, P./Fischer-Kowalski, M./Geulen, D. (Hrsg.): Kriegskinder, Konsumkinder, Krisenkinder. Zur Sozialisationsgeschichte seit dem zweiten Weltkrieg. Weinheim: Beltz Verlag, S. 176-195.

Zinnecker, J. (2001): Fünf Jahrzehnte öffentliche Jugend-Befragung in Deutschland. Die Shell-Jugendstudien. Jahrbuch Jugendforschung (1), S. 243-274.

Sachregister

A

Adoleszenz 13, 14, 23, 29, 98, 144

Aktivbürger 185

Allokation 125, 126

Altersgrenzen 1, 8, 13

An-Ästhetisierung 104

Aneignung 10, 18, 23, 24, 26, 28, 65, 67, 72, 75, 76, 79, 81, 82, 84, 85, 86, 87, 97, 158

Angebotsformen 122, 185

Ästhetik 69, 100, 101, 103, 104, 108

Ästhetische Bildung 103, 108

Ästhetisierung 104, 105, 108

Ausländerpädagogik 134

Außerschulische Jugendbildung 1, 2, 3, 4, 7, 8, 10, 11, 12, 13, 25, 34, 35, 36, 37, 42, 43, 44, 45, 47, 48, 49, 52, 53, 57, 58, 60, 61, 63, 64, 65, 68, 69, 73, 74, 75, 76, 77, 81, 85, 86, 87, 90, 92, 93, 94, 99, 103, 105, 108, 116, 117, 118, 119, 125, 126, 129, 136, 140, 143, 145, 153, 154, 156, 158, 162, 163, 167, 168, 169, 170, 173, 174, 175, 181, 190, 192, 195, 196

Autofotografie 86

Autonomie 13, 24, 26, 66, 73, 75, 144, 155

B

Bauwagen 176, 177

Beobachtungsverfahren 57

Berufsausbildung 8, 161

Bevölkerungsentwicklung 163, 164, 165, 166, 170

Bewältigungsstrategien 18, 147

Beziehungsarbeit 47, 66, 91, 92, 98, 126, 168, 179

Bildinterpretation 59

Bildung 3, 7, 8, 9, 10, 11, 19, 30, 32, 36, 51, 53, 59, 63, 65, 66, 67, 68, 69, 71, 72, 73, 75, 85, 90, 91, 99, 100, 102, 103, 104, 105, 106, 108, 109, 110, 111, 112, 113, 114, 115, 116, 117, 118, 119, 120, 121, 122, 124, 125, 126, 127, 128, 129, 130, 131, 132, 136, 148, 156, 158, 170, 174, 175, 177, 178, 181, 182, 183, 185, 186, 192, 193, 196, 197

Bildungsangebot 64, 113, 114, 116, 129, 132, 192

Bildungsanspruch 10, 75, 102, 116

Bildungsauftrag 8, 36, 109, 124, 127, 132, 157, 186

Bildungsbegriff 1, 3, 4, 8, 9, 10, 11, 36, 52, 63, 64, 65, 75, 99, 102, 108, 109, 110, 111, 116, 119, 126, 136, 178, 181, 192

Bildungsstandards 125

Bildungstheorie 72, 75